GOLDMANN

Buch

Dr. Susan Forward, die renommierte Psychotherapeutin und Buchautorin, hat dem Phänomen »Liebe als Sucht« nachgespürt und festgestellt, daß zahllose Männer und Frauen, die sich ansonsten oft durchaus reif und rational verhalten, unter einer derartigen Sucht leiden und die Objekte ihrer übersteigerten Zuneigung mit Leidenschaft verfolgen: vom täglich übersandten Blumenstrauß oder Geschenk, über Telefonterror, Belagerung der Wohnung, bis zu Gewaltanwendung und Selbstmorddrohungen – all das gehört zum Repertoire der Menschen, die auf verhängnisvolle Weise davon überzeugt sind, ohne Liebe nicht leben zu können, und die dafür Vernunft, Selbstwertgefühl und persönliche Würde hintanstellen. Mit diesem Buch eröffnet Susan Forward sowohl den von Liebe Besessenen als auch ihren Opfern Wege aus dem Teufelskreis zwischen Anbetung und Zurückweisung.

Autoren

Dr. Susan Forward ist eine international renommierte Psychotherapeutin, Dozentin und Autorin mehrerer Bestseller. Neben ihrer privaten therapeutischen Praxis war sie fünf Jahre lang Moderatorin einer Rundfunksendung und darüber hinaus als Dozentin und Beraterin für medizinische und psychiatrische Einrichtungen tätig. Sie hat in Kalifornien das erste Zentrum für Opfer sexuellen Mißbrauchs gegründet.
Susan Forward lebt und arbeitet in Los Angeles und hat zwei erwachsene Kinder.
Craig Buck ist hauptsächlich als Film- und Fernsehautor sowie als Produzent tätig und hat zahlreiche Artikel über menschliches Verhalten publiziert. Er hat bisher bei zwei Büchern Susan Forwards als Coautor mitgewirkt.
Craig Buck lebt mit Frau und Tochter in Los Angeles.

*Im Goldmann Verlag
ist von Susan Forward bereits lieferbar:*
Liebe als Leid (11488)
Vergiftete Kindheit (12442)

Susan Forward
Craig Buck

Die dunkle Seite
der Liebe

Wenn Leidenschaft zur
Besessenheit wird

Ins Deutsche übertragen
von Kristian Lutze

GOLDMANN VERLAG

Deutsche Erstveröffentlichung

Die Originalausgabe erschien unter dem Titel
»Obsessive Love. When Passion Holds You Prisoner«
bei Bantam Books, New York.

Umwelthinweis:
Alle bedruckten Materialien
dieses Taschenbuches sind chlorfrei
und umweltfreundlich.

Der Goldmann Verlag
ist ein Unternehmen der Verlagsgruppe Bertelsmann

Made in Germany · 1. Auflage · 7/93
Copyright © der Originalausgabe
1991 by Susan Forward
Copyright © der deutschsprachigen Ausgabe
1993 by Wilhelm Goldmann Verlag, München
Umschlaggestaltung: Design Team München
Satz: Uhl + Massopust, Aalen
Druck: Graphischer Großbetrieb Pößneck GmbH
Verlagsnummer: 12446
Lektorat: Silvia Kuttny
Redaktion: Ilse Wagner
Herstellung: Stefan Hansen
ISBN 3-442-12446-8

Inhaltsverzeichnis

Einleitung

Irgend etwas stimmte nicht, als Gloria zur Arbeit kam. Alle Blicke waren auf sie gerichtet, als sie durch die Nachrichtenredaktion in ihr Büro ging. Viele ihrer Kollegen lächelten wie Gäste einer Überraschungsparty, die wissen, daß das Geburtstagskind vor der Tür steht. Sollte sie befördert werden? Hatte ihre Schwägerin ein Baby bekommen? War ihr Urlaubsantrag genehmigt worden?

Gloria öffnete die Tür zu ihrem Büro und wurde vom Duft frischer Rosen überwältigt. Ein atemberaubendes Gesteck aus bestimmt sechs Dutzend der schönsten roten Rosen, die sie je gesehen hatte, bedeckte ihren Schreibtisch. Was war der Anlaß? Sie schaute auf die Datumsanzeige ihrer Armbanduhr: 2. Mai. Das Datum sagte ihr nichts.

Dann begriff sie: Die Blumen waren von Jim.

Sie wurde von heftiger Wut und Angst gepackt. Warum konnte Jim nicht akzeptieren, daß sie ihn nicht mehr sehen wollte? Warum ließ er sie nicht in Ruhe? Sie lehnte sich gegen den Türrahmen und begann hilflos zu weinen.

In seiner bescheidenen Anwaltskanzlei, nur ein paar Meilen entfernt, saß Jim wartend am Telefon. Seine Nerven waren zum Zerreißen gespannt. Einerseits war er sicher, daß es nur eine Frage der Zeit sein konnte, bis Gloria anrief. Die Blumen erinnerten an ein heiliges Datum: den Jahrestag ihrer ersten Begegnung. Er war überzeugt, daß die Rosen bei ihr dieselben romantischen Erinnerungen wachrufen würden wie bei ihm – die Nacht, in der sie sich mit Blick über Big Sur unter den Sternen geliebt hatten, das Foto, das sie heimlich von ihm gemacht hatte, als er selig in ihrem Garten schlief, und das sie sich für ihr Schlafzimmer hatte rahmen lassen, an den Ausritt auf dem mit Orchideen bewachsenen Pfad hinunter zum Strand von Puerto Vallarta...

Er wußte, daß sie nicht wirklich mit ihm Schluß machen wollte. Wie könnte sie auch? Alles an ihrer Liebe stimmte. Ihm war klar, daß ihr die übermächtigen Gefühle für ihn nur angst gemacht hatten. Die Liebe und Leidenschaft, die er ihr entgegenbrachte, waren ein Geschenk, wie man es nur einmal im Leben bekommt, und er wußte, daß sie sich früher oder später eingestehen mußte, wie perfekt es war.

Andererseits hatte er panische Angst davor, daß sie ihn nicht anrufen könnte. Als sie ihm erklärt hatte, daß sie ihn nicht mehr sehen wolle, war der Schmerz so groß gewesen, daß er glaubte, sterben zu müssen. Seit zwei Monaten sandte sie ihm seine Geschenke und Liebesbriefe ungeöffnet zurück. Er hatte seine Telefonanrufe auf zwei am Tag reduziert, weil sie immer öfter einfach auflegte. Er hatte sich angewöhnt, fast jeden Abend zu ihrem Haus zu fahren, aber die wenigen Male, bei denen er der Versuchung zu klingeln nicht widerstehen konnte, war sie sehr wütend geworden. Neulich hatte sie ihm sogar wortlos die Tür vor der Nase zugeschlagen. Jetzt fragte er sich, hin und her gerissen zwischen Hoffen und Bangen, was er tun würde, wenn sie nicht auf die Rosen reagierte.

Gloria wußte, daß Jim sie brauchte, und sie fühlte sich schuldig, weil sie seine Gefühle nicht erwidern konnte. Aber es ging einfach nicht, das hatte sie ihm auch schmerzhaft direkt erklärt. Sie haßte es, ihn leiden zu sehen, sie waren sich doch einmal sehr nahe gewesen, hatten sogar von einer gemeinsamen Zukunft geträumt. Doch dann engte sie Jim mit seiner Eifersucht immer mehr ein, bis sie glaubte, ersticken zu müssen. Was als glühende Leidenschaft begonnen hatte, hatte sich mehr und mehr zu einem Gefängnis entwickelt. Sie hatte versucht, ihm ihre Gefühle begreiflich zu machen, ihm zu erklären, daß sie mehr Unabhängigkeit brauchte und nicht sein Eigentum war, aber nichts von dem, was sie gesagt hatte, schien bei ihm angekommen zu sein. Schließlich hatte sie die Geduld verloren und sich von ihm getrennt. Als er sie angefleht hatte, ihren Entschluß zu überdenken, hatte sie zwar versucht, die Trennung so behutsam wie möglich zu vollziehen, aber ihre Entscheidung stand fest.

Doch er hatte sich in den folgenden Monaten geweigert aufzugeben. Seine endlosen Bemühungen, sie zurückzugewinnen, hatte sie dazu getrieben, in ihrer Zurückweisung immer bestimmter zu werden. Sie war überzeugt, daß es das Beste für ihn war, wenn sie ihn zum Aufgeben bewegen konnte, damit er seine unermeßliche Leidenschaft einer anderen widmen konnte, die sie mehr zu schätzen wußte.

Jim saß an seinem Schreibtisch, wartete auf Glorias Anruf und legte sich die Worte zurecht. Er schlug eine Akte auf, damit es für einen zufällig hereinkommenden Besucher so aussah, als lese er ein wichtiges Dokument. Aber seine Arbeit war das letzte, an das er in diesem Moment denken konnte. Nach drei Stunden zwischen Hoffen und Bangen spürte er Wut über Glorias Blindheit gegenüber seiner Liebe und ihren eigenen wahren Bedürfnissen in sich aufsteigen. Um sich zu beruhigen, redete er sich ein, daß sie ihn nicht vom Büro aus anrief, weil sie dort nicht die Ruhe haben würde, sich endlich einmal richtig auszusprechen. Aber sein Kopf war so voll mit Gedanken, die er ihr mitteilen wollte, daß er einen Stift nahm und einen Brief an sie zu schreiben begann. Als er fertig war, hatte er zwölf Seiten vollgeschrieben.

Auch Gloria konnte sich nicht auf ihre Arbeit konzentrieren. Jedesmal wenn sie versuchte, den Artikel auf ihrem Schreibtisch zu redigieren, kehrten ihre Gedanken zu Jim zurück. Ermutigte sie ihn möglicherweise, ohne es zu wollen? Vielleicht hatte sie bei der Trennung aus Rücksicht auf seine Gefühle mehrdeutige Botschaften ausgesandt, aber mittlerweile war sie geradezu schmerzhaft direkt geworden. Ein schrecklicher Gedanke durchzuckte sie:

Was, wenn er versuchte, sich umzubringen? Wäre es dann ihre Schuld? Ihr Kopf begann zu schmerzen.

Gegen acht Uhr an diesem Abend hielt Jim das Warten nicht mehr länger aus. Die Rosen hatten offenbar nicht die erwünschte Wirkung erzielt, aber das war ihm inzwischen gleichgültig. Er hatte das Gefühl, vor lauter Anspannung und Angst platzen zu müssen. Er mußte ihre Stimme hören, also rief er sie an. Sie legte auf. Er war wie am Boden zerstört.

Als Gloria am nächsten Morgen aufwachte, sah sie, daß Jim vor ihrer Tür hockte. In ihrer Verzweiflung rief sie die Polizei an, aber da es sich nicht um einen Notfall handelte, erklärte man ihr, daß es mehrere Stunden dauern könnte, bis jemand vorbeikam. Sie hatte das Gefühl, in ihrer eigenen Wohnung in der Falle zu sitzen, hatte sogar Angst, die Tür zu öffnen, um die Zeitung hereinzuholen. Wenn es sein mußte, würde sie heute nicht zur Arbeit gehen, um jeden Kontakt mit ihm zu vermeiden, aber zu ihrer Überraschung verschwand Jim nach etwa einer Stunde von allein.

Als Gloria verspätet zur Arbeit kam, erwartete Jim sie schon an ihrem Parkplatz. Sie war so frustriert und wütend, daß sie ihn anbrüllte, er solle sie endlich in Ruhe lassen. Jim hörte sich ihren Wutanfall geduldig lächelnd an, und Passanten starrten sie an, als sei *sie* diejenige, die verrückt war. In Tränen aufgelöst, erreichte sie ihr Büro. Sie hatte wieder starke Kopfschmerzen.

Wütend auf sich selbst, weil es ihm wieder nicht gelungen war, ihre zärtlichen Gefühle für ihn zu wecken, ging Jim nach Hause zurück. Wenn er sie nur dazu bewegen könnte, noch einmal mit ihm auszugehen, würde seine Liebe ihren Widerstand gegen ihre gemeinsame Bestimmung bestimmt zum Schmelzen bringen.

Jims und Glorias Geschichte ist ein klassischer Fall einer obsessiven Liebe. Jims Drängen und seine Weigerung zu akzeptieren, daß Gloria keine Beziehung mehr mit ihm wollte, war, auf unterschiedliche Weise, zerstörerisch für beider Leben. Eine Obsession ist ein Gefängnis, sowohl für die obsessiv Liebenden als auch für die Männer und Frauen, die »Zielperson« ihrer gnadenlosen Leidenschaft sind.

Warum ich dieses Buch geschrieben habe

Etwa einen Monat nach dem Vorfall mit den Rosen kam Jim in meine Praxis. Sein Verstand sagte ihm, daß er Gloria aufgeben mußte, aber seine Gefühle ließen das nicht zu. Er bat mich, ihm zu helfen.

Während er mir sein Herz ausschüttete, wurde mir deutlich, wie sehr er und Gloria unter seiner Obsession gelitten hatten und noch immer litten. Wie war eine so vielversprechende und romantische Beziehung zu einem solchen Tiefpunkt gekommen? Jim suchte verzweifelt nach Antworten.

> **Jim** Warum tue ich diese Dinge? Ich bin Anwalt – von mir wird erwartet, daß ich logisch handele. Aber wenn es um Gloria geht, bin ich dazu einfach nicht imstande. Soll das vielleicht ewig so weitergehen? Ich hab' das Gefühl, daß ich nie über die Beziehung mit ihr hinwegkommen werde. Bin ich in meinen Beziehungen jetzt für den Rest meines Lebens zum Scheitern verurteilt? Ich kann so nicht mehr weitermachen, es tut zu weh. Kann ich nicht irgend etwas dagegen tun?

Ich erklärte Jim, daß ich gut verstehen könne, wie einsam, verwirrt und hilflos er sich fühlte. Die meisten obsessiv Liebenden empfinden so und haben trotzdem oft niemanden, den sie um Hilfe bitten können. Freunde und Familie verstehen nicht, warum sie ihre Liebe nicht einfach »vergessen« und wieder zur Tagesordnung übergehen. Und weil ihr ganzes Verhalten so aufdringlich ist, finden sie selten einen mitfühlenden Zuhörer, es sei denn, sie wenden sich an einen Therapeuten. Ich versicherte Jim, daß ich ihm, wenn er wirklich bereit war, sich zu ändern, helfen wollte.

Die Tatsache, daß er von sich aus zu mir gekommen war, war ein wichtiger erster Schritt.

Als ich anfing, mit Jim an der Beantwortung seiner Fragen zu arbeiten, wurde mir klar, daß Millionen von anderen verzweifelten, obsessiv Liebenden von den gleichen Fragen gequält wurden. Gleichzeitig ahnte ich, daß auch Gloria mit eigenen Fragen beschäftigt sein mußte. Hätte sie nicht früher erkennen müssen, daß etwas nicht stimmte? Hatte sie Jims Obsession vielleicht unwissentlich bestärkt? Warum gelang es ihr nicht, von ihm ernst genommen zu werden? Würde sie je wieder einem anderen Mann vertrauen können? Während ich einerseits Mitleid mit Jim empfand, hatte ich gleichzeitig sehr viel Mitgefühl für Gloria. Die Zielpersonen einer Obsession sind oft vergessene Opfer. Die Menschen in ihrer Umgebung finden ihre peinliche Lage meist einfach nur amüsant oder werfen ihnen vor, das Verhalten des Partners übertrieben darzustellen.

Nachdem Jim gegangen war, dachte ich an all die obsessiv Liebenden und die vielen Opfer ihrer zwanghaften Gefühle, die ich im Lauf der Jahre behandelt hatte. Es hat mich immer wieder tief bewegt zu sehen, welch dramatischen Veränderungen das Leben dieser Männer und Frauen durch diese besonders destruktive Variante obsessiven Verhaltens unterworfen war. Viele von ihnen waren intelligente, attraktive, erfolgreiche Menschen, die von ihrem eigenen Verhalten zutiefst schockiert und beschämt waren, ohne in der Lage zu sein, etwas daran zu ändern. Sie hatten sich selbst oft als »besessen« oder »machtlos gegenüber den eigenen Gefühlen« bezeichnet, hatten immer wieder Impulsen nachgegeben, von denen sie *wußten*, daß sie selbstzerstörerisch waren.

Es gibt wohl nur wenige, die noch nie die quälende Sehnsucht und Frustration erlebt haben, völlig fixiert auf einen Menschen zu sein, den man will, aber nicht haben kann, oder die umgekehrt noch nie das Objekt solch zwanghafter Leidenschaft geworden sind. Ich wollte sowohl den obsessiv Liebenden als auch ihren Opfern helfen, mit den zwanghaften Gefühlen, die ihre Gedanken, ihren kritischen Verstand und ihr Leben beherrschen, umzugehen und sie zu überwinden. Deswegen habe ich beschlossen, dieses Buch zu schreiben.

Nachdem Craig und ich mit der Niederschrift begonnen hatten, stellte ich überrascht fest, wie viele Freunde, Kollegen, Patienten und selbst zufällige Gesprächspartner mich drängten, ihre Geschichte in dem Buch zu verwenden. Obwohl mir das bisher mit jedem meiner Bücher so gegangen ist, ist es doch nie in dieser Häufigkeit und Heftigkeit vorgekommen. Obsessive Liebe ist offensichtlich ein Thema, das jeden von uns berührt.

Alle Fallbeispiele in diesem Buch sind authentisch. Ich habe die Namen, Berufe und andere charakteristische Merkmale meiner Gesprächspartner (und der Menschen, die in ihrem Leben eine Rolle spielen) verändert, um ihre Persönlichkeitsrechte zu schützen. Ihre Erlebnisse gebe ich so wortgetreu wie möglich wieder.

Was ist eine obsessive Liebe?

In zwei Jahrzehnten therapeutischer Praxis habe ich vier Grundsymptome herausgearbeitet, die sowohl mir als auch meinen Patienten helfen können, zu erkennen, ob sie an einer Obsession leiden:

1. Sie sind Opfer einer schmerzhaften, alles beherrschenden Fixierung auf einen tatsächlichen oder erträumten Partner.
2. Sie empfinden eine unstillbare Sehnsucht, den Partner, das Objekt der eigenen Zwangsvorstellung, entweder zu besitzen oder von ihm besessen zu werden.
3. Ihre Zielperson hat sie zurückgewiesen, beziehungsweise sie ist physisch oder emotional unerreichbar.
4. Diese Zurückweisung oder Unerreichbarkeit löst destruktive Verhaltensmuster aus.

Ich werde im folgenden den Begriff »obsessiv« verwenden, um ein bestimmtes Verhalten zu bezeichnen. Das ist streng wissenschaftlich nicht völlig richtig, da sich der Begriff »obsessiv« traditionell lediglich auf das *Denken*, auf eine Zwangsvorstellung, bezieht. Der korrekte psychologische Terminus im Zusammenhang mit *Verhalten* müßte »kompulsiv« lauten, ich habe mich jedoch der Einfachheit halber auf die Verwendung des Adjektivs »obsessiv« beschränkt, um sowohl Verhaltens- wie Denkmuster zu beschreiben.

Obsessive Liebe kennt kein Geschlecht. Sowohl Männer als auch Frauen können Subjekt wie Objekt zwanghafter Leidenschaft werden. Obsessiv Liebende können sich in anderen Lebensbereichen völlig rational verhalten, sie können jedoch gleichzeitig auch noch unter anderen Formen suchthaften Verhaltens leiden. Das kann von Alkoholismus, Drogen- und Spielsucht bis zu weniger auffälligen Formen zwanghaften Verhaltens wie Workaholismus oder rigidem Perfektionismus reichen. Jeder kann eine Obsession entwickeln.

Umgekehrt gibt es auch keinen bestimmten Typus, der bevorzugt zum Objekt solcher Zwangsvorstellungen wird. Einige ermutigen den Neurotiker in seinen obsessiven Gefühlen, andere lehnen jeden Kontakt brüsk ab. Einige teilen zunächst die Leidenschaft des Obsessiven, andere weisen sie von Anfang an zurück. Manche Opfer sind mit dem obsessiv Liebenden verheiratet, andere kennen ihn kaum. Das einzige, was sie gemeinsam haben, ist ein unerwünschter, unbarmherziger Verfolger.

Der Mythos von der absoluten Leidenschaft

Über die Jahrhunderte hat die populäre Kultur eine romantische Faszination für die zwanghafte Liebe gepflegt. In dem mehrteiligen Fernsehspiel *Napoleon und Josephine* gibt es eine wunderbare, erotische Szene, in der Armand Assante (Napoleon) der

Macht seiner Gefühle für Jacqueline Bisset (Josephine) Ausdruck verleihen will, indem er ihr erklärt: »Du bist meine Obsession.« Ein bekanntes Parfüm verwendet den gleichen Satz in seinen TV-Werbespots, um den Konsumenten damit eine Abkürzung zu Leidenschaft und romantischer Liebe zu suggerieren. In dem Bestseller *Presumed Innocent* (und der gleichnamigen Verfilmung) sehnt sich der Protagonist noch nach dem Tod seiner Geliebten nach dem heißen Sex ihrer obsessiven Affäre. Selbst in Filmen wie *Play Misty for Me (Sadistico), Star 80* und *Fatal Attractions (Eine verhängnisvolle Affäre)*, die eigentlich ein dunkles und psychotisches Bild zwanghafter Liebe zeichnen, wird die Obsession an sich als ein Zustand nicht zu steigernder Leidenschaft dargestellt.

Verglichen mit solcher Besessenheit wirkt jede andere Form der Liebe stumpf und profan. Die Obsession erscheint wie eine heißblütige und verführerische Welt intensiverer Empfindungen und alles übersteigender Sexualität. Filme, Fernsehsendungen, Werbung und Schlager – sie alle wollen uns weismachen, daß eine Liebe nur echt ist, wenn sie total ist. Selbst wenn diese besessene Leidenschaft ins Unglück führt und gleichgültig, wie sehr die fiktiven Liebenden auch leiden müssen, die unterschwellige Botschaft lautet trotzdem immer, daß es die intensivste Erfahrung ist, die sie – oder wir – je machen werden. Diese Liebenden scheinen eine geheime Quelle emotionalen Brennstoffs gefunden zu haben, der das Feuer ihrer Leidenschaft noch lodern läßt, wenn die meisten realen Beziehungen längst abgekühlt sind.

Obsession zeigt sich als absolute Leidenschaft, aber diese romantisierende Sicht überdeckt ihre dunklen Seiten. Im wirklichen Leben gleiten obsessiv Liebende zwar zunächst auch auf einer Welle euphorischer Hoffnung und intensivierter Sinnlichkeit, aber sie bezahlen ihre übersteigerten Erwartungen unweigerlich mit Enttäuschung, Leere und Verzweiflung.

Auf der anderen Seite erleben Menschen, die das Objekt zwanghafter Liebe werden, diese zunächst oft als schmeichelhaft und sogar erregend, fühlen sich jedoch irgendwann unvermeidlich von ihr eingeengt und erstickt. Wenn das geschieht, zerfällt ihr Leben oft in ein emotionales Chaos aus Angst, Ohnmacht und Furcht vor Belästigungen. Viele Zielpersonen einer Obsession werden im wahrsten Sinne des Wortes Geiseln einer unerwünschten, bedrängenden Hingabe.

Obsessive Liebe: ein Widerspruch in sich

In Wirklichkeit hat Obsession sehr wenig mit Liebe zu tun – es geht vielmehr um Sucht, um Sehnsucht. Sehnsucht heißt, jemanden haben zu wollen, den man nicht hat. Selbst wenn obsessiv Liebende in einer Beziehung leben, bekommen sie nie genug von dem, was sie wollen. Sie sehnen sich immer nach noch mehr Liebe, noch mehr Aufmerksamkeit, noch mehr Zuwendung und noch mehr Sicherheit. Gleichgültig, wie vielversprechend eine solche Beziehung zunächst erscheinen mag, die unstillbare Sucht der Obsession wird das Objekt ihrer Begierde meistens vertreiben. Gleichgültig, für wie liebevoll der Obsessive sich auch halten mag, letztlich wird er von seinen Bedürfnissen und Sehnsüchten getrieben, häufig auf Kosten der Bedürfnisse und Sehnsüchte des Partners.

Eine gesunde Liebe strebt nach Vertrauen, Fürsorge und gegenseitigem Respekt. Die krankhafte Liebe wird hingegen von Angst, Besitzanspruch und Eifersucht dominiert. Sie ist impulsiv und bisweilen gefährlich und wird letztendlich nie als befriedigend, aufbauend oder wohltuend empfunden.

Sind Sie obsessiv?

Es liegt mir fern, jede intensive, romantische Beziehung mit dem Attribut obsessiv zu versehen, dazu bin ich selbst viel zu roman-

16

tisch. Ich lasse mich gerne von einem Abendessen bei Kerzen-schein, einer schönen Oper oder einer durchtanzten Nacht hinrei-ßen. In der ersten Verliebtheit durchlaufe ich – wie fast alle anderen Menschen auch – eine Phase, die der Obsession nicht unähnlich ist. Es ist durchaus möglich, daß ein neuer Partner zunächst wichtiger wird als alles andere auf der Welt, ohne daß man deswegen von Besessenheit getrieben sein muß.

Aber zwanghaft Liebende überwinden diese Fixierungsphase nie. Ihre Welt wird immer enger, sie beginnen, ihre Familie, ihre Freunde und was ihnen sonst wichtig ist, zu vernachlässigen, um ihre gesamte Aufmerksamkeit auf den Partner zu konzentrieren. Und in dem Maß, in dem ihre Welt enger wird, wird ihr Bedürfnis nach dem Partner größer. Wenn dieser ihre Gefühle dann nicht erwidert, wird das zum nicht zu bewältigenden Schicksalsschlag. Zurückweisung ist der schlimmste Alptraum eines obsessiv Lie-benden.

Konfrontiert mit dem Verlust oder wachsendem Desinteresse des Partners, läßt er keineswegs einfach los. Statt dessen wird seine Sucht nach der Liebe des Partners immer verzweifelter. Darin liegt der Schlüssel für das Verständnis der Obsession:

Zurückweisung ist der Auslöser obsessiver Liebe

Obsessiv Liebende sind so sehr im Strudel ihrer Leidenschaften gefangen, daß sie sich schlicht weigern, das Ende einer Beziehung zu akzeptieren.

Viele von Ihnen werden das eigene Verhaltensmuster bereits als zwanghaft erkannt haben. Andere leiden vielleicht heftig an einer Beziehung, sind möglicherweise sogar von ihrem eigenen Verhal-ten abgestoßen, ohne bisher begriffen zu haben, was eigentlich vor sich geht. Um Ihnen bei der Beantwortung der Frage zu helfen, ob Ihre Beziehung zu einem Partner, Expartner oder Bekannten obsessive Tendenzen aufweist, habe ich den folgenden Fragebo-gen entwickelt.

Einige der Fragen treffen möglicherwiese zu und lösen verständliche Scham, Schuld, Trauer oder Wut aus. Wenn das geschieht, sollten Sie dem unbedingt nachgehen. Dieses Unbehagen ist ein positives Anzeichen dafür, daß etwas in ihrem Innern aufgewühlt und an die Oberfläche geholt wird. Erst wenn Sie wissen, was es ist, können Sie entscheiden, ob Sie etwas dagegen tun wollen.

1. Sehnen Sie sich ständig nach jemandem, der für Sie physisch oder emotional unerreichbar ist?
2. Leben Sie nur für den Tag, an dem diese Person Sie erhört?
3. Glauben Sie, daß diese Person, wenn Sie sie nur genug wollen, Ihre Liebe irgendwann erwidern muß?
4. Glauben Sie, daß diese Person Sie, wenn Sie sie nur hartnäckig genug (oder auf die richtige Art) umwerben, schließlich ja sagen muß?
5. Provoziert Sie Zurückweisung dazu, diese Person noch mehr zu wollen?
6. Schlägt Ihre Schwärmerei für diese Person nach wiederholten Rückschlägen in Depressionen oder Wut um?
7. Fühlen Sie sich als Opfer, weil diese Person Ihnen das verweigert, was Sie haben wollen?
8. Ist Ihre Fixierung auf diese Person so intensiv, daß es Ihre Eß- und Schlafgewohnheiten oder Ihre Konzentrationsfähigkeit berührt?
9. Glauben Sie, daß diese Person die einzige ist, die Ihr Leben lebenswert machen kann?
10. Ertappen Sie sich dabei, daß Sie diese Person ständig, oft auch zu außergewöhnlichen Zeiten, anrufen, oder sitzen Sie selbst bisweilen stundenlang da und warten auf einen Anruf?
11. Tauchen Sie unangemeldet in ihrem Büro oder ihrer Wohnung auf?
12. Überprüfen Sie, wo die Person sich aufhält und mit wem sie zusammen ist? Sind Sie der Person schon einmal heimlich gefolgt?

13. Haben Sie schon einmal mutwillig fremdes oder eigenes Eigentum zerstört? Haben Sie möglicherweise sogar Gewalt gegen die Person oder sich selbst angewandt?

Wenn Sie drei oder mehr Fragen mit Ja beantwortet haben, weist Ihre Art zu lieben deutlich obsessive Züge auf. Aber keine Angst – Obsession ist keine Erbkrankheit, sondern ein Verhaltensmuster, das Sie und viele andere Menschen entwickelt haben, um ihre normalen Bedürfnisse nach Lieben und Geliebtwerden zu befriedigen. Diese zwanghaften Verhaltensmuster können überwunden werden. Alles Erlernte kann man auch wieder verlernen.

Bevor Sie sich von den destruktiven Kräften Ihrer Obsession befreien können, müssen Sie sich zunächst darüber klarwerden, wie sehr diese Ihr Leben bestimmen. Ich weiß, das ist leichter gesagt als getan. Jede Sucht entwickelt ihren eigenen Panzer aus Verleugnen, Abstreiten und Vertuschen, in den sie sich zurückzieht. Aber ich verspreche Ihnen, daß diese Erkenntnis Ihnen helfen wird, positive Veränderungen in Ihrem Leben vorzunehmen.

(Wenn Sie die letzte Frage auf der Liste mit Ja beantwortet haben, sollten Sie sich neben der Lektüre dieses Buches *unbedingt* sofort um professionelle Hilfe bemühen, bevor Sie sich oder einem anderen dauerhaften Schaden zufügen.)

Sind Sie die Zielperson einer Obsession?

Wenn Sie eine krisenhafte Beziehung haben oder das Objekt ungewollter Zuwendung sind, sollten Sie, um sinnvoll auf die Situation reagieren zu können, zunächst feststellen, ob Ihr Partner oder Verehrer sich wirklich obsessiv verhält. Die folgenden Fragen werden Ihnen dabei helfen. Wenn Sie diese Feststellung getroffen haben, können Sie entsprechende Strategien entwickeln, die Kontrolle über Ihr Leben zurückzugewinnen.

1. Fühlen Sie sich durch das Verhalten Ihres Partners bedrängt?
2. Versucht jemand, dessen Avancen Sie zurückgewiesen haben, wiederholt, Sie davon zu überzeugen, daß Sie Ihre wahren Gefühle und Bedürfnisse nicht kennen und in Wirklichkeit ihn oder sie lieben?
3. Weigert sich Ihr ehemaliger Partner zu glauben, daß alles vorbei ist, und verfolgt er Sie gegen Ihren Widerstand mit seinen Gefühlen?
4. Bekommen Sie *ungewollt* Anrufe, Briefe, Geschenke oder Besuch?
5. Ist dieses Bedrängtwerden für Sie mit so viel Angst verbunden, daß es Ihr physisches oder psychisches Wohlbefinden oder Ihre Konzentrationsfähigkeit beeinträchtigt?
6. Führt Ihre Zurückweisung dazu, daß der zurückgewiesene Partner Sie nur noch verzweifelter begehrt?
7. Reagiert er auf Ihre Zurückweisung mit Depressionen oder Wutanfällen?
8. Kommt es vor, daß er Ihnen und Menschen, mit denen Sie zu tun haben, nachstellt? Haben Sie ihn schon einmal dabei ertappt, wie er Sie verfolgt?
9. Haben Sie Angst, Ihre Wohnung zu verlassen, weil Sie befürchten, daß der zurückgewiesene Partner draußen auf Sie warten könnte?
10. Fühlen Sie sich angesichts dieser Nachstellungen wie eine Geisel oder Gefangene?
11. Haben Sie Angst, daß er entweder Ihnen oder sich selbst etwas antun könnte?
12. Hat die Person schon mit Gewaltanwendung gedroht oder ist bereits gewalttätig geworden?

Wenn Sie nur eine dieser Fragen mit Ja beantwortet haben, sind Sie höchstwahrscheinlich das Objekt einer zwanghaften Liebe. Einige empfinden diese ungewollte Aufmerksamkeit vielleicht lediglich als ein Ärgernis, während sich andere von dem Drängen und den Launen des obsessiv Liebenden massiv eingeschränkt fühlen. Noch andere befinden sich vielleicht sogar in ernsthafter Gefahr und sollten diese Möglichkeit keinesfalls unterschätzen. Dieses Buch möchte Ihnen helfen, ein klareres Verständnis der eigenen Situation zu entwickeln, und Ansatzpunkte aufzeigen, wie Sie beginnen können, sich daraus zu befreien.

Wie kann dieses Buch Ihnen helfen?

Obsessive Liebe hat viele Gesichter – von der Krankenschwester, die ihre Arbeit nicht mehr vernünftig erledigen konnte, weil sie ständig sexuelle Phantasien von einem verheirateten Arzt auf ihrer Station hatte, über den Ehemann, der seiner treuen Frau Tag und Nacht hinterherspionierte, um sicherzugehen, daß sie ihn nicht betrügt, über den frisch verheirateten Produzenten, dessen ehemalige Geliebte in einem verzweifelten Versuch, ihn zurückzugewinnen, unter ihrem Mantel splitternackt in seiner Wohnung aufkreuzte, bis zu der lesbischen Frau, die von ihrer Vorgesetzten zu einer Affäre gezwungen wurde, und einer jungen Ehefrau, die eine Fehlgeburt erlitt, nachdem ihr von ihr getrennt lebender Mann sie die Treppe hinuntergeworfen hatte.
Wenn Sie wissen oder vermuten, daß Ihre Art zu lieben obsessive Züge trägt, möchte ich Ihnen helfen, Ihren Schmerz, Ihre Verwirrung und Ihre Angst zu überwinden.
Ich möchte in diesem Buch neue Techniken und Strategien aufzeigen, die es Ihnen ermöglichen, Ihre Gefühle wieder unter Kontrolle zu bekommen, anstatt ihnen hilflos ausgeliefert zu sein. Ich weiß, daß einige jetzt denken, daß das unmöglich ist, aber das ist es nicht. Sie können lernen, eine Situation wahrzunehmen, zu analysieren und rationale Entscheidungen zu treffen, ohne dabei von Ihrer Obsession fehlgeleitet zu werden. Sie können lernen, anderen Menschen weniger verzweifelt und zwanghaft zu begegnen. Indem Sie die Ursache Ihrer Obsession erkennen lernen,

können Sie Ihr Bedürfnis, einen anderen Menschen zu besitzen oder von ihm besessen zu werden, deutlich abbauen.

Wenn Sie das Objekt obsessiver Liebe sind, wird Ihnen dieses Buch die Gewißheit vermitteln, daß Sie mit Ihrem Problem nicht allein sind, und Ihnen Wege aufzeigen, wie Sie Ihr Leben in normalere Bahnen zurückführen können. Die Menschen, die Sie auf den folgenden Seiten kennenlernen werden, sollen Ihnen helfen, die Situation, mit der Sie konfrontiert sind, zu verstehen, und Ihnen zeigen, wie Sie möglicherweise, ohne es zu wollen, das Drängen des Menschen, der Sie mit seinen zwanghaften Vorstellungen verfolgt, noch ermutigen. Sie werden lernen, sich mit den schwierigen Entscheidungen auseinanderzusetzen, die Sie treffen müssen, um die andauernde Verletzung Ihrer Intimsphäre zu beenden. Dieses Buch bietet Ihnen dafür spezielle Kommunikations- und Verhaltenstechniken sowie juristische Ratschläge, die Sie in die Lage versetzen sollen, sich gegen das massive Drängen eines obsessiv Liebenden zu wehren und davon freizumachen, gleichgültig, ob es sich dabei bloß um ein Ärgernis oder um eine ernsthafte Bedrohung handelt.

Obwohl obsessiv Liebende und ihre Opfer auf den ersten Blick völlig unterschiedliche Probleme haben, ist ihnen ein ausgeprägtes Gefühl der Ohnmacht gemeinsam. Der Obsessive wird von scheinbar unkontrollierbaren Trieben, Leidenschaften und Phantasien beherrscht, während das Leben seines Opfers häufig von dem Bedürfnis dominiert wird, dieser unbarmherzigen und bedrängenden Obsession endlich zu entkommen. Mit diesem Buch hoffe ich, sowohl Menschen, die von Zwangsvorstellungen geleitet werden, als auch solchen, die das hilflose Objekt solcher Obsessionen sind, zu helfen, sich von den extremen Gefühlen, dem Schmerz, dem Chaos, der Sehnsucht, der Macht und der Ohnmacht einer obsessiven Liebe zu befreien.

Teil I

Obsessiv Liebende

1. Traumfrau
oder Märchenprinz

Margaret Ich kann nicht glauben, daß ich alle diese Dinge
getan habe. Die Anrufe, unangekündigten Besuche, Briefe
und Szenen... das war einfach nicht ich. Aber ich habe so
lange gebraucht, bis ich ihn vergessen konnte. Sein Aussehen, sein Geruch und das Gefühl seiner Hände auf meiner
Haut... er hat mich völlig um den Verstand gebracht.

Es war der letzte Tag von Margarets Therapie. Sie hatte hart an
sich gearbeitet, um sich von den quälenden, zwanghaften Verhaltensmustern zu befreien, unter denen sie in den vergangenen drei
Jahren gelitten hatte. Sie war eine ganz andere Frau geworden,
nicht mehr die depressive, verzweifelte und sprunghafte Margaret, die ich eineinhalb Jahre zuvor kennengelernt hatte.
Margaret, 34 Jahre alt, ist eine schlanke Frau mit rotem Haar. Sie
ist geschieden und arbeitet als Rechtsanwaltsgehilfin in einer großen Kanzlei. Sie kam wegen ihrer Fixierung auf Phil zu mir –
einem an einer monogamen Beziehung offensichtlich nicht inter-
essierten Partner –, die dazu geführt hatte, daß sie sich sowohl
ihrem Privatleben als auch ihrem Berufsalltag zunehmend weniger gewachsen fühlte. Sie wurde immer ungeduldiger mit ihrem
zehnjährigen Sohn, und im Büro unterliefen ihr häufig Flüchtig-
keitsfehler. Sie begann ihre Freunde zu vernachlässigen, nicht nur
weil sie für den Fall, daß Phil anrief, erreichbar sein wollte,
sondern auch weil ihre Bekannten Phil gegenüber einhellig kri-
tisch eingestellt waren.

Der Rausch einer neuen Verliebtheit

Margaret begegnete Phil etwa sechs Jahre nach der Scheidung von ihrem Mann. Sie hatte sich hin und wieder mit Männern getroffen, hatte aber niemanden kennengelernt, mit dem sie sich eine ernsthafte Beziehung vorstellen konnte. Nach sechs Jahren breitete sich eine gewisse Mutlosigkeit in ihr aus. Sie konnte die Bar- und Kneipenszene nicht ausstehen. Sie hatte schon fast alle alleinstehenden Männer in ihrem weiteren Bekanntenkreis getroffen. Sie war sogar zu einer Video-Partnervermittlungsagentur gegangen – aber beide Verabredungen, die sich daraus ergeben hatten, waren enttäuschend verlaufen.

Margaret traf Phil bei Gericht, als sie ihrem Chef bei der Verteidigung eines Klienten assistierte. Phil war ein Polizeibeamter, der in einem spektakulären Mordprozeß aussagen sollte. Sie begegneten sich während der Mittagspause in der Kantine.

Margaret Dieser toll aussehende Typ nahm mir gegenüber Platz, es war Begierde auf den ersten Blick, und das war mir seit Jahren nicht mehr passiert. Wir kamen ins Gespräch, und er wollte sich noch am selben Abend mit mir treffen. Ich weiß noch, wie ich, als ich nach unserer ersten Verabredung nach Hause kam, im Flur in einen kleinen Freudentanz ausgebrochen bin. Es dauerte keine Woche, und wir trafen uns praktisch jeden Abend. Es war ein unglaubliches Hochgefühl. Tagsüber rief er mich im Büro an, und bereits beim Klang seiner Stimme verspürte ich ein wunderbares Kribbeln im Bauch wie von tausend Schmetterlingen. Ich war im siebten Himmel.

Obwohl Margaret hier den Beginn einer Beziehung beschreibt, die sich zu einer hochgradigen Obsession entwickeln sollte, findet sich in ihrer Schilderung nichts, was sich nicht genauso auf den

Anfang einer gesunden Partnerschaft beziehen könnte. Die meisten Menschen genießen während der ersten Verliebtheit rauschhafte Glücksgefühle, wie Margaret sie beschreibt. Sie haben das Gefühl, auf Wolken zu schweben. Blumen duften stärker, Musik klingt schöner, der Himmel wirkt blauer, der Puls schlägt schneller, und man könnte die ganze Welt umarmen.

Diese intensivere Sinneswahrnehmung ist nicht nur Einbildung. Romantische Gefühle, Hoffnungen und Phantasien lösen *tatsächlich* Veränderungen im Körper aus. Der Herzschlag beschleunigt sich, Blutdruck und Adrenalinspiegel steigen, der Körper unterliegt hormonellen Veränderungen, und das Gehirn setzt Endorphine frei – ein körpereigenes Opiat. Deswegen ist Verliebtheit sowohl ein körperlicher als auch ein seelischer Zustand.

Der idealisierte Partner

In der Euphorie und Leidenschaft der ersten Verliebtheit ist es nur natürlich, den Partner durch eine rosarote Brille zu betrachten. Wir bemühen uns, nur das zu sehen, was wir sehen wollen, unsere Wahrnehmung wird durch romantische Erwartungen und Träume gefiltert. Diese optimistische Selektion der Realität nennt man »Idealisierung«.

Margarets Beschreibung von Phil ist ein Beispiel für eine solche Idealisierung.

Margaret   Nach ein paar Wochen sagte er mir, daß er mich liebt. Ich war überglücklich. Er war so perfekt. Ich hatte das Gefühl, daß in meinem Leben endlich alles gut wird. Ich hatte nicht nur einen Job, der mir Spaß machte, und einen Sohn, der offenbar prima zurechtkam, sondern ich hatte jetzt endlich auch noch diesen phantastischen Mann gefunden. Unser Sex war großartig, wir konnten toll miteinander reden, er kochte mir romantische Abendessen und reparierte sogar mein Auto. Er gab mir das Gefühl, ein ganzer Mensch zu sein, mehr als ich es je zuvor gewesen war. Und ich wußte, daß er der einzige Mann auf der Welt war, der mir dieses Gefühl vermitteln konnte.

Margaret zog eine ganze Reihe übereilter Schlüsse aus Phil, nur weil er ein guter Liebhaber und amüsanter Gesellschafter war. In Wirklichkeit wußte sie nicht viel über ihn. In den zwei kurzen, leidenschaftlichen Wochen, die sie miteinander verbracht hatten, hätte sie gar nicht soviel über seinen Charakter oder seine vorherigen Beziehungen erfahren können. Trotzdem war sie überzeugt davon, daß er »perfekt« war, daß er sich ihr ein Leben lang in Treue verpflichten würde und daß er – und nur er – ihr das Gefühl geben konnte, ein »ganzer Mensch« zu sein.

Damit will ich bestimmt nicht andeuten, daß Margarets Verhalten ungewöhnlich ist. Wir alle neigen zu Idealisierungen, vor allem in der Anfangsphase einer Beziehung, in der sich neue Partner logischerweise mit größtmöglicher Höflichkeit und Aufmerksamkeit begegnen. Wir alle präsentieren uns von unserer besten Seite, wenn wir uns neu zu einem Menschen hingezogen fühlen. Wir geben uns Mühe, so verführerisch, charmant, witzig, sympathisch, galant und zuvorkommend zu sein, wie wir nur können. Das ist fester Bestandteil unseres Paarungsrituals.

Aber auch wenn dieses Verhalten bestimmte Aspekte unserer Persönlichkeit enthüllt, ist es doch nur die halbe Wahrheit. Jeder von uns hat seine launischen Tage, neigt gelegentlich zu kleinen Eifersüchteleien oder Kurzschlußreaktionen, hat festgefügte Meinungen und lästige Gewohnheiten. Davon soll der neue Partner natürlich nichts erfahren.

Und während wir die eigenen Unzulänglichkeiten herunterspielen, denken wir in der ersten Glut einer neuen Liebe auch kaum darüber nach, daß der Partner genau dasselbe tut. Bedingungen also, unter denen Idealisierungen geradezu wuchern müssen.

Der oder die einzige

In gesunden Beziehungen helfen Idealisierungen den Partnern zu glauben, daß sie – möglicherweise – den Mann oder die Frau ihrer Träume getroffen haben. Aber in gesunden Beziehungen gibt es ein Sicherheitsnetz namens Wirklichkeit. Die Partner hoffen, daß ihre Beziehung funktionieren wird, ziehen aber auch die Möglichkeit in Betracht, daß es vielleicht ganz anders kommt.

Obsessiv Liebende hingegen arbeiten ohne Netz, wenn sie auf dem Hochseil romantischer Erwartungen um ihr Gleichgewicht ringen. In der Hyperrealität einer zwanghaften Leidenschaft ist kein Platz für Zweifel. Obsessiv Liebende haben ein unerschütterliches Credo:

Dies ist der oder die
EINZIGE
MEIN MÄRCHENPRINZ – MEINE TRAUMFRAU,
der oder die alle meine Wünsche erfüllen kann.

Obsessiv Liebende glauben ganz ernsthaft – manchmal völlig unbewußt –, daß nur ihr »Märchenprinz« oder ihre »Traumfrau« in der Lage ist, ihnen Glück und Erfüllung zu schenken, all ihre Probleme zu lösen, ihnen die langersehnte Leidenschaft zu geben und ihnen das Gefühl zu vermitteln, daß sie mehr begehrt und geliebt werden als je zuvor in ihrem Leben. Ausgestattet mit so viel Macht, wird der »Märchenprinz« oder die »Traumfrau« mehr als nur Partner und Liebhaber – er oder sie wird lebensnotwendig. Zum Märchenprinzen oder zur Traumfrau taugt jeder. Man muß nicht besonders attraktiv, intelligent, witzig oder erfolgreich sein oder über andere Qualitäten verfügen, die wir gemeinhin mit »begehrenswert« assoziieren.

Tatsache ist vielmehr, daß manche obsessiv Liebende sich in Menschen verlieben, die selbst schwere Probleme haben oder auch liebessüchtig sind. Es ist gerade das tiefverwurzelte Bedürfnis, gebraucht zu werden, sowie die Überzeugung, daß nur sie den Partner retten können, die obsessiv Liebende unweigerlich in Beziehungen zieht (wie wir im vierten Kapitel sehen werden). Ihre Phantasien und Erwartungen an den Märchenprinzen oder die Traumfrau haben bisweilen wenig gemein mit dem, wie diese Person wirklich ist, dafür jedoch um so mehr mit ihren eigenen Bedürfnissen und Erwartungen an sie. Niemand kann mit Bestimmtheit sagen, warum ein Mensch auf einen anderen eine derart machtvolle Wirkung hat. Aber irgend etwas an dem Märchenprinzen oder der Traumfrau korrespondiert ganz offensichtlich mit den individuellen Bedürfnissen und Sehnsüchten, die tief im Unbewußten des obsessiv Liebenden vergraben liegen.

Filme im Kopf

Wenn Partner in einer gesunden Beziehung vertrauter miteinander werden, fühlen sie sich nach und nach auch sicher genug, sich als wirkliche Menschen mit Eigenheiten und Fehlern zu erkennen zu geben. Die romantischen Erwartungen, die diese Partner aneinander haben, entwickeln sich weiter und spiegeln die gewachsene Offenheit in der Beziehung wider. Und wenn ihnen nicht gefällt, was sie herausfinden, haben sie jederzeit die Wahl, die Beziehung zu beenden.

Doch für den obsessiv Liebenden ist das Ende einer Beziehung keine Option. Unabhängig davon, wie die Wirklichkeit aussieht, erschaffen sie sich in ihrer Phantasie die Beziehung, die sie sich wünschen. Wie Regisseure für das Kino im eigenen Kopf inszenieren sie nur ihre eigenen Erwartungen und verwenden als Material nicht die Wirklichkeit, sondern ihre Wunschvorstellungen. Und diese Erwartungen erweisen sich als erstaunlich resistent gegen die unvermeidlichen und brutalen Einbrüche der Realität.

Mein Freund Don ist ein veritabler Lubitsch, wenn es um Filme im

Kopf geht. Don, 42 Jahre alt, ist ein Anwalt mit Geheimratsecken, einer sanften Stimme und einer James-Joyce-Brille, die ihm eine ausgeprägt akademische Ausstrahlung verleiht. Er wurde in Georgia geboren und verbrachte dort seine Kindheit, so daß man bis heute Anklänge eines charmanten Südstaatenakzents heraushören kann, wenn er spricht. Als er hörte, daß ich an diesem Buch arbeitete, erzählte er mir die Geschichte einer quälend obsessiven Affäre, die er über fünf Jahre und durch zahllose Trennungen und Versöhnungen mit einer verheirateten Frau hatte.

Don Ich habe sie während meines letzten Semesters an der juristischen Fakultät kennengelernt. Ich habe damals als Aushilfe in einer Buchhandlung gejobbt, und sie kam herein – die grazilste, eleganteste, phantastischste Frau, die ich je gesehen hatte. Ich war vom ersten Augenblick an völlig fasziniert von ihr. Meine erste Reaktion war: »Mein Gott, ich wäre gerne mit ihr zusammen.« Wie der Zufall es wollte, unterhielt ich mich gerade mit einem Freund, als sie herüberkam und sich einfach in unser Gespräch einmischte. Sie hatte diesen klassischen britischen Akzent, wunderbar durchsichtige Haut und diese Augen ... also, sie hat mich einfach umgehauen. Wir haben eine Weile geredet, dann mußte mein Freund gehen, und ich, ich habe sie ganz spontan gefragt, ob ich sie zum Essen einladen dürfte. Sie sah mich an und sagte: »Es tut mir leid, aber ich bin verheiratet.« Normalerweise wäre das das Ende der Geschichte gewesen, aber diesmal machten mir die Worte gar nichts aus. Ich konnte sie nicht einfach aus meinem Leben verschwinden lassen. Ich mußte, koste es, was es wolle, eine Möglichkeit finden, mehr Zeit mit ihr zu verbringen. Also fragte ich sie, ob es denn wenigstens eine Tasse Kaffee sein dürfte, nur so zum Reden. Als sie einwilligte, dachte ich, ich sei auf Erden gestorben und im Himmel wieder aufgewacht.

Don hatte sich auf den ersten Blick verliebt, genau wie im Kino. Aber es gab ein Problem – von Anfang an. Don wußte, daß Cynthia verheiratet war. Unter anderen Umständen hätte ihn das entmutigt, aber Don war überzeugt, seine Traumfrau gefunden zu haben. Also begann er, sich seine Realität so umzuinterpretieren, daß dieses riesige Handicap einfach verdeckt blieb.

Don Wir fingen an, uns regelmäßig zum Mittagessen zu treffen. Wir haben geredet und geredet und geredet. Sie war auf ihre Art sehr englisch, also überhaupt nicht gewöhnt, offen über ihre Gefühle zu sprechen, aber das hat mich nur noch mehr fasziniert. Dann, eines Tages, gingen wir am Strand spazieren. Die Sonne schien, das Wasser glitzerte... und ich hab' sie angesehen und mich einfach zu ihr rübergebeugt und sie geküßt. Es war einer der unglaublichsten Augenblicke meines Lebens. Danach wollte ich nichts anderes mehr, als mit ihr zusammenzusein, und mußte ständig an sie denken. Nachdem wir uns ein wenig besser kannten, fing sie schließlich auch an, mehr von sich und ihrer Ehe zu erzählen.

Cynthia war mit achtzehn in die Vereinigten Staaten gekommen, um in Juilliard Klavier zu studieren. Ein Jahr später hatte sie ihren Mann kennengelernt, einen fünfzehn Jahre älteren Arzt. Sie heirateten, und sie gab ihr Studium auf, um mit ihm an die Westküste zu ziehen.

Don Sie hatte den Entschluß, die Musik aufzugeben, immer bereut, aber nie mit ihrem Mann darüber gesprochen. Sie hat mit ihm nie über irgend etwas gesprochen. Sie sagte, sie würde mit ihm nicht so offen reden können wie mit mir. Sie sagte, kein Mann sei je so zärtlich und warmherzig und fürsorglich und aufrichtig zu ihr gewesen wie ich. Hier war die Frau, von der ich seit meiner Jugend geträumt hatte, und sie gab mir das Gefühl, als ob ich der einzig wahre Mann für sie

32

sei. Ich wußte, daß es nur eine Frage der Zeit sein konnte, bis sie ihren Mann verlassen würde, obwohl sie nie davon sprach. Ich fing an, Wohnungsanzeigen zu studieren, um zu sehen, was eine Wohnung für uns beide kosten würde, wenn sie bereit war, mit mir zusammenzuziehen. Ich erkundigte mich sogar nach einem guten Scheidungsanwalt, damit ich ihr einen nennen konnte, wenn sie soweit war.

Zu diesem Zeitpunkt war Dons Beziehung zu Cynthia eine rein platonische Freundschaft. Sie waren so weit gegangen, sich am Strand einmal zu küssen, aber das war auch alles. Doch dieser Kuß und ein paar zärtliche Worte hatten Don davon überzeugt, daß er und Cynthia füreinander bestimmt waren.

Don fing an, sich ihr gemeinsames Leben in den blühendsten Farben auszumalen. Zunächst würde er ihr helfen, die Scheidung durchzustehen, dann würden sie eine gemeinsame Wohnung nehmen. Cynthia würde weiter in dem Reisebüro arbeiten, bis er sein Studium abgeschlossen hatte. Dann würde er in der Lage sein, sie beide zu ernähren, so daß sie ihren Job aufgeben und sich wieder ganz ihrer Musik widmen konnte. Er stellte sich vor, wie sie im Wohnzimmer neben einem flackernden Kaminfeuer am Klavier saß und ihn mit den sinnlichen Melodien von Chopin und Brahms verzauberte. Im Geiste sah er sie beide für einen Besuch bei ihrer Familie nach London jetten, dann einen kleinen Abstecher nach Paris machen, wo sie am Ufer der Seine eine Flasche Wein teilten. Und jedesmal endeten diese Tagträume mit Phantasien von rauschhaftem, leidenschaftlichem Sex.

Cynthia machte Don gegenüber keinerlei Andeutungen, daß sie geneigt war, ihren Mann zu verlassen, aber das hinderte ihn nicht daran, davon überzeugt zu sein, daß sie es tun würde. In Dons ausschweifenden und phantastischen Plänen stellte Cynthias Ehe kaum mehr als ein unbedeutendes Ärgernis dar.

Anbetung aus der Distanz

Die meisten Filme im Kopf basieren zumindest auf einer realen Erfahrung romantischer Ermutigung, die den inszenierten Phantasien als Sprungbrett dient, selbst wenn es sich dabei nur um einige wenige Treffen handelt. Aber der obsessiv Liebende muß nicht notwendigerweise von seinem Opfer ermutigt werden. In einigen Extremfällen kennt der Märchenprinz oder die Traumfrau nicht einmal den Namen des Menschen, der sie oder ihn mit seinen Zwangsvorstellungen verfolgt.

Laurie arbeitet als Krankenschwester in einem großen Krankenhaus im Mittelwesten. Eines Morgens rief sie unter Tränen in meiner Radio-Sendung an. Sie erzählte mir, daß sie Anfang Dreißig ist und vor zwei Jahren ihren Mann verlassen hat, weil er sie mißhandelt hatte. Seither war sie mit niemandem zusammengewesen. Aber jetzt hatte sie sich wahnsinnig in einen Arzt verliebt, der im gleichen Krankenhaus arbeitete wie sie – einen Arzt, der sie möglicherweise einmal im Vorbeigehen gesehen hatte, mit dem sie ansonsten jedoch keinerlei Kontakt hatte.

Laurie Ich weiß nicht, was ich tun soll. Es ist völlig verrückt ... er weiß nicht mal von meiner Existenz. Für ihn bin ich bloß eine Krankenschwester unter Millionen. Er ist einfach hinreißend, charmant, witzig, perfekt eben. Ich muß ständig an ihn denken. Ich stelle mir vor, für ihn zu kochen, romantische Essen bei Kerzenschein; ich sehe uns beide nackt, und er umarmt mich und hält mich fest und wir schlafen miteinander ... Und das schlimmste ist, daß ich weiß, daß er glücklich verheiratet ist. Neulich hat ihn seine Frau zum Mittagessen abgeholt, und ich konnte gar nicht wieder aufhören zu weinen. Die Oberschwester hat mich schließlich früher nach Hause geschickt. Jedesmal, wenn ich mit einem anderen Mann ausgehe, endet es schrecklich, weil ich die ganze Zeit an ihn denken muß. Aber ich würde es nie über mich bringen, ihn auf einen Drink oder auch nur eine Tasse Kaffee einzuladen. Ich meine, er ist verheiratet, und es wäre einfach nicht richtig. Ich weiß, daß ich mich idiotisch anstelle, aber an manchen Abenden bin ich darüber so traurig, daß ich einfach nur dasitze und heule. Ich habe schon so sehr abgenommen, daß meine Freunde sich langsam Sorgen machen. Es ist, als hätte dieser Mann die Kontrolle über mein Leben übernommen, und er weiß nicht einmal etwas davon.

Lauries Romanze war *ausschließlich* aus Phantasievorstellungen inszeniert. Sie hatte keinen Grund, anzunehmen, daß der Liebhaber ihrer Träume sich auch nur im entferntesten für sie interessieren könnte. Im Gegenteil, alle Anzeichen deuteten darauf hin, daß dem nicht so war. Doch obwohl sie wußte, daß es keine Hoffnung für diese Beziehung gab, blieb sie völlig fixiert auf ihren Märchenprinzen.

Ich nenne Lauras Verhaltensmuster – also das von obsessiv Liebenden, die keinerlei romantische oder sexuelle Beziehung zum Objekt ihrer Obsession haben – »Anbetung aus der Distanz«. Die imaginierten Beziehungen sind ein reines Phantasiegebilde, es bezieht sich auf Menschen, die der obsessiv Liebende nie getroffen hat (häufig Filmstars oder andere Prominente).

Auch wenn diese Form zwanghafter Liebe vergleichsweise harmlos klingt, sollte man ihre Macht nicht unterschätzen. Sie wirkt sich auf das emotionale Gleichgewicht des obsessiv Liebenden genauso destruktiv aus wie jede andere Form zwanghafter Liebe, und kann, wenn sie außer Kontrolle gerät, in obsessivem Verhalten eskalieren, das das Leben sowohl des Subjekts wie des Objekts solcher Zwangsvorstellungen massiv beeinträchtigt.

Die Macht rauschhafter Sexualität

Anbetung aus der Distanz ist jedoch die Ausnahme, nicht die Regel. Die meisten obsessiv Liebenden haben irgendeine reale Form von Beziehung mit ihrem Märchenprinzen oder ihrer Traumfrau, wobei die Bandbreite von einigen wenigen Verabredungen bis zur Ehe reicht. Aber welcher Art die Beziehung auch jeweils sein mag, Sexualität spielt immer eine wichtige Rolle, und obsessiv Liebende berichten häufig von unglaublichen sexuellen Erfahrungen mit ihren Zielpersonen.

> **Margaret** Als wir das erste Mal miteinander geschlafen haben, war es, als ob ich überhaupt zum ersten Mal Sex erlebte. Er fragte mich tatsächlich, was ich mochte, *während er es tat*, und das hatte vorher noch nie jemand getan. Als wir fertig waren, wußte er alles über mich, und ich meine, wirklich *alles*. Er hat mit seiner Zunge Sachen angestellt, daß ich glaubte, ich müßte *explodieren*. Wir haben stundenlang immer weitergemacht, und es wurde einfach immer noch besser. Und so war es jedesmal.

Margarets intensivierte Empfindungen, ihre romantischen Phantasien und extremen Erwartungen, all das schürte ihre sexuellen Begegnungen mit Phil bis zum Siedepunkt. Die berauschende Lust, die sie beim Sex mit ihm erlebte, führte dazu, daß sie Phil weiterhin idealisierte. Er erschien ihr noch verführerischer und unersetzbarer, was wiederum ihre sexuelle Leidenschaft weiter anfachte.

Dieser überhitzte Kreislauf auf Sex, Idealisierung und Verzükkung führt dazu, daß obsessiv Liebende sich noch unbedingter in ihre Beziehung stürzen. Leidenschaftliche Sexualität wird für sie zu einer Art kosmischem Omen dafür, daß sie und der Partner füreinander bestimmt sind.

Margaret Ausgeschlossen, daß er einfach nur ein weiterer Typ in meinem Leben war, wir waren definitiv füreinander bestimmt. Ich hatte das Gefühl, daß wir miteinander verschmolzen, wenn wir uns liebten, so nahe waren wir uns. Ich meine, das waren die einzigen Augenblicke, in denen ich seine Liebe wirklich *gespürt* habe ... denn wenn ich versucht habe, über unsere Beziehung zu *reden*, hat er sich immer sofort verschlossen.

Margaret glaubte, daß sie und Phil eine enge Liebesbeziehung hatten, obwohl er seine Gefühle für sie nie verbal ausgedrückt hatte. Sie war überzeugt, daß die Intensität der gemeinsam erlebten Sexualität seine Art war, seinen intensiven Gefühlen Ausdruck zu verleihen. Nur ein Mann, der sie wirklich liebte, konnte sie im Bett derart Phantastisches erleben lassen. Wie viele obsessiv Liebende verwechselte Margaret sexuelle Leidenschaft mit Liebe und bereitete damit ihren schmerzhaften Absturz aus den luftigen Höhen romantischer Phantasien selbst vor.

Von der Zärtlichkeit zur Zurückweisung

Die Gefühle, die Margaret als so kostbar erlebte, unterscheiden sich nicht von denen, die viele von uns in der ersten leidenschaftlichen Springflut einer neuen Liebe erleben. Deswegen ist es praktisch unmöglich, eine potentielle Obsession in der Frühphase einer Beziehung zu erkennen. Wir alle werden in dieser Zeit von Gedanken und Phantasien über den neuen Partner beherrscht und stellen unser Leben auf den Kopf, um so viel Zeit wie nur irgend möglich mit ihm zu verbringen. Diese milde Form der Obsession ist völlig normal und gesund, solange es sich um eine vorübergehende Phase handelt und die Gefühle gegenseitig sind.
Wenn Liebe zur Obsession wird, ist diese Fixierung jedoch keineswegs zeitlich begrenzt. Und wenn sich das Objekt dieser Obses-

sion nach dem ersten Rausch neuer Verliebtheit zurückzuziehen beginnt, sich in jemand anderen verliebt oder einfach weggeht, entfacht die Kränkung dieser Zurückweisung ein emotionales Inferno.

Zurückweisung: Der Alptraum jeder Obsession

Der Unterschied zwischen einer gesunden und einer obsessiven Liebe tritt offen zutage, wenn die Erfahrung einer Zurückweisung ins Spiel kommt. Gesunde Partner, die abgewiesen werden, trauern im allgemeinen eine Weile über den Verlust der Beziehung und gehen dann zur Tagesordnung über. Der obsessiv Liebende wird hingegen von einer Welle aus Panik, Unsicherheit, Angst und Schmerz erfaßt, die ihn dazu treibt, sich mit Zähnen und Klauen gegen den Zerfall der Beziehung zu wehren.

Zurückweisung: Der Auslöser der Obsession

Zurückweisung kann direkt oder in Andeutungen geschehen, Realität oder Angstphantasie sein, aktuell erfahren oder antizipiert werden, dauernd oder nur gelegentlich auftreten. Sie kann blitzschnell und entschlossen zuschlagen wie eine Flutwelle oder subtil und langsam wie die chinesische Wasserfolter. Jede Form der Zurückweisung kann eine Obsession auslösen.

Die Angst vor Zurückweisung

Niemand wird gerne zurückgewiesen, denn es tut sehr weh. Aber das passiert jedem von uns mindestens einmal im Leben. Zurückweisung ist das Risiko, das wir eingehen, wenn wir uns auf eine neue Beziehung einlassen. Die meisten Menschen leiden unter der

Unsicherheit, ihr neuer Partner könne sie verlassen. Ich nenne das »Zurückweisungsangst«

Im Laufe der Zeit entwickeln Partner in einer gesunden Beziehung gegenseitiges Vertrauen, und die Angst verschwindet. Obsessiv Liebende leben jedoch praktisch permanent mit Verlustängsten. Auch Margaret hatte trotz ihrer Euphorie seit Beginn ihrer Beziehung mit Phil ständig Panik. Als er nach drei Monaten einwilligte, bei ihr einzuziehen, hoffte sie, daß ihr das ein größeres Sicherheitsgefühl geben würde, was seine Bereitschaft anging, sich auf die Beziehung einzulassen. Zu ihrem Entsetzen passierte genau das Gegenteil:

> **Margaret** Eines Abends rief er an, um mir zu sagen, daß es spät werden würde, weil er mit seinen Kumpels noch eine Runde Pokern wollte. Erst um drei Uhr nachts kreuzte er zu Hause auf, und ich dachte die ganze Zeit, warum will er mit denen zusammensein und nicht mit mir? Fing er an, sich mit mir zu langweilen? Wurde er langsam unruhig? Ich versuchte, diese Gefühle zu unterdrücken, aber sie machten mir wirklich angst. Ich begann, ihn jedesmal, wenn er das Haus verließ, zu fragen, ob er mich wirklich liebte. Ich wußte, daß ich ihm auf die Nerven ging, aber ich konnte nicht anders – ich mußte es aus seinem Mund hören, so verliebt war ich in den Mann. Mehr und mehr haßte ich es, wenn er zur Arbeit mußte. Ich wollte rund um die Uhr mit ihm zusammensein. Wenn er nicht da war, hatte ich jedesmal panische Angst, daß er nicht wiederkommen würde.

Je intensiver Margarets Verlustangst wurde, desto unstillbarer wurde ihr Bedürfnis nach Bestätigung. Sie fühlte sich von allem und jedem bedroht, das Phil von ihr trennte. Sie fing an, zu klammern und Ansprüche zu stellen, doch das machte ihre Angst nur schlimmer, weil sie wußte, daß sie Phil damit vertreiben würde. Aber sie konnte nicht anders. Ausgelöst durch die Verlustangst, hatten ihre obsessiven Neigungen begonnen, ein Eigenleben zu führen. Margarets vernünftige Rationalisierungen konnten gegen die Macht ihrer zwanghaften Gefühle nichts ausrichten. Da obsessiv Liebende glauben, daß ihr emotionales Überleben vom Erfolg ihrer Beziehung abhängt, reagieren sie oft hypersensibel auf jede Nuance im Verhalten ihres Partners – eine Veränderung im Ton seiner Stimme, eine nicht eingehaltene Verabredung oder ein neues Hobby. Alles, was nicht totale Hingabe und Aufmerksamkeit ist, kann ihnen das Gefühl geben, in die Kälte der Lieblosigkeit verstoßen zu werden.

In dem Versuch, sich gegen die befürchtete Zurückweisung zu schützen, versuchen Liebessüchtige häufig, zu erahnen und zu erraten, wie sie der Partner haben möchte. Sie machen sich quälende Gedanken über ihr Aussehen und ihre Intelligenz, über das, was sie sagen und wie sie im Bett sind – sie verbiegen sich bis zur Selbstverleugnung, um für ihren Märchenprinzen oder ihre Traumfrau begehrenswert zu erscheinen. Das alles, um die Zurückweisung zu vermeiden.

Die Zeit heilt nicht alle Wunden

Zurückweisungsangst kommt nicht nur in neuen Beziehungen vor. Hal, ein Patient von mir, hat beinahe zwei Jahrzehnte dagegen angekämpft. Hal ist ein schmächtiger, 42jähriger Zahnarzt mit schütterem braunem Haar und einem entwaffnenden Lächeln. Er kam zu mir, weil seine Obsession mit seiner eigenen Frau fast seine Ehe zerstört hätte.

Hal und Fran waren seit neunzehn Jahren verheiratet. Trotzdem war sich Hal der Beziehung nie sicher gewesen. Fran war amüsant und extrovertiert, so daß Menschen spontane Zuneigung für sie empfanden, während Hal ein eher schüchterner und zurückgezogener Charakter war. Hal hatte immer befürchtet, daß Fran einen anderen Mann treffen könnte, der sie überreden würde, ihn zu verlassen, hatte diese Ängste jedoch jahrelang unter Kontrolle gehalten. Als ihre einzige Tochter dann auf die High School kam, nahm Fran ihre frühere Tätigkeit als Grundstücksmaklerin wieder auf. Und mit ihrer neuen Unabhängigkeit eskalierte Hals Verlustangst auf dramatische Weise.

Während er über seine Ängste sprach, spielte Hal nervös mit seinem Ehering.

> **Hal** Kurz nachdem sie ihre neue Stelle angetreten hatte, fiel mir auf, daß sie dauernd von all diesen Typen redete, mit denen sie zusammenarbeitete. Und dann hatte sie ihre ersten Kunden, Männer, die sie den ganzen Tag über in diesen leeren Häusern traf... Es war ein Gefühl, als wenn jemand mit den Fingernägeln über die Tafel kratzt. Ich hab' es einfach nicht ertragen. Ich war sicher, daß sie eines Tages mit einem dieser Kerle durchbrennen würde.

Hal hatte keinen Grund, seine Frau zu verdächtigen. Was ihn quälte, war die theoretische Möglichkeit, und dazu bedurfte es keiner Beweise. Wie bei Margaret waren seine Ängste an die Stelle von begründeten Verdachtsmomenten getreten. Und als Reaktion auf diese Verlustängste schuf er zu Hause eine Atmosphäre der Verdächtigungen und Eifersucht, die schließlich einen emotionalen Keil zwischen ihn und Fran trieb.

Denn Verlustangst kann den gleichen Effekt haben wie ein *tatsächlicher* Verlust. So führen Verlustängste oft zu zwanghaftem Verhalten, das das Objekt obsessiver Liebe verärgert und die befürchtete Zurückweisung erst provoziert. Nur zu oft wird die Verlustangst des obsessiv Liebenden zu einer *self-fulfilling prophecy*.

Sporadische Zurückweisung

Zurückweisung ist nicht immer konstant. Wenn sich die Zielperson einer zwanghaften Leidenschaft ihrer Gefühle nicht sicher ist, schlägt Liebe oft von einem Moment zum nächsten in Zurückweisung um. Wie die Verlustangst ist diese Art sporadischer Zurückweisung ein ebenso mächtiger Auslöser für ein obsessives Verhaltensmuster wie die brutale »Ich-will-dich-nie-wiedersehen«-Variante.

Don etwa erlebte diese Form sporadischer Zurückweisung im Verlauf seiner Beziehung zu Cynthia immer häufiger. Nach ihrem ersten Kuß entwickelte sich die gegenseitige Anziehung schnell in eine intensive Affäre. Sie trafen sich drei- oder viermal die Woche in Dons Apartment, um sich nachmittags heimlich zu lieben. Aber Don wurde mit dieser Art Beziehung immer unzufriedener. Er wollte mehr als eine verstohlene Affäre – er wollte für sich und seine Traumfrau ein gemeinsames Leben aufbauen. Und er war sicher, daß Cynthia dasselbe wollte. Schließlich erklärte sie ihm doch immer wieder ihre Liebe.

Don Zwei Jahre wartete ich geduldig, daß sie ihren Mann verlassen würde, aber nichts geschah. Ich sagte mir immer wieder, na ja, wenn ich nur Geduld habe . . . aber sie verließ ihn nicht. Ich fühlte mich, als würde ich auf der Streckbank eines Folterknechts in zwei Teile zerrissen. Einen Augenblick gehörte sie mir, im nächsten war sie bei ihm. Eine Woche hatte ich das Gefühl, wir würden uns immer näherkommen, in der nächsten Woche glaubte ich, daß sie die Geschichte beenden wollte. Ich hab' es einfach nicht mehr ausgehalten. Einen Tag schliefen wir miteinander, am nächsten kam sie mit irgendwelchen Ausreden, warum wir uns nicht treffen könnten. Ich wußte nicht, komme ich nun oder gehe ich, und das hat mich total verrückt gemacht.

Indem sie zwischen Liebe und Zurückweisung hin und her pendelte, sandte Cynthia Signale aus, die man mit dem psychologischen Fachbegriff »partielle Bestätigung« bezeichnet. Vielleicht war es Berechnung, um so beide Männer zu halten, vielleicht konnte sie sich nicht entscheiden, möglicherweise benutzte sie Don, um ihre Ehe zu beleben, oder es fehlte ihr schlicht die Kraft, ihren Mann zu verlassen. Ungeachtet ihrer Motive blieb der Effekt, den ihr Verhalten auf Don hatte, derselbe. Die glücklichen Momente gaben ihm einen ermutigenden Vorgeschmack auf das, wonach er sich sehnte, während die Krisen seine Verlustängste weiter eskalieren ließen.

Sporadische Zurückweisung setzt den obsessiv Liebenden einem permanenten emotionalen Wechselbad aus, in dem er ständig zwischen der Angst vor einem Leben ohne seine Traumfrau oder seinen Märchenprinzen und seiner Weigerung, dieser Möglichkeit ins Auge zu sehen, hin und her gerissen wird.

Kurze Leidenschaft, langes Leiden

In Dons Fall dauerte die Affäre, die seine obsessiven Phantasien nährte, mehrere Jahre. Vielen obsessiv Liebenden genügen jedoch ein paar leidenschaftliche Nächte, um sie davon zu überzeugen, daß die phantasierte Beziehung real ist. Wenn das Objekt ihrer Obsession nach ein paar Verabredungen das Interesse verliert, reagieren sie, als seien sie nach einer langjährigen Beziehung verlassen worden.

Wie im Fall meiner Patientin Nora, der attraktiven, schwarzhaarigen, knapp 30jährigen Geschäftsführerin einer exklusiven Boutique in Beverly Hills. Nora stammt aus einer sozial extrem auffälligen Familie, wurde mit vierzehn Jahren schwanger und brach die Schule ab, um das Baby als alleinerziehende Mutter zur Welt zu bringen. Um sich und das Kind zu ernähren, hatte sie zwei Jobs gleichzeitig, was es ihr praktisch unmöglich machte, ein eigenes soziales Leben aufrechtzuerhalten. Später gab sie ihren Nachtjob auf und belegte Abendkurse, um ihren Schulabschluß nachzuholen. Obwohl sie im Lauf der Jahre gelegentlich mit Männern ausging, ließ sie sich nie auf eine Beziehung ein.

Als Noras Tochter auf die High School kam und selbständiger wurde, begann Nora, sich zunehmend einsam zu fühlen. Also ließ sie ihre Freundinnen wissen, daß sie jetzt zu einer ernsthaften Beziehung bereit war. Einige ihrer Freundinnen arrangierten Verabredungen für sie, und an einem dieser Abende begegnete sie Tom.

Nora und Tom trafen sich ein paarmal und verstanden sich prächtig. Nora rief die Freundin an, die sie miteinander bekannt gemacht hatte, und erklärte ihr ihre feste Überzeugung, daß sie den Rest ihres Lebens mit Tom verbringen würde.

Wenig später kam Nora in meine Praxis. Sie hatte Tom seit fünf Wochen nicht mehr gesehen und war außer sich vor Ratlosigkeit und Verzweiflung.

Nora Ich kann an nichts anderes denken als an ihn. Ich sitze zu Hause und esse und warte, daß das Telefon klingelt. Ich meine, als wir uns anfangs getroffen haben, hat er mich so glücklich gemacht. Ich dachte wirklich, das ist er. Wir haben schon am ersten Abend zusammen geschlafen, und es war wunderbar. Es fühlte sich an, als würden unsere Körper zueinander passen wie Yin und Yang. Er sagte, er habe dasselbe empfunden. Ich wußte, daß das die große Liebe war. Sie *mußte* es einfach sein. Wir haben uns noch ein paarmal getroffen, und es war jedesmal noch leidenschaftlicher. Und dann hat er plötzlich nicht mehr angerufen. Einfach so. Ich hab' ein paarmal eine Nachricht auf seinem Anrufbeantworter hinterlassen, aber er hat sich nie gemeldet. Wie kann er mir das antun, nach allem, was wir gemeinsam erlebt haben?

Was sie gemeinsam »erlebt« hatten, waren vier Treffen und guter Sex, aber Nora war davon überzeugt, daß Tom ihr Märchenprinz war. Als er sich nicht mehr meldete und auch ihre Anrufe nicht erwiderte, hatte sie wirklich das Gefühl, als sei eine tiefe Beziehung zu Ende gegangen.

Es ist verblüffend, wie wenig reale emotionale Zuwendung manche obsessiv Liebende brauchen, um aus ein paar Krumen der Zuneigung ein romantisches Festmahl zu machen. Für Nora war der Schmerz über diesen Verlust nach vier Treffen genauso intensiv, wie er vielleicht nach vier Jahren gewesen wäre. Der Grad ihrer Verletzung hatte ganz offensichtlich nichts mit der Tiefe ihrer Beziehung zu tun. Er wurde allein von der Intensität ihrer Obsession bestimmt. Zwanghafte Liebe verzerrt die objektive Zeit und bläst die tatsächlichen Gefühle bis ins Unermeßliche auf. Eine Obsession schafft sich ihre eigene Realität.

Die Leugnung der Realität

Wenn Zurückweisung wie ein Schatten über die Hyperrealität der Obsession fällt, suchen zwanghaft Liebende unweigerlich Zuflucht in Abwehrmechanismen. Die Leugnung ist dabei einer unserer grundlegendsten und mächtigsten Abwehrmechanismen. In ihrer extremsten Form kann sie zu völliger Negierung der Wirklichkeit führen – bis man glaubt, daß das Wahre unwahr ist. Die meisten Menschen suchen jedoch Zuflucht bei weniger extremen Varianten der Leugnung:

1. Sie *rationalisieren* die Zurückweisung mit scheinbar vernünftigen Entschuldigungen und Erklärungen.
2. Sie *minimieren* die Bedeutung der Zurückweisung.

Leugnung scheint uns vor schmerzhaften Gefühlen zu schützen, aber sie schafft sie nicht auf Dauer aus der Welt – sie hilft uns nur, ihnen vorübergehend aus dem Weg zu gehen. Aber man kann sich selbst nicht endlos etwas vormachen. Je länger die Realität geleugnet wird, desto größer wird der Leidensdruck, bis man ihn schließlich nicht mehr ignorieren kann. Leugnung erweist sich im Endeffekt immer als selbstzerstörerisch.

Die Rationalisierung der Zurückweisung

Die Rationalisierung ist die verbreitetste Form der Leugnung. Es handelt sich dabei um einen Prozeß der Autosuggestion. Konfrontiert mit der Zurückweisung, entwickeln obsessiv Liebende oft eine erstaunliche Kreativität, was die Rationalisierungen angeht, mit denen sie das Verhalten des Partners rechtfertigen:

- »Ich weiß, daß er sich mit anderen Frauen trifft, aber sie bedeuten ihm nichts. Ich bin die einzige, die er wirklich liebt.«
- »Sie legt immer wieder auf, wenn ich anrufe, aber das liegt nur daran, daß sie ihre starken Gefühle für mich nicht in den Griff kriegt.«
- »Ich weiß, daß er sich nicht besonders liebevoll benimmt, aber das wird sich ändern, wenn ich ihn erst dazu bringen kann, mit dem Trinken aufzuhören.«
- »Ich hab' seit drei Wochen nichts von ihm gehört. Er muß zur Zeit wohl wirklich viele Überstunden machen.«
- »Sie ist mit diesem anderen Kerl zusammengezogen, aber das hat sie nur getan, um mich eifersüchtig zu machen.«

Obwohl dieser Abwehrmechanismus keineswegs ausschließlich von obsessiv Liebenden eingesetzt wird, neigen diese dazu, das Trauma einer Zurückweisung auch dann noch aus der Welt rationalisieren zu wollen, wenn das Scheitern der Beziehung längst offenkundig ist. Nora entwickelte darin eine außergewöhnliche Kreativität:

Nora   Vielleicht ruft er eines Tages an und sagt: »Ich wollte nur mal sehen, was du alles tun würdest, um mich zu kriegen.« Es ist eine Art Spiel. Er testet mich, und dann, eines Tages, nehme ich den Hörer ab, und er sagt: »Okay, laß uns heiraten.« Weil ich einfach weiß, daß es das ist, woran er insgeheim denkt. Ich kenne ihn besser als er sich selbst.

Noras Rationalisierungen hielten sie davon ab, das einzig Richtige zu tun, nämlich sich mit ihrem Schmerz, ihrer Enttäuschung und ihrer Frustration auseinanderzusetzen. Anstatt der Realität von Toms Zurückweisung ins Auge zu sehen, klammerte sie sich trotzig an den Glauben:

In Wirklichkeit liebt er mich, er weiß es nur nicht.

Obsessiv Liebende sind häufig davon überzeugt, daß sie – viel besser als die Zielperson ihrer Obsession selbst – wissen, was jene wirklich empfindet: Sie glauben, daß diese Person, wenn sie ihr nur das Ausmaß und die Intensität ihrer Liebe beweisen, irgendwann ihre »wahren Gefühle« erkennen und diese Liebe erwidern muß. So kann die Zurückweisung mit Hilfe der Rationalisierung zu einer vorübergehenden Verblendung abgeschwächt werden.

Minimierung durch selektive Wahrnehmung

Wenn man einem obsessiv Liebenden sagt: »Es ist vorbei. Ich möchte mich nicht mehr mit dir treffen, und ich möchte nicht, daß du mich anrufst. Du bist ein großartiger Mensch, aber wir beide passen einfach nicht zusammen«, wird er typischerweise nur den Satz »Du bist ein großartiger Mensch« hören. Indem er die einzig positive Aussage einer offensichtlich zurückweisenden Erklärung herausfiltert, minimiert er die überwiegend negative Bedeutung der Botschaft. Ich nenne diese Form der Minimierung »selektive

Wahrnehmung«, ein Verhaltensmuster, bei dem obsessiv Liebende immer wieder Zuflucht suchen.

Don Nach zweieinhalb Jahren hat sie ihren Mann dann tatsächlich verlassen. Ich dachte: »Endlich, jetzt zieht sie mit mir zusammen.« Aber das tat sie nicht. Im Gegenteil, sie schien mich immer seltener treffen zu wollen. Ich konnte das einfach nicht begreifen. Sie machte ständig neue Ausflüchte: Sie war müde, oder bei der Arbeit gab es ein Problem. Es machte mich völlig verrückt, daß sie sich nicht von ihrem Mann scheiden lassen wollte, sondern nur getrennt von ihm lebte. Was, wenn sie zu ihm zurückkehrte? Was, wenn sie einen anderen traf? Ein oder zwei Tage lang wälzte ich solche Gedanken, dann redete ich mir ein, daß sie nur Zeit brauche, daß sie noch ängstlich sei. Am Montag war ich soweit, mich von einer Klippe zu stürzen, und dienstags hatte ich mich davon überzeugt, daß sie, wenn ich nur einfach geduldig wartete, irgendwann zu mir kommen würde. Schließlich hatte sie noch nie einen Mann getroffen, der ihr soviel gegeben hatte wie ich – das waren ihre eigenen Worte gewesen.

Cynthias Worte wurden zum Rettungsring für Don. Er klammerte sich wie ein Ertrinkender an jede kleine Ermutigung, um die widersprüchlichen Botschaften ihres sprunghaften Verhaltens zu minimieren.

Zwei Wochen nach ihrem Auszug kehrte Cynthia zu ihrem Mann zurück. Don war wie am Boden zerstört. Doch dann begann sie, die Beziehung mit ihm wieder anzufachen. Erneut träumte er von einer gemeinsamen Zukunft, die Realität ihrer Rückkehr zu ihrem Mann blendete er aus und gab sich statt dessen neuen Hoffnungen hin. Dons Affäre mit Cynthia ging noch zwei Jahre weiter, in denen er ständig zwischen Ableugnung und Verzweiflung hin und her gerissen war. In seinen mutlosen Phasen sah er in Cynthias Ehe ein unüberwindbares Hindernis. In euphorischen Phasen reduzierte sich dieses Hindernis auf eine vorübergehende Unannehmlichkeit.

Bei Margaret nahm diese Art Tunnelblick extreme Formen an.

Margaret Erst fing Phil an, ein paarmal die Woche spät nach Hause zu kommen, dann, eines Tages, zog er einfach aus. Ein Freund kam mit einem Lieferwagen vorbei, sie warfen seinen ganzen Kram auf die Ladefläche, und weg war er. Genauso unvermittelt wie er eingezogen war, zog er auch wieder aus. Er sagte, er brauche mehr Platz für sich, was mich wirklich verletzte . . . wofür brauchte er mehr Platz? Aber er kam wenigstens weiterhin ein- bis zweimal die Woche vorbei und verbrachte die Nacht bei mir. Also wußte ich, daß er mich immer noch liebte.

Margaret minimierte die Tatsache, daß sich ihre Beziehung ausschließlich auf Sex beschränkte. Phil verlor ganz offensichtlich das Interesse an ihr, aber sie nahm allein den Aspekt ihrer Beziehung wahr, der noch funktionierte.

In dem verzweifelten Bemühen, ihren Märchenprinzen oder ihre Traumfrau zu halten, klammern sich obsessiv Liebende an jedes noch so geringe Zeichen dafür, daß ihr Partner sie noch liebt. Alle gegenteiligen Anzeichen drängen sie in den Hintergrund. Im Ausblenden der Realität sind sie wahre Meister.

Dabei haben zwanghaft Liebende übersteigerte, ja geradezu magische Erwartungen daran, wie das Objekt ihrer Obsession ihr Leben ausfüllen wird. Diese Erwartungen werden oft noch durch phantastischen Sex und anfänglich intensive Leidenschaft verstärkt.

Obsessiv Liebende investieren so viel in ihre Beziehung, daß sie, wenn sie Zurückweisung erfahren, glauben, sie könnten nie wieder lieben oder geliebt werden, könnten nie wieder glückliche Menschen sein. Deshalb weigern sie sich schlicht, ihren Märchenprinzen oder ihre Traumfrau loszulassen, wenn er oder sie sich von ihnen lösen will. Sie *können* sie nicht loslassen. Für obsessiv Liebende ist das Festhalten oder die Zurückeroberung eines sie zurückweisenden Partners weit mehr als nur eine Frage der Lust. Für sie ist es überlebenswichtig.

2. Die Schleusen
werden geöffnet

Robert   Ich sandte meine Rufe in die Nacht, aber sie ging nicht ans Telefon. Also versuchte ich es immer wieder und noch einmal und noch einmal. Ständig wählte und wählte ich ihre Nummer... Ich mußte einfach mit ihr reden, sonst würde für mich die Welt untergehen.

Eine Zurückweisung kann für jeden von uns Schleusen des Schmerzes öffnen – der Schmerz, nicht gewollt zu sein und sich gedemütigt zu fühlen, der Schmerz, sich selbst als unzulänglich zu empfinden und vergangene Zurückweisungen noch einmal durchleben zu müssen.

Durch Schmerzen – physische oder psychische – teilt die Natur uns mit, daß etwas nicht in Ordnung ist. Die natürliche Reaktion darauf ist, »etwas dagegen zu unternehmen«. Gesunde Liebende reagieren *konstruktiv* auf den Schmerz. Obwohl dieser Prozeß nicht immer leicht ist, nehmen sie ihn wahr, erkennen die Aussichtslosigkeit ihrer Lage und finden Möglichkeiten, sich von dem zurückweisenden Partner zu lösen.

Den meisten obsessiv Liebenden hingegen gelingt diese Loslösung nicht. Statt dessen versuchen sie, »etwas zu unternehmen«, indem sie auf bestimmte, vorhersagbare und sich wiederholende Verhaltensmuster zurückgreifen, mit denen sie sich entweder selbst bestrafen oder das Objekt ihrer zwanghaften Liebe bedrängen. Sie versuchen, den *empfundenen* Schmerz zu verdrängen, indem sie sich ausschließlich auf ihre Gegenmaßnahmen konzentrieren.

Diese Übersetzung schmerzhafter Gefühle in negatives Verhalten nennen Psychologen »Ausagieren«.

Ausagieren durch Selbstbestrafung

Das Bild obsessiven Verhaltens, das uns in Zeitungen, Filmen und im Fernsehen vermittelt wird, umfaßt stets das Eindringen in das Leben des Liebesobjekts bis hin zu Drohungen oder sogar konkreten Angriffen auf Leben und Gesundheit der Zielperson. Aber viele obsessiv Liebende reagieren auf ihren Zurückweisungsschmerz, indem sie zunächst ihre negativen Gefühle unbewußt gegen sich selbst richten auf eine Weise, die ihr eigenes psychisches und oft auch physisches Wohlbefinden unterminiert.
Als Tom Nora nicht mehr anrief, war ihr Schmerz so groß, daß er sie physisch krank machte. Und ihr autodestruktives Verhalten machte alles noch schlimmer.

> **Nora** Ich bekam schreckliche Bauchschmerzen. Es tat wirklich unglaublich weh. Und ständig fragte ich mich: O mein Gott, warum ruft er nicht an? Ich ging nicht zur Arbeit. Ich saß einfach zu Hause, wurde immer deprimierter und starrte das Telefon an. Ich hockte einfach da und trank einen Wein nach dem anderen ... stopfte irgendwelchen Mist in mich herein, trank Wein, aß noch mehr, die Bauchschmerzen wurden schlimmer, woraufhin ich noch mehr aß und trank ... und die ganze Zeit über konnte ich immer nur an ihn denken.

Nora war in einem obsessiven Teufelskreis gefangen. Ihr ständiges Nachdenken über Tom löste intensiven psychischen Schmerz aus, den sie mit den beiden Lieblingsrezepturen enttäuschter Liebender zu kurieren suchte: Essen und Alkohol. Zwanghaft Liebende, die sich selbst bestrafen, suchen oft Trost in exzessivem Alkoholkonsum, sie essen übermäßig oder kaum etwas, nehmen Drogen, werden reizbar und unkonzentriert bei der Arbeit, schlafen zuviel oder zuwenig, vernachlässigen ihre Freunde und ihre Familie und begehen in extremen Fällen sogar Selbstmord.

Wahrscheinlich war emotionaler Streß die Ursache für Noras Magenschmerzen. Das hinderte sie jedoch nicht daran, genau die Dinge zu konsumieren, die ihren Zustand verschlimmern mußten. Nora hoffte, daß der Alkohol ihren Schmerz betäuben und der Genuß von Fast-food ihre Laune bessern würde. Die Auswirkungen auf ihren Körper kamen kaum überraschend, aber Nora zog Bauchschmerzen der Agonie eines gebrochenen Herzens vor.

Der Boomerang-Effekt

Als ich Nora darauf hinwies, wie sehr sie sich selbst bestrafte, reagierte sie verwirrt. War nicht *Tom* derjenige gewesen, der sie so verletzt hatte? Ich erklärte ihr, daß sie zusätzlich zu der *bewußten* Konfrontation mit ihren Gefühlen von Trauer und Verletztheit große Belastungen auf einer *unbewußten* Ebene durchmachte.

Zurückgewiesen zu werden, das ist verletzend, ein emotionaler Schlag ins Gesicht, ein Schlag gegen unser Selbstwertgefühl und unsere Träume. Deshalb ist es nur natürlich, daß wir auf eine Zurückweisung nicht nur bekümmert, sondern regelrecht wütend reagieren. Wenn man bedenkt, wie plötzlich und unerklärlich Nora sitzengelassen worden war, konnte sie gar nicht anders reagieren. Trotzdem war sie sich dieser Wut überhaupt nicht bewußt. Was tat sie damit?

Ich fragte Nora, ob es möglich sei, daß sie ihre Wut auf Tom gegen sich selbst gerichtet hatte. Und daß die enorme psychische Anstrengung, sie weiterhin zu unterdrücken, sie in eine Spirale aus Grübeln und Depression zog.

Noras tiefes Leiden ist typisch für obsessiv Liebende. Die meisten Psychologen nennen diese Umwandlung von Wut in Depression »nach innen agieren«, wobei das Wort »agieren« ein bewußtes

Verhalten impliziert, während dieses Leiden eher auf der Empfindungs- als auf der Verhaltensebene angesiedelt ist. Ich nenne es deshalb manchmal den »Boomerang-Effekt«, weil unausgesprochene und unverarbeitete Wutgefühle wie ein Boomerang auf uns zurückschlagen. Die Wut gräbt sich im Unterbewußtsein ein, wo sie sich wie ein Chamäleon hinter einer Reihe von wechselnden Symptomen verbirgt, die von Kopfschmerzen über Erschöpfung bis zur Depression reichen können.

Leiden: Die verzweifelte Variante der Beziehung

Manche obsessiv Liebende haben große Probleme, ihre Wut auszudrücken. Das gilt sowohl für Männer wie für Frauen, aber vor allem Frauen sind sozialisiert zu glauben, das Ausleben von Wut, selbst wenn es auf direkte und angemessene Weise geschieht, mache sie unattraktiv. Wie Nora haben viele Frauen gelernt, ihre Wut zu unterdrücken, sie eher zu erleiden, als offen anzuerkennen.

Dem Leiden kommt im zwanghaften Drama eine ganz besondere Rolle zu. Für obsessiv Liebende – Männer wie Frauen – stellt es eine letzte brüchige Bindung zu einer toten oder sterbenden Beziehung dar. Das Leiden hält das Liebesobjekt lebendig in Erinnerung. Selbst wenn eine Beziehung physisch beendet ist, kann das Leiden verhindern, daß sie auch emotional zu einem Ende kommt. Dem obsessiv Liebenden bringt die Aufrechterhaltung dieser Art von Beziehung jedoch nichts weiter ein als noch mehr Schmerz, und sie verzögert die Möglichkeit, daß er Schritte unternimmt, für sich selbst weiterzukommen.

Zusätzlich zu einer minimalen Verbindung zum Objekt ihrer zwanghaften Liebe hat das Leiden für obsessiv Liebende einen eigenartigen emotionalen Nebeneffekt. Nora empfand, daß ihr Leiden sie auf eine verdrehte Art heroisch machte.

54

Nora Selbst als ich wirklich ganz unten war, wußte ich doch zumindest, daß ich all das für die Liebe durchmachte. Das machte das Ganze irgendwie *sinnvoll*. Als ob ich eine Art Märtyrerin für die Sache der Liebe wäre.

Die Intensität ihres Leidens stellte für Nora, wie für viele andere obsessiv Liebende, eine letzte Verbindung zur Größe ihrer Liebe her. Nora fühlte sich in dem Bewußtsein, daß eine andere Frau unmöglich soviel für Tom empfinden konnte wie sie, sicher – ja beinahe stolz.

Am Beginn einer zwanghaften Beziehung nährt sich die obsessive Liebe aus dem Gefühl einer machtvollen Leidenschaft. Wenn Zurückweisung diese Leidenschaft dämpft, muß ein anderes Gefühl dieses emotionale Vakuum füllen. Und Leiden ist einer der wenigen Zustände, in dem wir Gefühle von hinreichender Heftigkeit empfinden.

Obwohl fast alle obsessiv Liebenden ihre Gefühle durch selbstbestrafende Verhaltensmuster ausagieren, enden die wenigsten damit. Diese sinnlosen Reaktionen auf eine Zurückweisung betreffen allein das Leben des *obsessiv Liebenden selbst*, sind jedoch allzuhäufig nur das Vorspiel zum Ausagieren aggressiverer Verhaltensmuster – die dann das Leben der *Zielperson* betreffen. Ich spreche vom Verhaltensmuster aggressiven Verfolgens.

Verfolgen aus Obsession

Wenn eine Zurückweisung dem obsessiv Liebenden das Gefühl vermittelt, sein Leben gerate außer Kontrolle, sieht er für gewöhnlich nur eine Möglichkeit: Er muß verhindern, daß die Beziehung endet, oder er muß sie, wenn sie bereits zu Ende ist, wiederbeleben. Das Ziel obsessiven Verfolgens ist es, das Interesse der Traumfrau oder des Märchenprinzen zurückzugewinnen. Und wenn obsessiv Liebende dies tun, dann überschreiten sie ausnahmslos die dünne Linie zwischen dem Ausagieren ihres zwanghaften Verhaltensmusters gegen sich selbst und dem Ausagieren gegen andere.

Das Bedrängen an sich muß nicht notwendigerweise zwanghaft sein. Neue Partner ziehen sich oft vorübergehend zurück, manchmal weil sie nach der ersten Woge der Gefühle Angst haben, verletzt zu werden. In diesen Fällen kann vorsichtig ermutigendes Drängen solche Ängste vertreiben. Dieses Drängen sollte jedoch auf einige wenige Versuche beschränkt bleiben. Wenn die betreffende Person sich weiterhin zurückzieht, einen neuen Partner findet, zu einem alten zurückkehrt oder sich den Bemühungen, die Beziehung wieder aufleben zu lassen, auf andere Weise widersetzt, ist es Zeit, loszulassen, egal wie schmerzhaft das auch sein mag.

Aber für obsessiv Liebende ist Loslassen gleichbedeutend mit dem Sprung von einer emotionalen Klippe. Deswegen bleibt ihnen im Fall einer Zurückweisung nur eine Option: Das Objekt ihrer zwanghaften Liebe zu verfolgen und zu verfolgen und zu verfolgen.

Taktiken der Verfolgung

Obsessiv Liebende versuchen die Beziehung mittels einer Reihe verschiedener Verfolgungstaktiken zu retten – und legen dabei ein Verhalten an den Tag, das in aller Regel maßlos, die Privatsphäre anderer mißachtend, beängstigend und manchmal sogar gefährlich ist. Die verbreitetsten Formen sind:

- das Versenden von nicht gewollten Geschenken, Blumen und Briefen an die Zielperson;
- das Erfinden von Vorwänden, um sich mit der Zielperson zu treffen;
- ständige Anrufe bei der Zielperson;

- das Vorbeifahren an Wohnung oder Arbeitsplatz der Zielperson;
- unangekündigte Besuche am Arbeitsplatz oder in der Wohnung der Zielperson;
- das heimliche Beobachten der Zielperson;
- die Drohung, sich oder der Zielperson etwas anzutun.

Einige dieser Verfolgungstaktiken klingen relativ harmlos und gutwillig, Tatsache ist jedoch, daß es *immer* um die Demonstration von Macht geht. Selbst Jims scheinbar romantisches Geschenk von sechs Dutzend roter Rosen für Gloria war eine reine Machtdemonstration. Er glaubte, liebevoll zu handeln, aber in Wirklichkeit kämpfte er gegen das Gefühl seiner Ohnmacht angesichts Glorias Zurückweisung an, indem er sie *zwang*, an ihn zu denken. Er verschaffte sich mit Gewalt erneuten Zutritt zu ihrem Leben. Sie wollte keinerlei Kontakt mehr, wollte nicht an ihn erinnert werden. Aber er drängte sich trotzdem auf. Obsessiv Liebende suchen bei derartigen Verfolgungstaktiken Zuflucht, um Macht zu demonstrieren, wo sie sich am ohnmächtigsten fühlen – im Verlust ihrer Traumfrau oder ihres Märchenprinzen.

Das Erfinden von Vorwänden

Als Margarets Beziehung mit Phil sich auf gelegentliche sexuelle Begegnungen reduziert hatte, begann sie, Treffen mit ihm künstlich herbeizuführen. Sie verfiel auf eine scheinbar harmlose Verfolgungstaktik: Sie erfand Vorwände für ihre Begegnungen.

> **Margaret** Ich ging um ein Uhr nachts ins Bett und wachte um vier wieder auf. Ich hatte Alpträume. Ich verlor Gewicht. Es war wie ein langsamer Tod, wenn ich nicht mit ihm zusammen war. Also erfand ich alle möglichen Vorwände, um ihn dazu zu bringen, mich zu treffen. Ich besorgte zusätzliche

Konzertkarten, machte irgend etwas in meiner Wohnung kaputt und bat ihn, es zu reparieren. Eines Nachts habe ich sogar einen vermeintlichen Einbrecher erfunden, damit er vorbeikam und nachsah. Ich rief ihn am Arbeitsplatz an, ich rief ihn zu Hause an, ich versuchte es bei seinem Bruder oder in der Bar, in der er sich mit Freunden traf. Es gab zwar fast jedesmal einen Grund, warum er nicht kommen konnte, aber das hielt mich nicht davon ab, es weiterhin zu versuchen.

Indem sie durchschaubare Vorwände erfand, um Phil zu sehen, versuchte Margaret, die Beziehung einseitig am Leben zu erhalten. Obwohl ihre Taktik Phil wahrscheinlich auf die Nerven ging, war sie für ihn doch relativ harmlos. Bei Margaret hingegen richtete sie großen Schaden an. Durch ihr eigenes Verhalten demütigte und erniedrigte sie sich fortwährend selbst. Alle Initiative ging von ihr aus, sie war stets diejenige, die ihm nachstellte. Sie war ständig die Gebende, und er bereitete ihr nicht einmal die Befriedigung, diese Gaben anzunehmen. Ganz offensichtlich wollte sie ihn sehr viel dringender sehen als er sie, aber gleichgültig wie oft Phil sie auch abwies, immer wieder drängte sie auf weiteren Kontakt. Indem sie Vorwände erfand, ihn zu sehen, konnte sie ihre eigenen Gefühle der Ohnmacht angesichts einer Situation bekämpfen, die ihr zunehmend aus den Händen glitt.

Das Rettungsseil Telefon

Eines der gebräuchlichsten Mittel, Kontakt zu einer abweisenden Zielperson herzustellen, ist das Telefon. Und damit meine ich nicht ein gelegentliches Telefonat, sondern wiederholte Anrufe, regelrechten Telefonterror. Denn das Telefon ist oft die einzige Möglichkeit, die obsessiv Liebenden bleibt, die Stimme ihrer Zielperson zu hören.
Außerdem benutzen obsessiv Liebende Telefonanrufe, um zu

verhindern, daß das Objekt ihrer zwanghaften Liebe sie ignoriert, oder um ihr Bedürfnis zu befriedigen, den Aufenthaltsort ihrer Zielperson in Erfahrung zu bringen, sowie zu klären, ob er oder sie mit jemandem zusammen ist.

Robert ist 39 Jahre alt und der Cousin einer Freundin. Als sie ihm erzählte, daß ich an diesem Buch arbeite, rief er mich an und bat um ein Gespräch. Robert bekam mehr und mehr Angst vor dem Ausmaß der Wut, die er gegen die Frau empfand, die ihn vor kurzem verlassen und sich fortan geweigert hatte, ihn wiederzusehen (mit gutem Grund, wie sich herausstellen sollte).

Robert ist ein blonder, sommersprossiger, typisch amerikanisch aussehender Mann, der als Verkäufer für Hifi-Anlagen arbeitet. Robert ist zweimal geschieden und hat eine ganze Reihe stürmischer Beziehungen hinter sich, von denen keine länger als ein paar Jahre gedauert hat. Nach der Art, wie er diese Beziehungen beschrieb, hatte ich den Verdacht, daß Robert in praktisch jeder Partnerschaft zwanghafte Verhaltensmuster entwickelt hatte.

Als er mich konsultierte, war Robert verliebt in eine ehemalige Kundin, eine Arzthelferin namens Sarah. Nach einer zweijährigen, extrem sprunghaften Beziehung war Sarah seiner ständigen Eifersucht überdrüssig geworden und hatte ihm erklärt, daß sie ihn nicht mehr liebe. Er hatte ihr nicht geglaubt. Einen Monat lang hatte er sie angerufen, hatte bei ihr vorbeigeschaut und ihr Briefe geschickt. Ohne Erfolg.

Obwohl Sarah sich weiterhin weigerte, ihn zu treffen, wollte Robert nicht aufgeben. Er glaubte, es gäbe etwas, was er tun könne, um Sarah den Fehler erkennen zu lassen, den sie beging, indem sie ihn abwies. Das Telefon wurde für ihn zum Rettungsseil.

Robert Ich weiß noch, es war mein Geburtstag. Ich schaute kurz bei ihr vorbei. Ich hatte mir gedacht, ich würde sie einfach überraschen. Aber die Überraschung war ganz auf meiner Seite, als ich feststellen mußte, daß jemand bei ihr war. Es brach mir schlicht das Herz. Ich merkte, daß ihr die

Sache sehr unangenehm war. Ich ging zurück in meine Wohnung und begann, ununterbrochen bei ihr anzurufen. Ich konnte einfach nicht aufhören. Ich mußte mit ihr reden, alles in Ordnung bringen, sie dazu überreden, sich mit mir zu treffen. Es war mein Geburtstag, und sie mußte mit mir zusammensein. Ob sie es wollte oder nicht, das war damals für mich nicht wirklich von Belang.

Telefonterroristen wie Robert machen sich erstaunlich wenig Gedanken, wie sich ihr bedrängendes Verhalten auf die Zielperson auswirkt. Sie können in anderen Beziehungen oder Lebensbereichen durchaus einfühlsame Menschen sein, aber sobald das obsessive Verhaltensmuster greift, überschattet die Intensität ihrer Gefühle für die Zielperson alle anderen Erwägungen.
Robert war überzeugt davon, daß er Sarah, wenn er sie nur ans Telefon bekam, überreden konnte, die Beziehung weiterzuführen. Die Tatsache, daß seine ständigen Anrufe (und andere Aktionen) Sarah aufregen, ihre Privatsphäre verletzen und sie belästigen könnten, kümmerte ihn kaum. Daß sie ein Recht auf ihr eigenes Leben und eigene Gefühle hatte, kam ihm gar nicht in den Sinn, und er behandelte sie, als ob sie nur auf der Welt sei, um *seine* Bedürfnisse zu befriedigen.

Beredtes Schweigen

Nora, die ihre Obsession nach nur vier Treffen mit Tom entwickelt hatte, verfiel auf eine völlig andere Variante des Telefonterrors als Robert. Anstatt Tom zum Gespräch zu nötigen, legte sie jedesmal auf, wenn er den Hörer abhob und sich meldete.

Nora Am letzten Wochenende rief ich ihn an, und er nahm endlich einmal ab. Aber als er plötzlich »Hallo« sagte, geriet ich in Panik und legte auf. Ich meine, was sollte ich auch sagen? Dann dachte ich mir, daß ich es vielleicht sofort noch einmal versuchen sollte, und hatte seinen Anrufbeantworter dran. Ich reimte mir zusammen, daß er ihn nur eingeschaltet haben konnte, weil er eine Frau zu Besuch hatte, also rief ich immer wieder an und legte nach dem Pfeifton auf, mindestens zwanzig- oder dreißigmal. Seitdem habe ich ihn jeden Abend angerufen. Ich sage nie etwas, ich will einfach nur . . . ich weiß nicht mal, was ich will, ich mach es einfach. Vielleicht will ich bloß wissen, ob er zu Hause ist. Ich ruf ihn einfach an und lege wieder auf, wenn er sich meldet. Ich weiß, daß er weiß, daß ich es bin, aber . . . ich weiß nicht, vielleicht ist es ja gerade das.

Genau darum ging es: Tom sollte wissen, daß sie es war. Gleichgültig, ob er selbst oder nur sein Anrufbeantworter sich meldete, Nora vergewisserte sich, daß er ihre Gegenwart spürte, daß er sie nicht vergaß, daß er nicht ohne Noras Störung die Gesellschaft einer anderen Frau genießen konnte.
Ich nenne Noras wiederholte Anrufe eine Verfolgungstaktik, obwohl ihr ausagiertes Verhaltensmuster eher dazu angetan scheint, Tom zu vertreiben, als ihn zurückzugewinnen. Indem sie Tom zwang, ihr Aufmerksamkeit zu widmen, klammerte sie sich an die einzige Art der Verbindung, die es zwischen ihnen beiden noch gab.
Obsessiv Liebende haben das alles dominierende Bedürfnis, in Kontakt mit ihrer Zielperson zu bleiben, wie indirekt der auch sein mag, nur um sich zu beweisen, daß nach wie vor eine Art von Beziehung existiert, selbst wenn diese Beziehung auf ständigen Zurückweisungen basiert. Einem objektiven Beobachter mag es widersinnig erscheinen, daß obsessiv Liebende ausgerechnet ihre Traumfrau oder ihren Märchenprinzen belästigen und verärgern, wenn sie doch eigentlich die Beziehung wiederbeleben wollen. Aber zwanghafte Liebe hat ihre eigene Logik.

»Ich mußte einfach vorbeifahren«

Wiederholte Anrufe sind selten der Höhepunkt einer obsessiven Verfolgung, sondern häufiger erst ihr Anfang. Die meisten zwanghaft Liebenden finden die elektronische Verbindung bald unzureichend und entwickeln das Bedürfnis nach größerer Nähe zu ihrer Zielperson.

Nach einer Woche ständiger Anrufe, begann Noras Gefühl von Verbundenheit mit Tom schwächer zu werden. Sie verspürte den Drang, ihre Verfolgung einen Schritt weiter zu treiben.

> **Nora** Ich fing an, bei ihm vorbeizufahren und vor seinem Haus zu warten. Ich mußte einfach wissen, ob er allein war, aber ich wollte nicht, daß er mich sieht, weil ich mir so idiotisch dabei vorkam, mitten in der Nacht vor seinem Haus zu spionieren. Also mietete ich mir verschiedene Wagen, um sicherzugehen, daß er mich nicht erkannte. Ich stand nachts um zwei oder drei Uhr auf und fuhr bei ihm vorbei, um nachzuschauen, ob jemand seinen Wagen an der Stelle geparkt hatte, wo ich meinen Wagen immer abgestellt hatte, wenn ich die Nacht bei ihm verbracht hatte. In seiner Garage lagert er ein Boot, so daß seine Besucher immer draußen parken müssen. Also fuhr ich vorbei, und wenn ich hinter seinem Wagen einen anderen geparkt sah, wußte ich, daß es eine andere Frau war. Und jedesmal wenn ich ein Auto dort stehen sah, wurde der Schmerz schlimmer. Aber ich mußte jede Nacht hinfahren. Ich wußte, daß das albern war, aber ich mußte einfach.

Die Tatsache, daß Nora sogar die Kosten und Mühen auf sich nahm, Autos zu mieten, um ihre Identität zu verbergen, läßt ahnen, wie peinlich ihr ihr eigenes Verhalten war. Aber weder die Kosten, noch die Scham konnten sie davon abhalten.

Zunächst hatte Nora lediglich das Bedürfnis zu wissen, ob Tom sie wegen einer anderen Frau zurückgewiesen hatte, und sie fand diesen Verdacht tatsächlich bestätigt. Aber anstatt diesen Beweis seines Desinteresses als Hilfe für ihren Loslösungsprozeß von Tom zu benutzen, setzte sie die Fahrten zu seinem Haus fort. Inzwischen ging es nicht mehr nur darum, Informationen zu sammeln. Die Fahrten waren für sie zu einer zusätzlichen Leidensquelle geworden, die ihre Obsession mit voller Kraft lebendig erhielt.

Solche Fahrten scheinen nicht in die Verhaltensmuster der eigentlichen Verfolgungstaktiken zu gehören, weil es keinen direkten Kontakt mit der Zielperson gibt. In den meisten Fällen wird diese sich der Tatsache nicht einmal bewußt sein. Trotzdem gehören solche Fahrten unbedingt zu den Methoden, mit denen obsessiv Liebende ihr Ziel verfolgen, weil sie entweder durch das Bedürfnis motiviert sind, eine Art von Kontakt mit der Zielperson herzustellen, oder von dem Wunsch, einen strategischen Vorteil zu erlangen, indem man Informationen über ihren Aufenthaltsort, ihre Gewohnheiten und ihre Begleitung sammelt.

»Ich konnte es einfach nicht lassen«

Fahrten zum Haus der Zielperson bergen – wie andere Verfolgungstaktiken auch – die Gefahr in sich, eine fatale Eigendynamik zu entwickeln. Obsessiv Liebende sind häufig überrascht oder verwirrt über ihre Handlungen, als ob ihr Verhalten von Kräften außerhalb ihrer selbst gesteuert würde. Sie fühlen sich oft außerstande, damit aufzuhören, selbst wenn sie wissen, daß ihre Aktionen sinnlos und entwürdigend sind.

Genau dasselbe geschah Don, als Cynthia für kurze Zeit aus dem Haus ihres Mannes auszog. Don war äußerst enttäuscht, als sie, anstatt mit ihm zusammenzuziehen, bei einer Freundin einzog. Die Furcht, sie könne versuchen, ihm aus dem Weg zu gehen, quälte ihn.

Don Ich dachte: »Wenn sie ihren Mann belügen, betrügen und täuschen konnte, warum dann nicht auch mich?« Wenn ich sie im Büro anrief, war sie immer gerade außer Haus, »Erledigungen machen«. Ich wurde extrem argwöhnisch. Ich fuhr bei ihr vorbei, um nachzusehen, ob ihr Wagen da war. Und abends zwang mich irgend etwas, mich ins Auto zu setzen und zum Haus ihres Mannes zu fahren, um zu kontrollieren, ob sie dort war. Ich habe sie nicht einmal dort angetroffen, aber ich konnte es einfach nicht lassen.

Zu diesem Zeitpunkt war Don bereits praktizierender Anwalt, aber auch sein juristisch geschulter Verstand half ihm nichts. Don glaubte nicht, daß er sein Verhalten vielleicht ändern *könnte*. Als er sagte, er könne es einfach nicht lassen, klang er wie ein Echo einer Ansicht, die ich von praktisch jedem obsessiv Liebenden, mit dem ich je zusammengearbeitet habe, so oder so ähnlich gehört habe:

Mein Verhalten ist außerhalb meiner Kontrolle.

Aber indem er diese Auffassung akzeptierte, schloß Don praktisch alle anderen Verhaltensoptionen aus. Indem er seinen freien Willen aufgab, ließ er zu, daß sein Verhalten nur noch von panischer Angst gesteuert wurde.

»Ich mußte einfach in seiner Nähe sein«

Margarets Fahrten waren nicht nur durch Argwohn oder Eifersucht motiviert, sondern durch Sehnsucht. Sie empfand das Bedürfnis, jeden Tag mit Phil zusammenzusein, aber er ließ das nicht zu. Also suchte sie Zuflucht in den Fahrten zu seinem Haus, um wenigstens seine Gegenwart zu spüren.

Margaret Wenn ich nicht mit ihm zusammensein konnte, mußte ich wenigstens in seiner Nähe sein. Sonst würde ich bloß zu Hause rumsitzen und vor mich hin leiden. Ich erzählte meinem Sohn irgendeine Lügengeschichte, daß ich noch etwas besorgen müsse und er im Notfall bei den Nachbarn klingeln solle, und ließ ihn allein zu Hause. Was zum Teufel tat ich eigentlich? Ich kam mir vor wie ein verknallter Teenager, dabei bin ich schon über dreißig. Aber ich mußte einfach seinen Wagen oder Licht in seinem Haus sehen. Ein- oder zweimal habe ich ihn sogar durchs Fenster beobachtet. Es gab mir ein gutes Gefühl, zu wissen, daß er dort war, zu wissen, daß ich in seiner Nähe war. Aber hinterher habe ich mich immer mies gefühlt, weil es nie genügte.

Von den Höhen ihrer leidenschaftlichen Romanze waren für Margaret nur noch die Nächte geblieben, in denen sie allein in ihrem Auto saß, die Fassade eines Hauses anstarrte und sich dabei erbärmlich fühlte.

Die zunehmenden Schuldgefühle darüber, was ihre Obsession mit der wertvollsten Beziehung in ihrem Leben – der zu ihrem Sohn – anrichtete, machten das Elend noch schlimmer. Sie wurde ihrem Sohn gegenüber nicht nur immer ungeduldiger, sie war auch unaufrichtig und ließ ihn allein. Zwanghaft Liebende, die gleichzeitig Eltern sind, stellen häufig verzweifelt fest, daß sie ihre Kinder auf den Rücksitz abgeschoben haben, während das Bedürfnis, das Objekt ihrer Obsession zu verfolgen, all ihre Zeit und Energie auffrißt.

Unangekündigte Besuche

Anrufe und Fahrten zum Haus der Zielperson lassen obsessiv Liebende stets mit dem brennenden Bedürfnis nach direktem Kontakt zurück. Deshalb werden sie immer begieriger, ihren Partner tatsächlich zu treffen, wobei sie eine bemerkenswerte Kreativität im Erfinden von Vorwänden für unangekündigte Besuche entwickeln. Sie behaupten, »gerade in der Gegend gewesen zu sein« oder eine Extraportion Kekse gebacken zu haben, sie wollen ein geliehenes Buch zurückbringen oder seine Meinung über ein neues Kleidungsstück hören, sie geben vor, besorgt gewesen zu sein, weil das Telefon vermeintlich nicht funktioniert hat, oder Rat in einer wichtigen Lebensentscheidung zu brauchen, oder sie wollen ihn ganz spontan zum Essen in ein neues Restaurant einladen. Im Kontext einer Liebesbeziehung wäre keiner der Vorwände besonders ärgerlich. Aber für die Zielperson eines obsessiv Liebenden wirken sie wie offenkundige Manipulationen. Normalerweise reagiert sie darauf wütend und mit weiterer Zurückweisung.

Zusätzlich zu ihren übrigen Strategien, begann Margaret, ein paarmal die Woche am Ende seiner Schicht bei ihm »vorbeizuschauen«, in der Hoffnung, sie könne ihn zu einem Drink überreden. Ein oder zweimal war sie sogar mitten in der Nacht bei ihm hereingeplatzt unter dem Vorwand, zufällig vorbeigekommen zu sein. Phil reagierte bei solchen Anlässen in der Regel recht höflich, bis Margaret einmal unerwartet zur falschen Zeit auftauchte.

Margaret   Einen Samstag mußte er zu einem Polterabend, sagte aber, er würde vielleicht noch einmal anrufen, wenn er zurück sei. Ich war aufgeregt, weil ich dachte, daß wir wenigstens die Nacht gemeinsam verbringen würden, aber er rief nicht zurück. Gegen drei Uhr morgens gab ich das Warten schließlich auf und ging ins Bett. Am nächsten Morgen rief ich dann bei ihm an, aber es war besetzt. Ich fragte beim Amt nach, und man sagte mir, der Hörer sei ausgehängt. In diesem Moment kam irgend etwas über mich, ich zog mich an und fuhr zu ihm. Den ganzen Weg überlegte ich, was ich ihm sagen wollte. Ich wußte, daß er nicht gerade begeistert reagieren würde, wenn ich wieder aus heiterem Himmel bei ihm auftauchte, aber ich dachte mir, daß ich ihm, wenn er mich erst einmal reingelassen hatte, Frühstück machen wollte, und daß er es dann nicht mehr so schlimm finden würde. Aber als er in seinem Bademantel die Tür aufmachte und mich sah, wich sämtliche Farbe aus seinem Gesicht, und ich wußte, daß ich einen schweren Fehler begangen hatte. »Ich bin nicht allein«, sagte er. »Ich habe mich gestern abend betrunken und eine Freundin mit zu mir genommen.« Ich war wie vom Donner gerührt. Ich wußte, daß er in letzter Zeit nicht gerade Mr. Aufmerksam gewesen war, aber ich hatte geglaubt, daß, wenn ich ihm nur genug Zeit lassen würde ... Ich meine, ich dachte, ich wäre mit jemandem zusammen, der mich im tiefsten Innern wirklich liebte. Und jetzt ... es hat mich wirklich total umgehauen.

Margaret hätte wissen müssen, daß ihre Beziehung in einer Sackgasse gelandet war, lange bevor sie eine andere Frau bei Phil antraf. Vielleicht hatte er es ihr nicht ausdrücklich gesagt, aber sein Rückzug aus der Beziehung war ziemlich offenkundig. Unglücklicherweise hatte sie seine Zeichen mißachtet. Obsessiv Liebende wie Margaret haben ihre eigene Methode, Informationen zu verarbeiten. Sie lassen nicht zu, daß Informationen über das Desinteresse ihres Partners durch den Filter ihrer Abwehrmechanismen dringen. Wenn sie bei fünf unangekündigten Besuchen vor einer verschlossenen Tür stehen, werden sie es aller Wahrscheinlichkeit noch ein sechstes Mal versuchen. Statt aus ihrer Erfahrung zu lernen, beharren sie auf ihrer Überzeugung, daß der Widerstand ihrer Zielperson früher oder später zusammenbrechen wird.
Selbst wenn sie über alle Fakten verfügen, um die nackte Wahrheit über die Gefühle ihrer Zielperson zu erkennen, werden zwanghaft Liebende dieser Wahrheit fast immer den Rücken kehren, wenn sie dafür Gelegenheit bekommen, Zeit mit dem Objekt ihrer Obsession zu verbringen, und seien es nur wenige Augen-

blicke. Wenn es zu einem Konflikt zwischen Fakten und Obsession kommt, machen sich zwanghaft Liebende stets die Ansicht eines der großen Wirklichkeitsverleugner der Weltliteratur – Don Quichotte – zu eigen, der das Prinzip der Verdrängung recht schlüssig auf den Punkt gebracht hat: »Fakten sind die Feinde der Wahrheit.«

»Wie kann sie mir das antun?«

Margarets Hoffnungen klammerten sich zumindest an eine schwache Realität. Wenn schon sonst nichts, so hatten Phil und sie noch immer eine sexuelle Beziehung. Jim hingegen verfügte über reichlich Beweise, daß Gloria keinen Kontakt mehr mit ihm wollte. Gloria hatte ihm erklärt, er solle seine Anrufe einstellen, sie hatte sich geweigert, ihn unter welchen Umständen auch immer zu treffen, sie hatte alle seine Briefe ungeöffnet zurückgeschickt, seine Rosen weggeworfen und ihm sogar mit der Polizei gedroht.

Jim Ein paar Wochen, nachdem sie bei unserer Begegnung auf der Straße völlig ausgerastet war, beschloß ich, zu ihr zu gehen und einfach ein normales Gespräch zu versuchen. Ich überlegte mir, daß sie sich möglicherweise scheuen würde, in Gegenwart von anderen eine Szene zu machen. Manchmal kann sie richtig hysterisch werden. Also mogelte ich mich am Pförtner vorbei und ging durch die Nachrichtenredaktion. Ich zitterte vor Nervosität. Als ich an ihre Tür kam, wollte ich sofort reingehen, aber ich wußte, daß sie wütend werden würde, wenn ich sie in einer Sitzung oder dergleichen störte, also klopfte ich an. Als sie die Tür öffnete, glaubte ich, meine Brust müßte zerspringen, so hämmerte mein Herz. Dann warf sie mir die Tür vor der Nase zu und schloß ab. Ich weiß nicht, warum sie so außer sich war, ich wollte bloß mit ihr reden, aber plötzlich kam ich mir vor wie der letzte Dreck.

Alle Leute dort starrten mich an. Ich flehte sie an, vernünftig zu sein, aber sie sagte, ich solle verschwinden oder sie würde die Polizei rufen. Es war wirklich erniedrigend vor den Augen all der Menschen. Wie konnte sie mir das antun? Ich wollte doch bloß reden. Und dann tauchten diese Männer vom Sicherheitsdienst auf und schnappten mich einfach. Ich weiß nicht mehr genau, was ich getan habe, außer daß die Wachen mich wegzerrten, weil ich schreiend gegen Glorias Tür gehämmert hatte. Zum ersten Mal in meinem Leben hatte ich total die Kontrolle über mich verloren, und es jagte mir einen Höllenschrecken ein.

In Wahrheit hatte Jim schon sehr viel früher die Kontrolle über sich verloren und nicht erst, als er von Sicherheitsbeamten von Glorias Tür weggeschleift werden mußte. Seit Monaten hatten seine unangekündigten Besuche Gloria geängstigt und bis zum Punkt schierer Panik getrieben, trotzdem glaubte Jim immer noch, daß er lediglich einige unschuldige Versuche unternommen hatte, mit seiner früheren Partnerin zu reden. Als Gloria sich schließlich genötigt sah, die Behörden gegen Jim zur Hilfe zu rufen, fühlte er sich ungerecht behandelt. Die Wut und Frustration, die er seit ihrer Zurückweisung unterdrückt hatte, brachen schließlich an die Oberfläche. Wie viele obsessiv Liebende hatte Jim das Gefühl, das Opfer zu sein, obwohl er es war, der das Leben seiner Zielperson in einen Alptraum verwandelt hatte.

Im vorigen Kapitel haben wir gesehen, wie obsessiv Liebende Techniken selektiver Wahrnehmung anwenden, um das zurückweisende Verhalten ihrer *Zielperson* zu minimieren, aber in der Phase der Verfolgung ist diese Selektion mindestens genauso wichtig, um das *eigene* Verhalten zu bagatellisieren. Jim entwickelte eine wahre Meisterschaft, wenn es um selektives Wahrnehmen ging. Daß er Gloria mit seinen unangekündigten Besuchen überall, wo sie hinging, ängstigte und wütend machte, spielte keine Rolle – sein emotionaler Tunnelblick ließ sein eigenes Verhalten im Hintergrund verschwimmen. Jim konnte einfach nicht verstehen, warum Gloria »so außer sich« war. Während er sich auf sein Ziel konzentrierte, Gloria zurückzugewinnen, war er außerstande, zu erkennen, daß die Methoden, die er zur Verfolgung dieses Ziels anwandte, ihr das Leben zur Hölle machten.

Jim glaubte, daß er keine andere Möglichkeit hatte, als Gloria zu verfolgen. Er tat lediglich, was jeder andere Mann aus tiefempfundener Liebe ebenfalls tun würde: Er kämpfte, um Glorias »unvernünftigen« Widerstand zu überwinden. Schließlich war *er* doch das unschuldige Opfer – er wollte nur mit ihr reden. Was war daran so schlimm? Warum reagierte sie so unflexibel?

Jim war nicht in der Lage, zu erkennen, daß erst sein bedrängendes Verhalten Gloria gezwungen hatte, sich jedem Gespräch mit ihm resolut zu verweigern. Er hatte sie in eine Ecke gedrängt, und sie schützte sich auf die einzige ihr mögliche Weise. Wenn irgend jemand Jim zum Opfer machte, dann er selbst. Indem er sich Gloria ständig weiterhin aufdrängte, bereitete er sein eigenes Desaster vor.

Auf der Lauer

Wie ein Jäger seine Beute beschattet, ohne daß seine Gegenwart bemerkt wird, so beobachten viele obsessiv Liebende heimlich ihre Zielperson. Dabei ahmen sie häufig die verstohlenen Verschwörungsrituale nach, die sie im Kino oder Fernsehen vorgeführt bekommen. Sie folgen ihren Opfern, beobachten sie in Restaurants, Bars oder anderen öffentlichen Örtlichkeiten und belagern ihr Haus oder Büro.

Hal – der Zahnarzt, den wir im vorigen Kapitel kennengelernt haben – spionierte seiner eigenen Frau nach. Als Fran ihre berufliche Karriere wiederaufgenommen hatte, nachdem ihre Tochter auf der höheren Schule war, begann Hal den Verdacht zu hegen, daß sie ein sexuelles Bedürfnis nach anderen Männern umtrieb.

Um sich gegen seine Angst, er könne sie an einen anderen verlieren, zu wehren, wurde er zunehmend besitzergreifend. Wenn sie sich auf einer Party mit einem anderen Mann unterhielt, warf er ihr hemmungsloses Flirten vor. Wenn sie zu Hause Anrufe von männlichen Kollegen bekam, reagierte er mürrisch. Und er fragte sie ständig nach ihrem Tagesablauf.

Fran fühlte sich von seinem Mißtrauen zunehmend abgestoßen und begann, sich von ihm zurückzuziehen. Hal betrachtete diesen Rückzug als weiteren Beweis für die Richtigkeit seiner Verdächtigungen, und sein Verhalten eskalierte. Frans Widerwillen steigerte sich daraufhin zu regelrechter Wut. Er laugte sie emotional aus, was sie sexuell völlig destimulierte. Durch sein bedrängendes Verhalten wurde Hals Angst vor der Zurückweisung zu einer *selffulfilling prophecy*.

Als ihre Tochter das Haus verließ, um aufs College zu gehen, ließ Fran auch endlich den Gedanken an eine Trennung von Hal zu. Sie mochte ihn noch immer, aber die Situation war für sie unerträglich geworden. Als sie ihn mit der Möglichkeit konfrontierte, geriet er völlig in Panik. Er schwor, er würde alles tun, was sie von ihm verlangte, wenn sie ihm nur noch eine Chance geben würde. Sie erklärte ihm, daß sie eine Trennung auf Probe wollte und den Gedanken an eine Versöhnung nicht einmal in Erwägung ziehen würde, wenn er sich nicht um professionelle Hilfe bemühte.

Obwohl es schließlich Frans Beharrlichkeit zu verdanken war, daß Hal zu mir kam, war er sich darüber im klaren, daß er ein extremes Verhalten an den Tag gelegt hatte, und wollte unbedingt etwas dagegen tun. Bei unserer ersten Sitzung zögerte er, darüber zu sprechen. Es war ihm peinlich. Aber schließlich öffnete er sich mir doch und erzählte, wie sein Verhalten in den letzten paar Monaten eskaliert war.

Er sprach von seinen »absurden Anschuldigungen«, seiner »spanischen Inquisition«, seinen stündlichen Anrufen bei Frans Arbeitsplatz. Diese Taktik hatte seinen Verdacht jedoch nur wesentlich bestärkt, da er allein auf Frans Wort angewiesen war. Und unter dem Einfluß seiner obsessiven Eifersucht war er nicht bereit, sich darauf zu verlassen.

Hal Vor etwa einem Monat habe ich angefangen, ihr nachzuspionieren. Ich rief sie bei der Arbeit an, um sie zum Mittagessen einzuladen, und sie sagte, sie könne nicht, weil sie bereits eine Verabredung zum Mittagessen hätte. Irgendwie kam mir das komisch vor, also sagte ich alle meine Termine für den Rest des Tages ab und fuhr zu ihrem Büro. Ich parkte um die Ecke, damit sie meinen Wagen nicht erkannte, und wartete. Gegen 12.30 Uhr sah ich sie. Sie kam mit ihrem Chef heraus, und die beiden schienen sich sehr vertraut miteinander zu unterhalten. Für mich sah es jedenfalls nicht so aus, als würden sie etwas Geschäftliches besprechen. Ich folgte ihnen zu einem ziemlich schicken Restaurant und fand eine Nische an der Bar, wo sie mich nicht sehen, ich sie aber weiterhin beobachten konnte. Ich war felsenfest davon überzeugt, daß die beiden sich zu einem verliebten Essen zu zweit trafen. Aber dann gesellte sich eine Gruppe Geschäftsleute zu ihnen. Mir wurde schlagartig klar, daß ich die ganze Geschichte in meinem Kopf zusammengesponnen hatte. Es war, als ob ich mich zum ersten Mal selbst erkannte, und es war ein richtig unheimliches und ekeliges Gefühl. Es hätte mir wirklich die Augen öffnen sollen, aber dann, ein paar Wochen später . . . tat ich dasselbe noch einmal.

Hal wußte, daß Fran sich von ihm zurückzog. Und so sehr, wie er sie liebte, konnte er sich nicht vorstellen, daß es an *ihm* lag. Es *mußte* einen anderen geben. Daß ihre Zurückweisung eine Reaktion auf sein Verhalten sein könnte, kam ihm nie in den Sinn. Deshalb wurde sein Leben zu einer einzigen Jagd nach dem Phantomrivalen.
Obsessiv Liebende, die ihrem Partner nachstellen, rechtfertigen ihr Verhalten stets mir irrationaler Logik. Hal argumentierte, er

habe gehofft, trotz der Scham und Selbstvorwürfe, die das in ihm auslöste, seine Verdächtigungen durch das Spionieren zu zerstreuen und sich ein wenig Ruhe vor den unbarmherzig quälenden Zweifel seiner obsessiven Eifersucht zu verschaffen. Aber sein Verdacht legte sich nicht, denn gleichgültig, wie oft sich Frans Unschuld auch erwies, für die Zukunft hatte er keine Garantie.

Zwanghafte Eifersucht

Die Hartnäckigkeit und Intensität von Hals unbegründeter Eifersucht deuteten die Möglichkeit einer »paranoiden Persönlichkeitsstörung« an, wie Psychologen das nennen. Ein Mensch mit paranoider Persönlichkeitsstruktur ist *häufig* neidisch, argwöhnisch, übersensibel und oft auch feindselig. (Nicht zu verwechseln mit »Paranoia«, einer ernsthaften psychischen Krankheit, bei der es um extrem systematisierte Wahnvorstellungen von Verfolgung oder eigener Größe geht.)

Wenn ein obsessiv Liebender eine paranoide Persönlichkeit oder auch nur diesbezügliche Tendenzen zeigt, mache ich mir stets Sorgen um sein Potential zur Gewalttätigkeit. Hätte Hal nicht ohnehin von Fran getrennt gelebt, hätte ich als Vorbedingung für die Therapie darauf bestanden, obwohl Hal keine Vorgeschichte von gewalttätigem Verhalten, Drogen- oder Alkoholmißbrauch hatte. Weil übersteigerte Eifersucht und Argwohn häufig Vorboten von Gewalttätigkeit sind, schlage ich Patienten, auf die dieses Persönlichkeitsmuster paßt, vor, sich für mindestens drei Monate von ihrem Partner zu trennen, während ich in der Therapie die zugrundeliegenden psychischen Probleme bearbeite.

Hals Liebe zu Fran war eine starke Motivation für eine Verhaltensänderung. Als er im Laufe der Therapie lernte, tiefer in sich hineinzusehen, nahmen sowohl seine Verdächtigungen als auch sein obsessives Verhalten nach und nach ab.

Selbstmorddrohungen

Wenn alle anderen Methoden scheitern, suchen einige obsessiv Liebende Zuflucht beim Mittel der Selbstmorddrohung. Obwohl diese Drohungen eine extreme Reaktion auf einen tiefempfundenen, emotionalen Schmerz sind und häufig auch zu tatsächlichen Selbstmordversuchen führen, können sie noch immer als eine Verfolgungstaktik angesehen werden. Zwanghaft Liebende, die eine Selbstmorddrohung aussprechen, tun das in der Regel, um bei ihrer Zielperson starke Gefühle der Sorge und Schuld zu provozieren, in der Hoffnung, sie zur Rückkehr zu bewegen. Meine Patientin Anne machte von dieser Taktik auf besonders dramatische Weise Gebrauch.

Anne, 38 Jahre alt, eine strahlende Schönheit mit langem blonden Haar, ist Mitbesitzerin eines Schönheitssalons. Sechs Monate nach Abschluß der High School hatte sie ihre Jugendliebe geheiratet. Die Ehe endete zwei Jahre später, als ihr Mann wegen des Besitzes von Kokain verhaftet wurde – eine Sucht, die er vor ihr geheimgehalten hatte. Nach ihrer Scheidung hatte sie eine Reihe von kürzeren Beziehungen, aber keiner der Männer schien bereit, sich ernsthaft einzulassen. Anne hatte diverse Therapien angefangen und wieder abgebrochen, ohne herauszufinden, warum sie offenbar unfähig war, eine stabile Beziehung zu finden. Nun blieben ihr nur noch wenige Jahre, in denen sie Kinder bekommen konnte, und sie wurde zunehmend besorgt, einen Mann zu finden, in den sie sich verlieben und mit dem sie eine Familie gründen konnte.

Eines Abends war Anne zur Party anläßlich des vierzigsten Geburtstags einer Kundin, einer Fernsehschauspielerin eingeladen. Zu ihrer großen Freude schien der attraktivste Mann auf der Party auch sie anziehend zu finden. Noch vor Ende des Abends lud er sie für den kommenden Samstag zum Essen ein. Anne konnte es gar nicht fassen. John war ein erfolgreicher Produzent. Er wirkte sensibel und kultiviert, er war witzig und wohlhabend. Kurz, er war alles, was sie sich erträumt hatte, und er schien seinerseits auch sie zu mögen. Sie begannen, sich häufiger zu treffen, und binnen drei Monaten waren sie unzertrennlich.

Anne Es war das glitzernde Leben der großen Stadt. Er führte mich überallhin aus, flog mit mir überallhin, tat alles für mich... Wir behielten unsere getrennten Wohnungen, aber wir waren entweder bei ihm oder bei mir. Ich entwikkelte eine starke Abhängigkeit von ihm. Ich wollte ihn heiraten und den Rest meines Lebens mit ihm verbringen. Jede Minute.

Nach sechs oder sieben Monaten flaute Johns Begeisterung ab. Er begann allmählich, weniger Zeit für Anne zu haben, und erklärte ihr, daß ihm ihre Beziehung zu intensiv geworden wäre. Er wußte, daß Anne heiraten wollte, aber für ihn war es noch zu früh, einen derart bindenden Schritt in Erwägung zu ziehen. Je mehr er sich zurückzog, desto heftiger klammerte sich Anne an ihn, bis er ihr schließlich erklärte, daß er sich von ihr eingeengt fühlte und für eine Weile Abstand brauchte.
Anne versuchte zu ergründen, was falschgelaufen war. Sie war sicher, daß seine Entscheidung auf ihr Fehlverhalten zurückzuführen war. Vielleicht fand er sie intellektuell nicht anregend genug, vielleicht war sie zu ungebildet. Also beschloß sie, sich in die Frau zu verwandeln, von der sie glaubte, daß er sie wollte. Sie belegte Volkshochschulkurse in Französisch und Geschichte und nahm Stunden bei einem Sprachlehrer, um ihre Aussprache zu verbessern. Diese Unterrichtsstunden und Kurse machten ihr wenig Spaß, aber sie glaubte, sie würden die Anstrengung lohnen, wenn sie sie für John attraktiver machen würden.

Anne Die ganze Zeit über glaubte ich, mir bricht das Herz. Alle paar Tage rief ich ihn an und fragte, ob er sich jetzt wieder imstande fühlte, mit mir auszugehen, aber das tat er nie. Er versuchte, die Trennung für mich möglichst schonend zu gestalten, aber je weniger er für mich erreichbar war, desto verrückter wurde ich. Ich konnte einfach nicht verstehen, warum er mir das antat, warum er nicht mit mir zusammensein wollte. Er hatte doch gesagt, daß er mich so sehr liebte, hatte so viel für mich getan und war so hilfsbereit gewesen. Und dann ließ er auf einmal alle Läden herunter. Das hat mich mürbe gemacht. Ich wußte nicht, wohin mit meinen Gefühlen, wohin mit meinem Schmerz. Ich fing an, bei ihm vorbeizufahren, und tat alles mögliche, um seine Aufmerksamkeit zu erregen, aber nichts funktionierte. Ich wurde langsam regelrecht wahnsinnig. Ich dachte an Selbstmord. Wenn ich starb, würde er an meinem Grab stehen und sich schuldig fühlen. Auf dem Grabstein würde stehen: »Sie starb an gebrochenem Herzen, und John ist schuld.«

Aus Annes Anrufen und Fahrten zu seinem Haus waren Selbstmordgedanken geworden. Diese Möglichkeit versprach das Erreichen von zwei Zielen: Sie würde ihren Schmerzen ein Ende bereiten und John dafür bestrafen, daß er solche Schmerzen verursacht hatte.

»Wenn du mich verläßt, bring ich mich um«

Eines Nachts rief Anne John in einem Anfall von Depression an und erklärte ihm, daß sie ihn unbedingt sehen müsse. Er weigerte sich, und sie stritten. In ihrer Verzweiflung gab Anne ihre Selbstmordgedanken zum erstenmal preis und drohte, sich umzubringen, wenn er nicht vorbeikäme.

Anne Ich konnte einfach nicht glauben, daß ich so etwas ausgesprochen hatte. Ich hatte an jenem Abend Gin getrunken, der mir schlicht nicht schmeckte, aber ich kippte ihn in mich rein und dachte: »Dem werd' ich es zeigen.« Ich weiß noch, daß ich das Gefühl hatte, einen regelrechten Anfall zu bekommen, ich trat mit den Beinen um mich und kreischte ihn durch das Telefon an. Schließlich sagte er: »Also gut, ich komme, aber ich bleibe nicht.« Und ich dachte: »Super! Wenn ich ihn dazu bringen kann, herzukommen, wird er auch bleiben.«

Anne benutzte eine Selbstmorddrohung, um John das Gefühl zu vermitteln, daß er für ihr Weiterleben verantwortlich war. Im Grund erklärte sie ihm, daß er sie auf dem Gewissen haben würde, wenn er nicht zu ihr kam. Das war ein extrem manipulatives Ultimatum, und es funktionierte tatsächlich. John kam vorbei. Aber sein Besuch erfüllte wohl kaum ihre Erwartungen. Er blieb nur ein paar Minuten, um sie zu beruhigen, und erklärte ihr dann, daß er ihre vorübergehende Trennung dauerhaft machen wollte. Er war zu der Einsicht gekommen, daß ihre Beziehung keine Zukunft hatte. Er behauptete, sie noch immer zu mögen, nur eben keine Liebe mehr für sie zu empfinden.

Anne Er wollte gehen, und ich erklärte ihm, daß ich mich wirklich umbringen würde, wenn er mich jetzt einfach so verlassen würde. Er sagte: »Also, hör mal, ich hoffe ernsthaft, daß du so etwas Dummes nicht tatsächlich tun würdest, aber ich muß jetzt gehen.« Und dann ging er die Treppe zu meiner Haustür hinab. Ich mußte etwas unternehmen, damit er mich ernst nahm, also fing ich an, meine Wohnung zu demolieren und mit irgendwelchen Sachen um mich zu werfen. Ich zertrümmerte jede Lampe, das ganze Geschirr, alles, was ich finden konnte ... solange es nur viel Lärm machte und Aufmerksamkeit erregte. Ich hörte, wie ein Nachbar brüllte: »Ruf die Polizei, Harry«, aber ich machte einfach weiter. Und dann kam John wieder herauf. Mittlerweile hatte ich sämtliche Lampen zerschlagen, so daß es stockfinster war. Er zündete eine Kerze an, und wir saßen gemeinsam im Halbdunkel da – der Teppich war zentimeterdick mit Scherben übersät –, bis die Polizei kam. Inzwischen war es drei oder vier Uhr morgens. Ich blieb einfach so sitzen, bis John die Beamten davon überzeugt hatte, daß alles in Ordnung war, und sie schließlich wieder abzogen. Dann ging auch John, und ich saß allein da und haßte mich dafür, so ein Biest gewesen zu sein.

John zu einem Besuch genötigt zu haben, stellte sich für Anne als schaler Triumph heraus. Sie wußte, daß er sich aus der Beziehung zurückgezogen hatte, weil er sich von ihrer obsessiven Liebe bedrängt fühlte. Durch ihre Selbstmorddrohung hatte sie alles nur noch schlimmer gemacht, hatte den Druck lediglich intensiviert. Ihr hysterisches, völlig unkontrolliertes Verhalten hatte John nur noch mehr befremdet und ihn in seiner Entscheidung, sich zurückzuziehen, bestärkt. Als sie jetzt in ihrer dunklen Wohnung inmitten von Scherben saß, haßte Anne sich für ihr eigenes idiotisches Benehmen.

Obwohl obsessiv Liebende das Ausagieren ihrer Gefühle als entwürdigend empfinden, fühlen sie sich ihnen gegenüber machtlos. Trotzdem glauben sie in aller Regel weiterhin, daß sie in der Lage sein *sollten*, sich selbst zu kontrollieren. Und in dem Maße, in dem sie ihren Partner für die erlittenen Qualen verantwortlich machen, suchen sie die Schuld auch bei sich. Schmerzhafte Selbstvorwürfe gehören zu den Nachwirkungen fast jeden obsessiven Verhaltens. Und für einen zwanghaft liebenden Menschen kann der letztendliche Ausdruck dieser Selbstvorwürfe darin bestehen, daß sie ihr verhaßtes Ich durch Selbstmord zerstören.

Zwei Wochen nach ihrer Selbstmorddrohung und dem Verwüsten ihrer Wohnung unternahm Anne tatsächlich einen Selbstmordversuch (s. Kap. 10). Diese Begegnung mit dem Tod brachte sie dann schließlich zu mir.

Selbstmorddrohungen sind nie erfolgreich, wenn es darum geht, einen verlorenen Partner zurückzugewinnen. Selbst wenn er vorübergehend zurückkommen sollte, geschieht das nicht aus freiem Willen, sondern aus Angst oder Mitleid – und das ist kaum die Basis für eine glückliche Beziehung.

(ACHTUNG: Wenn Sie Selbstmordgedanken oder wiederkehrende Selbstmordphantasien haben oder wegen der Zurückweisung durch Ihren Partner bereits mit Selbstmord gedroht haben, ist es *absolut unverzichtbar*, daß Sie sich um professionelle Hilfe bemühen. Es ist rein gar nichts Romantisches daran, aus Liebe zu sterben.)

Die Vergeblichkeit der Verfolgung

Ob es Anrufe oder Fahrten zum Haus des Partners sind, unangekündigte Besuche, Nachspionieren oder Selbstmorddrohungen – obsessiv Liebende sind überzeugt, daß alles, was sie tun, im Dienst einer machtvollen, glorreichen und romanhaften Liebe geschieht. Im Licht einer solchen Leidenschaft müssen Probleme wie das Bedrängen eines anderen Menschen, die Verletzung seiner Privatsphäre oder massive Belästigung unvermeidlich verblassen. Anne formulierte das für sich folgendermaßen:

> **Anne** Wenn ich an die Nacht denke, in der ich meine Wohnung demoliert habe, ist es mir einerseits zwar wirklich peinlich, andererseits habe ich jedoch seltsamerweise das Gefühl, nicht genug getan zu haben. Sie müssen das verstehen, wenn man jemanden so sehr will, gibt es kein Zuviel, egal wie wütend man den Partner macht. Man tut alles, was man tun muß, um ihn zurückzuholen.

Anne hatte sich, ohne sich dessen bewußt zu sein, einen großen Irrglauben jeder obsessiven Verfolgung zu eigen gemacht:

Der Zweck heiligt die Mittel.

Der »Zweck« erfüllt sich natürlich praktisch nie so, wie der zwanghaft Liebende es sich erhofft. Man kann niemanden zwingen, einen anderen zu lieben.

Und die »Mittel« einer obsessiven Verfolgung schaffen einen selbstdestruktiven Teufelskreis, der zwanghaft Liebende immer verzweifelter und erniedrigter zurückläßt. Je mehr sie ihr obsessives Verhaltensmuster ausagieren, desto mehr werden sie ihre Zielperson befremden; je mehr sie ihre Zielperson befremden, um so schlechter fühlen sie sich und versuchen, diesem Schmerz zu entfliehen, indem sie ihre Obsession noch heftiger ausagieren. So ernährt sich eine zwanghafte Verfolgung letzten Endes aus sich selbst.

Wenn eine Zurückweisung die Schleusen einer Obsession erst einmal geöffnet hat, wird zwanghaftes Verhalten unvermeidlich. Aber gleichgültig, ob diese Obsession durch Selbstbestrafung oder durch Verfolgung der Zielperson ausagiert wird, obsessives Verhalten ist immer kontraproduktiv. Früher oder später muß der zwanghaft Liebende sich den negativen Folgen seines Verhaltens stellen, und wenn das passiert, schlägt die daraus resultierende Enttäuschung und Erniedrigung häufig in Wut um.

Und bei vielen obsessiv Liebenden ist diese Wut die Vorstufe für Rachegefühle.

3. Von der Verfolgung
zur Rache

Anne Ich fing an, darüber nachzudenken, wie ich ihm etwas von dem Schmerz zufügen konnte, den er mir zugefügt hatte. Ich wurde richtig wahnsinnig. Ich dachte daran, seine Reifen aufzuschlitzen oder seine Fenster einzuwerfen, und dann, irgendwann... fing ich an, darüber zu phantasieren, sein Haus niederzubrennen.

Die meisten obsessiv Liebenden erreichen irgendwann einen Siedepunkt – einen Punkt, jenseits dessen sich ihre Frustration über das Scheitern ihrer Bemühungen nicht länger verdrängen läßt. Der Abwehrmechanismus des Leugners bricht in sich zusammen, und die optimistischen Phantasien, die Beziehung wiederbeleben zu können, werden durch die Überzeugung ersetzt, daß das Objekt ihrer zwanghaften Liebe ihr Leben vorsätzlich ruinieren will. Die obsessiv Liebenden werden wütend auf ihre Traumfrau oder ihren Märchenprinzen, weil er oder sie sie verraten hat und ihnen absichtlich die Liebe vorenthält, die sie so dringend brauchen. Das Erwachen dieser Wut scheint die zwanghafte Liebe zu überschatten, aber statt dessen belebt die Wut das Feuer der obsessiven Leidenschaft intensiver als zuvor.

Wut und Liebe

Wut und Liebe sind scheinbar diametral entgegengesetzte Empfindungen, aber in einer Obsession können sie nebeneinander existieren. Die Wut schafft es nie, die zwanghafte Liebe ganz zu überwinden; statt dessen ringen die beiden um Dominanz über das Verhalten des Obsessiven. Margaret schlitterte hilflos zwischen Wut und Liebe hin und her.

Selbst nachdem sie Phil mit einer anderen Frau erwischt hatte, traf sie sich noch ein halbes Jahr weiterhin mit ihm. Dann erfuhr sie, daß die andere Frau bei ihm eingezogen war.

Margaret Einen derartigen Schmerz habe ich nie zuvor empfunden. Ich kann es nicht mal beschreiben. Er muß doch gemerkt haben, was er mir damit antat, daß er mich förmlich umbrachte. Aber er hat es trotzdem getan, und ich konnte einfach nicht begreifen, warum. Ich war so wütend, daß ich ihm sein blödes Gesicht zerschlagen wollte. Manchmal konnte ich an nichts anderes denken. Aber dann fielen mir wieder all die schönen Dinge ein, die wir gemeinsam erlebt hatten und wie gut ich mich bei ihm gefühlt hatte. Er war auf seine Art unheimlich charmant und sehr sexy, wissen Sie! Aber dann gab es auch wieder Momente, in denen ich ihm wirklich weh tun wollte. Ich hoffte, sein Schwanz würde abfallen. Ich glaube nicht, daß er je völlig begreifen wird, wie tief mich diese Beziehung erschüttert hat. Ich hoffe wirklich, daß ich ihn nie wiedersehe, weil, wenn doch... hab' ich Angst, ich könnte zu ihm zurückkehren.

Ich weiß nicht, warum Phil Margaret zurückgewiesen hat. Vielleicht war er ein wirklich netter Typ, der damals einfach nicht an einer ernsthaften Beziehung interessiert war. Vielleicht war er ein Liebhaber für eine Nacht. Vielleicht wurde er durch ihr klammerndes und forderndes Verhalten abgeschreckt. Vielleicht hat er auch einfach das Interesse an ihr verloren. Gleichgültig, was seine Gründe gewesen sein mögen, Margaret war überzeugt, daß seine Zurückweisung ein vorsätzlicher Akt war, sie zu verletzen, ihr den emotionalen Boden unter den Füßen wegzuziehen. Sie war wütend auf ihn, weil er ihr das Gefühl gab, tief verletzt worden zu sein. Aber all diese negativen Gefühle dämpften in keiner Weise ihre Sehnsucht nach ihm. Margaret konnte sich nicht von Phil lösen, weil die Wut ihre Gefühle weiterhin anfachte, selbst nachdem seine Leidenschaft längst abgekühlt war. Wie das zwanghafte Leiden, so wirkt auch obsessive Wut wie ein Widerhaken, der die Gegenwart des Partners im Leben des Obsessiven lebendig hält. Durch ihre Wut bleiben zwanghaft Liebende ihrem ehemaligen Partner leidenschaftlich verbunden, selbst wenn alle sonstigen Verbindungen längst gekappt sind.

Rachephantasien

Wenn die obsessive Wut so stark wird, daß sie nicht mehr abgeleugnet werden kann, haben die meisten obsessiv Liebenden zumindest Rache*phantasien*. Dagegen ist erst einmal nichts einzuwenden. Jeder Mensch hat hin und wieder haßerfüllte Phantasien. Aber für obsessiv Liebende werden solche Phantasien oft zur Endlosschleife, die sich in ihrem Kopf immer wieder von vorn abspult und damit ihr seelisches Gleichgewicht weiter untergräbt. Als John Anne zurückwies, wurde sie regelrecht besessen von dem Gedanken an Rache, so wie sie vorher nur noch von der großen Liebe träumen konnte. Ein paar Tage, nachdem er sie weinend in ihrer dunklen Wohnung zurückgelassen hatte, begann sie darüber nachzudenken, wie sie ihm den erlittenen Schmerz heimzahlen konnte. Sie verfiel auf die Idee, sein geliebtes Strandhaus niederzubrennen – das Haus, in dem sie gemeinsam viele romantische Abende verbracht hatten.

Anne Während ich einer Kundin das Haar kämmte, überlegte ich, wo ich das Benzin besorgen konnte. Oder wie ich es
verteilte oder anzündete. Zuerst dachte ich, ich wollte das
Haus mit ihm darin verbrennen, aber dann entschied ich, daß
es mir lieber wäre, wenn er überlebte, um es brennen zu
sehen. Stundenlang hatte ich solche Gedanken. Ich wußte, es
war krankhaft, aber es war das einzige, was mich von den
Schmerzen ablenken konnte.

Damit beschreibt Anne unbewußt einen verbreiteten Abwehrmechanismus gegen depressive Gefühle. Die Wut, aus denen sich
Rachephantasien speisen, verleiht den Menschen ein Gefühl von
Kraft und Energie. Bei einer Depression hingegen ist es genau
umgekehrt. Eine Depression vermittelt das Gefühl von Ohnmacht, Erschöpfung und Hoffnungslosigkeit. Deswegen sind
Menschen nur äußerst selten *gleichzeitig* wütend und deprimiert,
obwohl beide Gefühle in einer Person *nebeneinander auftreten
können.*
Wut und Depression sind eigentlich entgegengesetzte Pole desselben machtvollen Gefühls: des Hasses. Wut ist in aller Regel ein
nach außen und auf eine andere Person gerichteter Haß, während
Depressionen für gewöhnlich ein nach innen und gegen das eigene
Ich gerichteter Haß sind.
Indem sie ihren Haß in Rachephantasien gegen John umwandelte,
war Anne in der Lage, einen Teil ihrer Ohnmachtsgefühle zu
kompensieren. Aber diese Kompensation war nur von kurzer
Dauer.

Anne Es war sehr melodramatisch, wie aus einem schlechten Film. Ich wußte, daß ich sein Haus nicht wirklich anzün-
den würde, gleichzeitig konnte ich aber auch an nichts anderes denken. Ab jetzt würde ich bestimmen, wo's langging. Ich
würde zur Abwechslung mal *ihm* weh tun. Ein paar Tage lang
fühlte ich mich tatsächlich besser, aber je länger ich darüber

nachdachte, desto klarer wurde mir, wie dumm ich mich benahm.

Während Anne in ihrer Phantasie ihr Racheszenario entwarf, entwickelte sie ein Gefühl von Kontrolle. Sie war nicht länger hilfloses Opfer von Johns Zurückweisung. Zumindest in ihren Phantasien machte *sie* den nächsten Zug. Für eine kurze Phase spielte sie in ihrem eigenen Lebensdrama endlich die Hauptrolle.

Mordphantasien

Annes Phantasien kreisten um die Zerstörung von etwas, das John wertvoll und wichtig war. Roberts Phantasien hingegen waren fataler.
Robert war der Hifi-Verkäufer, der mich konsultiert hatte, weil ihm seine eigene Wut über den Auszug seiner Partnerin Sarah angst machte. Als Sarah mit einem anderen Mann zusammenzog, verwandelte sich Roberts Wut in irritierend brutale Rachephantasien.

Robert Wenn ich sie nicht haben konnte, sollte er sie auch nicht haben. Dieser Kerl wollte mein Leben ruinieren, und das konnte ich nicht zulassen. Ich hatte schon alles geplant. Ich würde in eine Bar gehen und einen Typ engagieren, der ihm beide Beine brechen sollte. Das würde mich schätzungsweise zehntausend Dollar kosten, aber das war mir egal. Ich wollte ihm nur wirklich weh tun. Ein paarmal habe ich es ganz ernsthaft in Erwägung gezogen.

Zunächst richteten sich Roberts Rachephantasien gegen den Mann, der ihm Sarah, seiner Überzeugung nach, weggenommen hatte. Aber je länger Sarah ihn zurückwies, desto mehr dehnten sich seine Phantasien auch auf sie aus.

85

Robert Er hatte kein Geld, keinen Stil und eine Glatze...
»Wie konnte sie ihn mir vorziehen?« fragte ich mich immer
wieder. Ich wollte sie beide umbringen, nach dem Motto
»Wenn ich sie nicht haben kann, soll sie nicht weiterleben
dürfen.« Ich wollte sie beide in die Luft jagen. Ich dachte
immer wieder an den Typ in dem Tower in Texas. Und an den
Kerl bei McDonald's. Mann kann jemanden bis zu einem
Punkt treiben, wo er völlig unberechenbar wird, und ich hatte
das Gefühl, daß sie mich zu diesem Punkt trieben.

Roberts Wut war so groß geworden, daß er Mordphantasien entwickelte. Er glaubte, wenn er Sarah und ihren Liebhaber eliminierte, würde er auch seinen ständig wachsenden Schmerz abtö-
ten. Und je länger er über diesen Plan nachdachte, desto näher
bewegte er sich auf die gefährliche Grenze zu, die Phantasien und
Handlungen trennt.

Racheakte

Für obsessiv Liebende ist Rache das Ende der Reise. Es ist der
Punkt, an dem sie ihren Kreuzzug, die Traumfrau oder den Märchenprinzen zurückzugewinnen, endgültig aufgeben und sich
einem neuen Ziel verschreiben: Sie wollen den Menschen bestrafen, der ihnen soviel Schmerz zugefügt hat. Wenn obsessiv Liebende sich der Rache zuwenden, ist der Kampf um Dominanz
zwischen Liebe und Wut vorbei – die Wut hat gewonnen.

»Ich hatte ein Verhältnis mit Ihrer Frau«

Als Johns verheiratete Partnerin Cynthia ihn nach fünf Jahren
einer wankelmütigen Affäre endgültig zurückwies, wandelte sich
seine leidenschaftliche Liebe in leidenschaftliche Wut:

Don   Das Ende werde ich nie vergessen. Sie rief mich an und sagte: »Ich halte den Druck nicht mehr aus. Ich möchte eine funktionierende Ehe führen. Ich muß Ruhe in mein Leben bringen. Ich liebe dich, aber es würde nie klappen. Wir sind zu verschieden.« Ich konnte es nicht fassen. Ich sagte: »Warum verläßt du immer so bereitwillig mich und nicht ihn? Warum fällt es dir so leicht, aus dieser Beziehung auszusteigen, aber nicht aus der anderen? Ich weiß, daß ich ein besserer Mann bin. Ich weiß, daß ich dir mehr bieten kann. Es ergibt absolut keinen Sinn, daß du ihn mehr willst als mich.« Aber sie sagte nur etwas wie, »da gibt es nichts mehr zu diskutieren«. Wie konnte das Miststück mich nach fünfjähriger Liebe mit einem einzigen lausigen Telefonanruf sitzenlassen? Es war, als ob ich für sie bloß eine Witzfigur gewesen wäre, ein Clown. Ich würde dafür sorgen, daß sie es bereute.

Don war völlig niedergeschlagen. Er ging zwar weiter hin zur Arbeit, aber wenn er abends nach Hause kam, konnte er nur auf dem Bett liegen, trinken und grübeln, wie er es ihr heimzahlen würde.

Don   Etwa eine Woche später entschied ich nach einer halben Flasche Wein, endlich etwas zu unternehmen. Ich wußte, daß sie mich verlassen hatte, weil sie versuchen wollte, ihre Ehe zu retten, also beschloß ich, ihr so richtig einen reinzuwürgen. Ich rief ihren Mann an und sagte: »Hallo, Sie kennen mich nicht, und mein Name spielt keine Rolle. Ich habe fünf Jahre lang ein Verhältnis mit Ihrer Frau gehabt. Sie hat mir gesagt, daß sie mich liebt, und sie hat mir erzählt, wie extrem unglücklich sie mit Ihnen ist und daß sie raus will und nur nicht weiß, wie.« Er sagte die ganze Zeit über nichts, am anderen Ende der Leitung herrschte eisiges Schweigen. Ich hatte gedacht, er würde vielleicht losbrüllen oder auflegen. Also sagte ich: »Sie hat mir auch erzählt, daß sie vor mir schon diverse andere Affären hatte. Ich weiß nicht, ob das, was ich tue, richtig ist, aber ich finde, Sie sollten wissen, mit was für einer Frau Sie verheiratet sind.« Wieder herrschte langes Schweigen, und dann legte er auf. Und das Komische war, daß ich das erstemal Mitleid mit ihm hatte und mir wie ein Stück Dreck vorkam. Auf eine seltsame Weise hatte ich mich mit ihm verbündet. Sie hatte uns beide betrogen und verraten, so daß wir so eine Art Kameraden waren.

Cynthia hatte die Beziehung mit Don beendet, um sich der Rettung ihrer Ehe zu verschreiben. Aber Dons Anruf machte diese Bemühungen zunichte. Ihr Mann ließ sich wenig später von ihr scheiden. Es scheint unglaublich, daß Don daraus neue Hoffnung für seine Beziehung mit Cynthia schöpfen konnte. Aber aus seiner egozentrischen Perspektive glaubte er, noch immer eine Chance zu haben, obwohl sein impulsiver Anruf Cynthias Leben grausam zerstört hatte. Wie sich herausstellen sollte, hat der Anruf sie so verbittert, daß sie nie wieder ein Wort mit ihm sprach.
Dem Partner der Zielperson eine Affäre zu enthüllen, ist ein durchaus verbreiteter Racheakt obsessiv Liebender. Indem sie ihr Verhältnis verraten, schlagen sie zwei Fliegen mit einer Klappe: Sie treffen ihre Zielperson und ihren Rivalen. Und wie wir bei Don gesehen haben, sickert die Liebe, die noch immer unter der Wut schlummert, nach Zerstörung der rivalisierenden Partnerschaft oft durch, um die vage Hoffnung auf eine Versöhnung zu wecken.

Psychische Gewalt

Obwohl Don niemanden direkt angegriffen hat, war sein Racheakt eine Gewalttat – ein Akt *psychischer* Gewalt. Psychische Gewalt kann sich auf das seelische Wohlbefinden von Menschen genauso verheerend auswirken wie körperliche, weil sie dieselben

Gefühle der Verletztheit, Angst, Hilflosigkeit, Frustration und Wut auslöst.

Viele Opfer psychischer Gewalt sind doppelt frustriert, weil die Gesetze sie nicht schützen. Opfer physischer Gewalt können die Polizei rufen. Opfer psychischer Gewalt hingegen haben niemanden, an den sie sich wenden können. Don mochte Cynthias Ehe zerstört haben, doch er hatte gegen kein Gesetz verstoßen.

Während die Enthüllung einer Affäre vielleicht die verbreitetste Form der Rache ist, gibt es auch andere Methoden, die von gleicher psychischer Grausamkeit sind. Ich weiß von Fällen, in denen obsessiv Liebende, von Wut und Verzweiflung getrieben, die Karriere ihres Expartners sabotiert haben, indem sie bei beruflich wichtigen gesellschaftlichen Anlässen oder im Büro ihres Expartners Szenen inszeniert haben. In anderen Fällen haben zwanghaft Liebende das Sozialleben ihres Expartners durcheinandergebracht, indem sie ihn oder sie bei gemeinsamen Freunden und Bekannten angeschwärzt haben. Wieder andere obsessiv Liebende ruinieren die Finanzen ihres Expartners, indem sie enorme Geldbeträge auf gemeinsamen Kreditkarten anhäufen. Ich hatte sogar einmal eine Klientin, die sich als die Frau ihres Expartners ausgab und während seines Urlaubs sein Haus neu decken ließ, obwohl das alte Dach noch in einem hervorragenden Zustand war. Das hört sich eher an wie eine Episode aus einer Fernsehkömodie, aber der Expartner fand bei seiner Heimkehr eine Rechnung über siebentausend Dollar vor. Das folgende Jahr stand er wegen der nachfolgenden juristischen und finanziellen Komplikationen unter enormem Streß.

Psychische Gewalt kann sich extrem destruktiv auf das Leben der Zielperson auswirken, aber das genügt einigen Obsessiven noch nicht. Sie brauchen ein physisches Ventil für ihre Wut.

Gewalt gegen Gegenstände

Der Besitz einer Zielperson wird für obsessiv Liebende oft zum symbolischen Stellvertreter für die Person selbst. Obsessiv Liebende, die sich selbst für absolut unfähig zu jeder Form körperlicher Gewalt gegenüber Personen halten, sind oft schockiert, wie explosiv sich ihre rachsüchtige Wut auf den Besitz ihrer Zielperson richten kann.

Wenn zwanghaft Liebende sich auf ein Besitzstück fixieren, das für sie das Objekt ihrer Obsession symbolisiert, wird es sich dabei in aller Regel um einen Gegenstand des täglichen Gebrauchs handeln, der ihrer Zielperson besonders am Herzen liegt oder in der Beziehung eine spezielle Bedeutung hatte. Häuser, Autos, Kleidung, Möbel, Geräte, Vasen, Gläser, Schmuck, Kunstgegenstände, Gärten – praktisch alles kann zum Opfer obsessiver Wut werden.

»Ich bin einfach durchgedreht«

Als Roberts Phantasien den Druck seiner Wut nicht länger mildern konnten, stürzte er sich auf ein Symbol seiner Beziehung zu Sarah, das leicht zugänglich war.

> **Robert** Die ganze Zeit über hielt sie noch Kontakt zu mir und machte Andeutungen. Wenn ich mal ein anderes Mädchen getroffen und mich ein- oder zweimal verabredet habe, rief Sarah wieder an und redete davon, daß sie Danny verlassen wollte, und alles ging wieder von vorn los. Ich dachte, das ist meine Chance, das ist es. Und dann aßen wir gemeinsam zu Mittag, aber das war's dann auch wieder. Sie kehrte zu ihm zurück. Sie tauchte auf, bis sie mich wieder am Haken hatte, und war dann wieder verschwunden. Einmal hat sie sogar mit

mir geschlafen, und als sie dann wieder ging, bin ich einfach durchgedreht. Ich fuhr zu Dannys Wohnung und wollte irgend jemanden umbringen ... und dann hab' ich ihren Wagen gesehen. Himmel, ich hatte den Finanzierungsvertrag von diesem Auto mit unterschrieben. Ich hatte sie beim Kauf beraten. Wie konnte sie den Wagen in *seiner* Auffahrt parken? Es war praktisch *unser* Wagen. Ich war so wütend, daß ich einfach irgend etwas tun mußte. Und da stand das Auto. Also schnappte ich mir einen Hammer und fing an, wie ein Verrückter darauf einzuschlagen. Ich zertrümmerte die Windschutzscheibe, die Kühlerhaube, die Kotflügel. Ich glaube wirklich, wenn ich den Wagen nicht demoliert hätte ... Ich weiß nicht, was ich sonst getan hätte.

Sarahs Wagen war für Robert mehr als ein bequemes Objekt, seine Wut auszulassen. Er war ein Symbol seiner Verbundenheit und seines Traumes von einer Beziehung mit ihr. Außerdem wußte er, wieviel ihr das Auto bedeutete. Es war ihr einziger wirklich wertvoller Besitz, auf den sie zwei Jahre gespart hatte. Als Robert dieses Auto demolierte, schlug er damit gleichzeitig auf ihre Beziehung und auf Sarah selbst ein.
Sarah hatte Robert wiederholt mit Andeutungen gequält, sie könne ihren neuen Partner Danny möglicherweise verlassen. Ihre doppeldeutigen Botschaften ließen Robert in einem Zustand intensiver Unsicherheit und Angst verharren. Als Sarah mit Robert schlief, glaubte er, sie hätte sich endlich entschlossen, Danny zu verlassen. Aber dann war sie so schnell, wie sie zu Robert zurückgekehrt war, auch wieder verschwunden und hatte seinen Traum zerstört. Damit möchte ich nicht andeuten, daß Sarahs Provokation Roberts Angriff in irgendeiner Weise *rechtfertigt*, aber für obsessiv Liebende ist zerschlagene Hoffnung häufig ein kraftvoller Katalysator für Gewalt.

»Warum soll ich die einzige sein, die leidet?«

Racheakte sind lediglich Ausdruck innerer Konflikte; sie tragen nie zu deren Lösung bei. Das mußte auch Kay schmerzhaft erfahren. Sie war wegen ihrer unablässigen Schuldgefühle zu mir gekommen, die sie quälten, seit sie ihre Rachephantasien wahr gemacht hatte.

Kay, 52 Jahre alt, war eine Hausfrau mit drei erwachsenen Söhnen. Ihr dunkles Haar war leicht graumelliert, und in ihrem noch immer jugendlichen Gesicht zeichneten sich erste Falten ab. Ihre braunen Augen waren geschwollen und rot; offenbar hatte sie auf dem Weg in meine Praxis geweint.

Sie erzählte mir, daß sie sechsundzwanzig Jahre mit einem erfolgreichen Bauunternehmer namens Lewis verheiratet gewesen war. Zum Ende ihrer Ehe hin sei ihr Mann immer distanzierter geworden, was Kay jedoch lediglich für eine Begleiterscheinung ihres gemeinsamen Altwerdens gehalten hatte. Als dann ihr letzter Sohn geheiratet hatte und zu Hause ausgezogen war, erklärte Lewis Kay, daß er schon seit einigen Jahren unglücklich gewesen war und die Scheidung wolle. Kay fühlte sich betrogen und verlassen und hatte schreckliche Angst.

> **Kay** Es war, als ob mich ein Panzer überrollt hätte. Mein ganzes Leben war um meine Familie aufgebaut gewesen. Dann gingen die Kinder aus dem Haus. Und jetzt verließ auch er mich ohne einen guten Grund. War das der Lohn dafür, daß ich ihm mein halbes Leben geopfert habe? Ich war völlig deprimiert.

Bei der Regelung der Scheidung zeigte sich Lewis großzügig. Er wußte, daß Kay über keinerlei berufliche Qualifikationen verfügte, und verpflichtete sich, ihr mit den Unterhaltszahlungen ein angenehmes Leben zu finanzieren. Er verhielt sich weiterhin hilfsbereit und freundlich in der Hoffnung, den Schlag, den er ihr, wie er wußte, versetzt hatte, abzumildern. Ein- oder zweimal im Monat gingen sie weiterhin gemeinsam Essen, und er schickte ihr Blumen zum Muttertag und Geschenke zum Geburtstag.

Unseligerweise interpretierte Kay Lewis' Unterstützung als Beweis, daß er sie noch immer liebte. Drei Jahre lang klammerte sie sich an die Hoffnung, daß er seinen Fehler erkennen und zu ihr zurückkehren würde. Wenn Freunde sie anderen Männern vorstellen wollten, lehnte sie ab mit der Begründung, daß Lewis und sie eine Versöhnung versuchen wollten. Obwohl sie wußte, daß er sich mit anderen Frauen verabredete, glaubte sie, daß er »einfach eine Midlife-crisis durchmachte«. Kay stürzte sich in ehrenamtliche karitative Arbeit und suchte ihr Tennisspiel zu verbessern, aber im Grunde genommen schlug sie nur die Zeit tot, bis Lewis »zur Vernunft kommen würde«.

In dieser Phase überredete Kay auch Lewis' Schwester und seine Mutter, Druck auf ihn auszuüben, ihr eine weitere Chance zu geben. Sie bedrängte ihre Kinder, ihrem Vater zu erklären, er solle die Familie nicht zerstören. Sie rief sogar Geschäftspartner an, weinte am Telefon und flehte sie an, bei ihm ein gutes Wort für sie einzulegen. Sie schickte Lewis weiterhin romantische Geschenke und Karten, selbst nachdem er ihr erklärt hatte, daß ihm das unangenehm war. Sie rief ihn täglich an, »nur um zu plaudern«, ließ dabei offenbar jedoch keine Gelegenheit aus, ihm anzudeuten, wie traurig ihr Leben ohne ihn geworden war.

Und dann geschah das Undenkbare. Lewis teilte ihr telefonisch mit, daß er sich verlobt hatte und heiraten wollte.

Kay Ich hatte das Gefühl, mein Herz müsse stehenbleiben, direkt an Ort und Stelle. Ich konnte es nicht glauben. Ich war mir die ganze Zeit so sicher gewesen, daß er zurückkommen würde. Ich war so sicher, daß er mich noch immer liebte. Ich war wie vor den Kopf geschlagen. Ich kam mir so erbärmlich vor, daß ich nicht einmal mit Freunden darüber reden konnte. Es war, als ob es peinlich war, daß sie nicht wußten, worüber sie in meiner Gegenwart reden sollten, aus Angst, sie würden einen wunden Punkt bei mir berühren. Dann kam der große Tag, und er brach auf seine Hochzeitsreise auf, und die Vorstellung, wie die beiden in irgendeinem tropischen Paradies miteinander schliefen, war einfach zuviel für mich. Warum sollte ich die einzige sein, die leidet? *Er* war schließlich derjenige, der mir diese Schmerzen zugefügt hatte. Ich wurde langsam verrückt.

In dem Moment, wo sie sich nicht mehr hinter der Mauer ihres Leugnens verbergen könnte, wurde Kay von Phantasien über Lewis und seine neue Frau gequält. Und jedes Bild ihres gemeinsamen Glücks war für Kay wie ein weiterer Schlag ins Gesicht.

»Ich habe in meinem ganzen Leben noch nie Gewalt angewendet«

Kay war verständlicherweise am Boden zerstört. Aber anstatt ihren Verlust zu betrauern und anschließend ein neues Leben zu beginnen, verbitterte sie zusehends. Ihre Gedanken drehten sich um Rachephantasien.

Kay Vor meinem inneren Auge sah ich die beiden ständig von den Flitterwochen heimkehren, und er trug sie über die Schwelle des Hauses und warf sie aufs Bett, wie er es bei unserer Hochzeit getan hatte. Der Gedanke war unerträglich. Ich dachte die ganze Zeit, daß ich ihnen diesen Augenblick ruinieren mußte. Ihr Glück war wie ein stechender Schmerz in meinem Herz. Ich kann mich nicht einmal erinnern, zu dem Haus gefahren zu sein, ich funktionierte wie auf Autopilot. Aber ich wußte genau, was ich dort tun wollte.

Seit einer Woche hatte ich praktisch an nichts anderes gedacht. Ich schlich um das Haus, brach ein Fenster auf der
Rückseite auf und fing drinnen sofort an, einfach alles zu
zerfetzen. Seine Anzüge, seine Hemden, ihre Kleider, die
Laken – das war besonders wichtig, die Laken –, die Couch,
die Gardinen, was immer sich zerreißen ließ. Ich mußte ihnen
ihre Heimkehr ruinieren, damit es weh tat und sie wußten,
wie sehr sie mich verletzt hatten.

Auf der Rückfahrt von Lewis' Haus begann Kay auf einmal zu
zittern. Sie hatte in ihrem ganzen Leben noch nichts Gewalttätiges
getan und wurde von einem Gefühl fassungsloser Scham übermannt. Als Lewis wenige Tage später von den Flitterwochen
zurückkehrte, hatte ihre Schuld sie bereits dazu getrieben, ihn
anzurufen und sich zu entschuldigen. Er erklärte ihr, daß er davon
absehen würde, Anzeige gegen sie zu erstatten, wenn sie sich um
professionelle Beratung bemühen würde.

Kay Meine erste Reaktion war: dieser arrogante Mistkerl.
Nach allem, was er mir angetan hatte, wollte er mir erzählen,
daß ich Hilfe brauchte. Aber dann brach er auf einmal zusammen und fing an zu weinen. Er zählte alle die Dinge auf, die
ich in den letzten drei Jahren getan hatte, um ihn zum Wahnsinn zu treiben, und dann mußte *ich* auf einmal weinen. Es
war, als würde er eine fremde Person beschreiben, aber es
ging um mich. Ich hatte dieses Bild von mir, daß ich drei
prächtige Söhne großgezogen hatte, einen großen Haushalt
im Griff gehabt hatte und bei allen möglichen Wohlfahrtsor-
ganisationen aktiv gewesen war... und dann sah ich mich
plötzlich mit einer Schere in der Hand in ihrem Schlafzimmer
stehen und ihre Laken zerfetzen, und ich... ich wußte, er
hatte recht. Ich brauchte wirklich Hilfe.

Lewis Vorhaltungen über Kays obsessives Verhalten kollidierten so offensichtlich mit ihrem Selbstbild, daß sie zu ihr durchdrangen. Ihre Abwehrmechanismen brachen in sich zusammen, und sie erkannte zum ersten Mal, daß sie nicht die einzige war, die litt. Diese Erkenntnis war der erste Schritt zu einer endgültigen Genesung von dem Schlag, den Lewis ihr mit seiner Zurückweisung zugefügt hatte.

»Ich wußte nicht, wie weit ich vielleicht gehen würde«

Einige obsessiv Liebende glauben, daß sie sich, indem sie ihre Aggression an Gegenständen auslassen, davor schützen, ihre Zielperson auch direkt anzugreifen, so als ob diese Angriffe auf fremdes Eigentum durch das schwerere Verbrechen, das sie vermeintlich verhindern, auf irgendeine Art zu rechtfertigen wären. Aber auch wenn die Zerstörung von Eigentum eine kurzfristige Atempause von der angestauten Wut mit sich bringen *kann*, so löst sich der zugrundeliegende Druck keineswegs. Und weil die Wut bleibt, sind Angriffe auf fremdes Eigentum keine Garantie dafür, daß nicht auch persönliche Angriffe folgen.

Robert Wenn Sarah in dem Moment, in dem ich ihr Auto zertrümmert habe, aus dem Haus gekommen wäre, ich weiß nicht . . . ich meine, ich habe in meinem ganzen Leben noch nie eine Frau geschlagen, aber in dem Moment war ich nicht ich selbst. Es war, als ob jemand anders an meiner Stelle den Hammer schwingen würde, jemand, den ich nicht unter Kontrolle hatte. Der Gedanke daran, was vielleicht hätte passieren können, macht mir angst.

Roberts Angst war durchaus begründet. Wenn obsessive Liebe die Schleusen der Wut öffnet, kann man nie sagen, wie hoch die Flut steigen wird. Selbst zwanghaft Liebende, die noch nie vorher gewalttätig geworden sind, sind extrem anfällig dafür, daß ihre Gewalt gegen das Eigentum einer Zielperson völlig unerwartet in Gewalt gegen die Person selbst umschlägt.

Körperliche Gewalt

In dem Gefühlsaufruhr einer Obsession verlieren Menschen ihr Gefühl für sich selbst und ihre Berechenbarkeit. Sie tun Dinge, deren sie sich nicht einmal im Traum für fähig gehalten hätten. Obsessiv Liebende, die auf körperliche Angriffe zurückgreifen, sind so sehr von ihrer Wut besetzt, daß es häufig ihre Fähigkeit, im Alltag normal zu funktionieren, massiv beeinträchtigt. Für sie ist ein rachsüchtiger Angriff der verzweifelte Versuch, die Kontrolle über ihr Leben zurückzugewinnen. Aber die erhoffte lösende Wirkung körperlicher Gewaltanwendung stellt sich nicht ein. Obsessiv Liebende, die versuchen, andere zu verletzen, versuchen damit unbewußt, ihren eigenen Schmerz an andere weiterzugeben. Aber dieser Transfer muß unweigerlich scheitern, weil die Zurückweisung, die den Schmerz ursprünglich ausgelöst hat, nicht aus der Welt geschafft ist. Im Gegenteil, sie ist heftiger geworden. Einige Obsessive verlieren die Kontrolle über sich und greifen ihre Zielperson nur einmal an. Andere hingegen leiden unter schweren Persönlichkeitsstörungen und sind chronisch gewalttätig. Und es ist eine tragische Realität, daß es manchmal nur eines unkontrollierten Ausbruchs bedarf, um das Leben eines Opfers zu beenden. (In Kapitel sieben gehe ich noch eingehender auf das Thema Gewaltattacken ein.)

Rache ist nicht süß

Wenn Ihre Gedanken von Rachephantasien dominiert werden, rate ich Ihnen dringend, sich um professionelle Hilfe zu bemühen, um sicherzustellen, daß Ihre Phantasien nicht zur Realität werden. Wenn Sie die Grenze zur Gewalttätigkeit bereits überschritten und ihre Wut aggressiv an Gegenständen ausagiert haben, sollten Sie sich auf jeden Fall um Hilfe bemühen, bevor Sie jemanden verletzen.

Wenn es bereits zur Gewaltanwendung gegen einen anderen Menschen gekommen ist – und sei es nur ein einziges Mal –, *müssen Sie Hilfe suchen*. Die Triebkräfte, die Sie dazu verleitet haben, liegen jenseits Ihrer bewußten Kontrolle. Es ist töricht, zu glauben, man könne die Kontrolle über das eigene Verhalten aus eigener Kraft zurückgewinnen. In solchen Fällen ist eine Therapie mehr als nur notwendig – sie kann über Leben und Tod entscheiden.

Rache, in welcher Form auch immer, ist in jedem Fall selbstdestruktiv. Die Angst vor Zurückweisung verstärkt sich, und die Zielperson wird weiterhin brüskiert. Wie befriedigend sie für den Moment auch scheinen mag, Rache ist nie süß.

4. Der Erlöserkomplex

Natalie   Jeder hat Probleme. Aber seine schienen so besonders erschütternd. Es hat mir wirklich das Herz gebrochen.
Ich mußte ihm einfach helfen. Ich war sicher, daß, wenn ich
ihm durch diese Geschichte half, alles gut werden würde. Was
für ein Trottel ich doch war.

Einige obsessiv Liebende fühlen sich magnetisch angezogen von
Menschen, die Lebensprobleme ungeheuren Ausmaßes haben.
Sei es, daß der Partner nicht in der Lage ist, über längere Zeit
einen Arbeitsplatz zu behalten, sei es, daß es sich um einen Alkoholiker handelt, der immer entweder betrunken oder verkatert ist,
einen Fixer, dessen Leben sich nur um die nächste Spritze dreht,
oder einen Betrüger. Es ist auch möglich, daß der Partner chronische sexuelle Probleme hat oder in Extremfällen zur Gewalttätigkeit neigt oder ein Gewohnheitsverbrecher ist.
Was immer das Problem sein mag, obsessiv Liebende, die sich zu
solchen Partnern hingezogen fühlen, glauben, daß es in ihrer
Macht liegt, das Problem zu lösen. Wenn sie nur genug lieben,
genug geben, genug tun und sich genug kümmern, so glauben sie,
können sie ihren Partner von seinen persönlichen Dämonen erlösen und ihn oder sie für die idyllische Partnerschaft befreien, die er
sich eigentlich sehnsüchtig wünscht. Ich nenne diese machtvolle
Symptomgruppe von Zwangsvorstellungen den »Erlöserkomplex«, die obsessiv Liebenden, die ihnen anhängen »Erlöser/in-
nen«.

Das Wort *Erlöser* hat für viele eine religiöse Konnotation. Andere verbinden damit Vorstellungen von stolzen Rittern, die Drachen töten, von einer Kavallerie, die im letzten Augenblick zur Rettung heranreitet, oder von Superhelden, die die Welt retten. Das Wort *Erlöser* klingt nach Macht, Edelmut, Tugend und Mitgefühl. Von allen Rollen, die wir im Leben spielen, ist die des Erlösers die romantischste und verlockendste.

Eine andere Art von Verfolgung

In allen zwanghaften Beziehungen, die wir bisher betrachtet haben, war Zurückweisung ein entscheidender Faktor. Entweder zog sich die Zielperson im Laufe der Zeit zurück, brach die Beziehung ab oder sie fand einen anderen Partner. Der Erlöser oder die Erlöserin ist ein anderer Typus, weil er oder sie fast immer eine enge Beziehung mit dem Objekt seiner oder ihrer Zwangsvorstellung führt. Viele Erlöser leben mit ihrer Zielperson zusammen oder sind sogar mit ihr verheiratet. Diese physische Nähe sollte, so mag man vermuten, das Bedürfnis, das Objekt ihrer Obsession zu verfolgen, ausschalten, aber Erlöser entwickeln ihre ganz spezielle Art der Verfolgung, die genauso kräftezehrend ist wie die anderer obsessiv Liebender.

Das Leben von Erlösern wird nicht so sehr von aktiver Verfolgung bestimmt, als vielmehr von dem Bestreben, die alles dominierenden Probleme ihres Partners zu lösen. Erlöser glauben, daß es, wenn diese Probleme erst einmal gelöst sind, keine weiteren Hinderungsgründe für die Phantasiebeziehung gibt und der Partner sich dankbar in ihre Traumfrau oder ihren Märchenprinzen verwandeln wird.

Das Bedürfnis, gebraucht zu werden

Die Erlöserrolle speist sich aus unserem Bedürfnis, der gebende Part einer Beziehung zu sein, gebraucht zu werden, als guter, mitfühlender Mensch angesehen zu werden. Das gilt insbesondere für Frauen, die sowohl von Natur aus als auch durch ihre Sozialisation dazu bestimmt sind, Sorgende zu sein. Aber praktisch jeder Mensch kann für sich ein Gefühl der Befriedigung und Bestätigung daraus ziehen, einem anderen Menschen bei der Lösung seiner Probleme zu helfen. Für Erlöser ist die Errettung eines von Problemen geplagten Partners der Eckstein ihres Selbstbewußtsein und ihrer gesamten Identität. Es ist der Sinn ihres Lebens. Ihr Leben wird von dem Bedürfnis dominiert, gebraucht zu werden. Dieses Bedürfnis kann sich auf ganz individuelle Weise äußern. Wenn Erlöser sich einen Teil der Last der Probleme ihres Partners aufbürden, fühlen sie sich edel. Wenn sie das eine oder andere dieser Probleme auch lösen können, fühlen sie sich gebraucht. Wenn dieses Problemlösen zur Gewohnheit und ihr Partner abhängig von ihnen wird, halten sie sich für unersetzbar. Und wenn sie erst einmal glauben, daß ihr Partner nicht ohne sie auskommt, verfliegt für eine Weile ihre größte Angst – die größte Angst jedes obsessiv Liebenden –, die Angst, verlassen zu werden. Es ist also kein Wunder, daß sich viele Liebessüchtige zur Rolle des Erlösers hingezogen fühlen. Die mythischen Erlöser alter Sagen sahen selbst aussichtslosen Situationen heldenhaft ins Auge, ohne je den Mut zu verlieren. Sie besiegten Riesen, kämpften gegen die Heiden und trotzten dem Tod. Obsessiv Liebende, die sich der permanenten gravierenden Probleme eines Partners annehmen, verlieren auch nie den Mut. Er speist sich aus ihrem Bedürfnis, gebraucht zu werden. Aber der Mut ist nie groß genug, die überaus realen Probleme zu überwinden, die die Erlöser lösen wollen. Im Gegensatz zu mythischen Erlösern alter Sagen können diese obsessiv Liebenden nie gewinnen.

Sind Sie ein Erlöser?

Um Ihnen bei der Klärung der Frage zu helfen, ob Sie der Typ des Erlösers sind, habe ich die folgende Checkliste zusammengestellt. Wenn Sie über Ihre Antworten nachdenken, sollten Sie nicht vergessen, daß es absolut in Ordnung ist, Ihrem Partner hin und wieder zu helfen. Jeder von uns braucht gelegentlich Hilfe. Aber wenn die Probleme Ihres Partners zum Mittelpunkt Ihres Lebens geworden sind und Sie *alle* Anstrengungen allein unternehmen, wenn Ihr Partner dauerhaft wenig oder gar kein Interesse zeigt, seine Lebensprobleme eigenverantwortlich in den Griff zu bekommen, dann sind Sie der Typ des Erlösers.

Bitte nehmen Sie sich Zeit, und entscheiden Sie, ob eine der folgenden Aussagen auf Sie zutrifft.

Sie glauben Ihren Partner ändern zu können, obwohl...

1. Sie sich wiederholt in einer Situation befunden haben, in der Sie für Ihren Partner lügen mußten, um ihn vor den Konsequenzen seines Verhaltens zu schützen.
2. Sie Ihrem Partner wiederholt aus finanziellen Schwierigkeiten helfen mußten.
3. Ihr Partner sich häufig Geld von Ihnen leiht, ohne es zurückzuzahlen.
4. Ihr Partner Sie wiederholt über seinen familiären Hintergrund, seine berufliche Situation oder seinen Familienstand belogen hat.
5. Ihr Partner Sie schon öfter betrogen hat.
6. Ihr Partner Alkohol und Drogen mißbraucht.
7. Ihr Partner ein zwanghafter Spieler ist.
8. Ihr Partner Sie verbal, emotional oder physisch mißhandelt.
9. Ihr Partner gewohnheitsmäßig mit dem Gesetz in Konflikt gerät.

Sie haben häufig und regelmäßig damit zu tun ...

1. Ihren Partner zu einer Therapie oder einem Zwölf-Punkte-Programm zu überreden.
2. Ihren Partner dazu zu bewegen, mit dem Trinken, Spielen oder den Drogen aufzuhören.
3. Ihrem Partner einen Job zu suchen.
4. Ihrem Partner bei der Überwindung seiner sexuellen Probleme zu helfen.
5. sich schuldig zu fühlen, weil Sie nicht genug getan haben, um Ihrem Partner zu helfen.
6. zu versuchen, Ihren Partner davon zu überzeugen, wie wunderbar Ihr Leben sein könnte, wenn er oder sie sein autodestruktives Verhalten ändert.

Selbst wenn nur eine der Aussagen Ihre Situation beschreibt, sind Sie wahrscheinlich ein Erlöser oder eine Erlöserin. Zweifelsohne läuft es in Ihrem Leben darauf hinaus, daß Sie die Verantwortung für die Probleme Ihres Partners übernehmen – seien sie finanzieller, sexueller, emotionaler oder suchthafter Natur –, obwohl es nicht in Ihrer Macht liegt, diese Probleme zu lösen. Ein Großteil Ihrer Zeit und Energie wird sich im Kampf gegen diese Windmühlen verbrauchen, was Sie mit dem Gefühl zurückläßt, ausgelaugt, benutzt und frustriert zu sein, genau wie Natalie, deren Zitat ich diesem Kapitel vorangestellt habe.

Die Obsession mit einem Partner, dessen Leben ein Chaos ist

Natalie, 43 Jahre alt, hat braunes Haar und braune Augen und unterrichtet Gesellschaftskunde an einer High School in Los Angeles. Sie schloß sich einer meiner Therapiegruppen an, weil sie eine Beziehung führte, die sich als sehr kostspielig für sie erwies, sowohl emotional wie finanziell. Ihre ruhige und leise Art ließ nichts von der inneren Erregung ahnen, von der sie der Gruppe bei ihrem ersten Termin berichtete.

Natalie Ich wünschte, er würde einfach gehen. Es ist alles zu vergiftend, zu destruktiv, zu verrückt. Es ist mir egal, ob ich je einen Pfennig von meinem Geld wiedersehe, ich weiß, daß es mir ohne ihn bessergehen würde. Aber ich kann ihn einfach nicht rauswerfen. Wir sind uns so verbunden. Unsere Leben sind ineinander verstrickt.

Natalie hatte zwei Jahre zuvor ihren Mann verlassen, nachdem sie seine langjährige Affäre mit seiner Sekretärin entdeckt hatte. Danach hatte sie, um sich darüber hinwegzutrösten, eine zweijährige Beziehung mit einem verheirateten Kollegen, die katastrophal endete, als seine Frau eines Nachmittags unerwartet früher nach Hause kam und sie im Bett erwischte. Etwa einen Monat später traf sie Rick. Er stand hinter ihr in der Wartereihe für einen Nachmittagsfilm, den sie sich beide allein hatten ansehen wollen. Sie kamen ins Gespräch und beschlossen, sich nebeneinanderzusetzen. Nach dem Film gingen sie noch gemeinsam einen Kaffee trinken und verliebten sich heftig ineinander.

Natalie Es war wahrscheinlich die bedürftigste, schlimmste und verzweifeltste Phase in meinem ganzen Leben. Ich wollte wirklich unbedingt mit jemandem zusammensein, und da stand auf einmal dieser hinreißende, blonde, blauäugige, fünfunddreißigjährige Mann vor mir, der sich praktisch vom ersten Tag an mich klammerte. Ich meine, ich war immerhin acht Jahre älter als er, aber das war ihm egal. Es war einfach toll. Bevor ich wußte, wie mir geschah, war er das einzige, woran ich denken konnte. Ich wollte ständig mit ihm zusammensein.

Rick arbeitete sporadisch als Gebrauchtwagenverkäufer. Als Natalie ihn kennenlernte, hatte er sich bei einem Freund einquartiert, weil er nicht genug Geld hatte, sich eine eigene Wohnung zu mieten. Er erklärte ihr, daß er für eine Auto-Leasingfirma gearbeitet hatte, die Konkurs angemeldet hatte, ohne ihm sein Gehalt für den letzten Monat zu bezahlen, so daß er gezwungen gewesen war, seine kümmerlichen Ersparnisse aufzubrauchen. Er wartete auf einen Anruf wegen eines Jobs bei einem Mercedes-Händler in Beverly Hills. Nach drei Wochen bot Natalie ihm an, in das leerstehende Zimmer ihrer Wohnung einzuziehen, weil sie wußte, daß es nur eine Frage der Zeit sein konnte, bis er wieder auf eigenen Füßen stand. Leider war Geld nicht Ricks einziges Problem, wie Natalie bald herausfinden sollte.

Probleme: Ein Faß ohne Boden

Ricks und Natalies Beziehung entwickelte sich sehr rasch, aber Rick machte nie sexuelle Annäherungsversuche. Das erstaunte Natalie.

Natalie Als wir zuerst miteinander ausgingen, dachte ich, er sei einfach schüchtern. Er näherte sich mir kein einziges Mal. Vielleicht hier und da ein flüchtiger Kuß, aber das war's. Es trieb mich zum Wahnsinn. Als er schließlich einzog, war es offensichtlich, daß er auch intimer werden wollte, aber irgend etwas ließ ihn zögern ... und *das* ließ mich ihn noch mehr begehren.

Obwohl heißer und leidenschaftlicher Sex der Kern der meisten obsessiven Liebesbeziehungen ist, ging Rick jedem sexuellen Kontakt aus dem Weg. Das beunruhigte und quälte Natalie. Ricks mangelndes sexuelles Interesse dominierte zusehends ihre Gedanken. Sie war entschlossen herauszufinden, was das Problem war.

Natalie Es war wirklich absurd. Er wollte nicht darüber reden, und ich wollte ihn nicht drängen, aber ich wurde immer verzweifelter. Eines Abends liehen wir uns eine Videocassette von *Body Heat* aus und sahen uns den Film gemeinsam in meinem Bett an. Ich kam ganz schön in Fahrt und fing an, sein Hemd aufzuknöpfen. Das schien ihm überaus unangenehm zu sein, so daß ich ihn schließlich direkt fragte, was eigentlich los war. Er fing an, sich zu entschuldigen, und sagte, er sei so deprimiert wegen seiner finanziellen Probleme, daß er einfach nicht in Stimmung kommen könnte. Er hatte Probleme, die Raten für seine Eigentumswohnung aufzubringen, die er sich als Geldanlage gekauft hatte – sein Vater hatte ihm ein bißchen Geld hinterlassen –, und es machte ihn wirklich fertig. Er hatte die Wohnung an irgendeinen Penner vermietet, der seit einem halben Jahr keine Miete gezahlt hatte, aber er konnte auch nicht einfach hinfahren und den Typ rausschmeißen, weil das Getriebe seines Wagens gerade zusammengebrochen war und er die achthundert Dollar für die Reparatur nicht hatte ... er war wirklich verzweifelt über seine vergeblichen Versuche, seinen Kopf über Wasser zu halten. Ich konnte das einfach nicht mit ansehen. Ich mußte ihm helfen.

Je mehr Rick Natalie von seinen finanziellen Sorgen erzählte, desto mehr Mitgefühl entwickelte sie für ihn. Aus Mitleid lieh sie ihm Geld, seinen Wagen zu reparieren, ohne sich Gedanken darüber zu machen, daß er kaum in der Lage sein würde, es ihr zurückzuzahlen. Für Natalie war Rick ein unschuldiges Opfer eines bösen Schicksals und noch böserer Menschen.
Natalie nahm diese Vorstellung von Rick als einem unglückseligen Opfer bereitwillig an, weil das bedeutete, daß er jemanden brauchte, der sein Schicksal für ihn wendete. Wie alle Erlöser fühlte sie sich von der Hilflosigkeit ihrer Zielperson angezogen. Indem er an ihr Bedürfnis, gebraucht zu werden, appellierte,

106

wurde dieser physisch attraktive Mann unwiderstehlich für sie. Sie erkannte in ihm das Potential, ihr Märchenprinz zu werden, wenn sie erst seine finanziellen und sexuellen Probleme gelöst hatte.

Sexuelle Erlösungsphantasien

Natalie glaubte Rick die Geschichte, daß seine sexuelle Unlust eine direkte Konsequenz des finanziellen Drucks war, unter dem er stand. Nachdem sie ihm Geld geliehen hatte, erwartete sie, daß er sexuell aktiver reagieren würde. Aber als sich in ihrer Beziehung sexuell nichts änderte, beschloß sie, offensiver zu werden.

Natalie Ich mußte ihn schließlich verführen. Was für eine Katastrophe. Er lag einfach da. Ich dachte:»Na ja, er hat wahrscheinlich nie eine richtige Frau gehabt, die so erfahren war wie ich . . . so gut und freizügig im Bett. Ich werde es ihm schon beibringen, und was für ein Leben liegt vor uns, wenn ich ihm erst einmal gezeigt habe, wie toll es sein kann.« Ich habe alles versucht – und ich meine, wirklich *alles* –, aber ich kriegte ihn einfach nicht steif. Dann fühlte ich mich schuldig, weil ich Angst hatte, ihm das Gefühl zu vermittelt zu haben, ein Versager zu sein. Es war schrecklich. Aber ich gab nicht auf. Ich dachte, daß ich es das nächste Mal besser hinkriegen würde.

Natalies Reaktion auf Ricks sexuelle Schwierigkeiten war identisch mit ihrer Reaktion auf seine finanziellen Probleme. Sie übernahm die Verantwortung für deren Lösung, ohne eine Ahnung zu haben, wie tiefgreifend oder ernst diese Probleme wirklich waren. Sie sah Ricks Bedürfnisse, sexuell erweckt zu werden, als persönliche Herausforderung, und diese Motivation genügte ihr, eine unbefriedigende sexuelle Beziehung zu ertragen.

Natalie Er hat nie Lust, aber hin und wieder gibt er doch nach. Und das läuft dann so ab, daß ich ganz viel streichele und ihn oral errege. Aber er berührt mich nur, wenn wir tatsächlich . . . also wenn ich tatsächlich in der Stellung liege, daß er in mich eindringen kann. Und bevor er einen Steifen kriegt, muß er erst meine Brustwarzen packen, kneifen und daran herumspielen. Vielleicht glaubt er, daß mich das anmacht, ich weiß nicht. Und dann kommt er, ohne einen einzigen Laut von sich zu geben. Ich sage mir immer wieder: »Ich muß ihn lassen, weil es das einzige ist, was er will, und wir müssen erst einmal damit anfangen, was er gut findet.« Manchmal tut er mir sogar weh, aber solange er seinen Spaß hat, kann ich alles ertragen.

Natalie opferte sich selbst auf dem Altar von Ricks sexueller Erlösung. Unbefriedigende, erniedrigende oder sogar schmerzhafte Sexualpraktiken sind für den Typ des sexuellen Erlösers ein unbedeutendes Problem im Vergleich zu der antizipierten Glückseligkeit, den Partner von seinen sexuellen Problemen zu befreien. Als Natalie sich anfangs entschied, Rick sexuell zu erlösen, schienen seine Probleme relativ geringfügig – viele Männer durchleben Phasen von Streß und Depression, in denen ihre sexuelle Lust nachläßt oder zum Erliegen kommt. Aber mit häufigerem sexuellem Kontakt wurde die Ernsthaftigkeit seines Problems offenkundig. Natalie hätte Rick sagen können, daß ihr das, war er tat, unangenehm war, aber sie hatte Angst, ihn zu destimulieren, und wollte in ihrem Kreuzzug, ihn zu erlösen, nicht an Boden verlieren.
Als ich Natalie fragte, warum sie Rick nicht ermutigt hatte, eine Therapie anzufangen, erklärte sie, daß sie Angst gehabt hätte, er könne über ihre Andeutung, daß irgend etwas mit ihm nicht stimme, verärgert sein. Und außerdem, warum sollte er eine Therapie brauchen, wo sie doch fest davon überzeugt war, ihn selbst retten zu können?

Die ständig drohende Katastrophe

Natalies Aussicht, Rick von seinen sexuellen und finanziellen Problemen zu befreien, war in etwa so vielversprechend wie die, eine Flut mit einem Besen ins Meer zurückzukehren.

Natalie Die Dinge entwickelten sich bei ihm vom Schlechten zum Schlimmeren, und je schlimmer es wurde, desto depressiver wurde er. Als er schließlich nach Bakersfield fuhr, um seine Eigentumswohnung zu verkaufen, mußte er feststellen, daß der Mieter sie praktisch verwüstet hatte. Sie brauchte neue Teppiche, Vorhänge, einen Neuanstrich, alle möglichen Reparaturen mußten durchgeführt werden... es war ein einziges Chaos. Er rief mich völlig verzweifelt an. Er konnte die Wohnung nicht verkaufen, ohne sie zu renovieren, konnte sich aber eine Renovierung nicht leisten, weil er pleite war. Ich wußte, daß es teuer werden würde, aber ich sagte ihm, er solle nach Hause kommen und daß wir das schon irgendwie hinkriegen würden.

Wie alle Erlöser wurde Natalie von ihrem Partner in einen Strudel von Problemen gezogen. Rick war der klassische Verlierer, der ständig am Rand einer Katastrophe stand. Wenn es nicht das Getriebe war, waren es die Bremsen. Wenn es nicht die Renovierung seiner Eigentumswohnung war, war es ein Gläubiger, der ihm im Nacken saß. Wenn er einmal einen Job ergatterte, verstand er sich nicht mit seinem Chef. Er hatte permanent Geldsorgen, aber das war natürlich nie sein Fehler. Alles lag nur daran, daß ihm nie jemand eine Chance gab.
Rick löste sein Problem, die endlose Folge von Leuten abzuwehren, die es offenbar darauf angelegt hatten, ihn zu betrügen, zu benutzen oder zu enttäuschen, indem er sich Geld bei Natalie lieh. Von seinen eigenen, nie enden wollenden Problemen ganz in

Anspruch genommen, erwog er nicht einmal die Möglichkeit, daß er Natalie vielleicht genauso betrog, benutzte und enttäuschte.

Dasein und trotzdem nicht dasein

Es ist nur schwer begreiflich, was Natalie für sich aus dieser Beziehung zog.

Natalie Manchmal hatte ich das Gefühl, daß es ihm völlig gleichgültig war, ob es mich gab oder nicht. Er ging in sein Zimmer, warf sich aufs Bett und starrte stundenlang an die Decke. Und wenn ich dann ins Zimmer kam, um ihn zu trösten, erklärte er mir, er wolle nicht darüber reden. Das hat mich wirklich verletzt, weil ich wollte, daß er wußte, daß ich für ihn da war. Aber er hat mich immer ausgegrenzt.

Natalies emotionale Bedürfnisse blieben zwangsläufig unbeachtet. Weder sie selbst noch Rick schenkten der Frage, wie sie sich fühlte oder was sie wollte, irgendwelche Aufmerksamkeit, weil ihre Gefühle und Bedürfnisse verglichen mit seinen riesigen, alles überschattenden Problemen unbedeutend waren.
Natalie litt unter einer besonders schmerzhaften Form von Einsamkeit – dem Alleinsein in einer Beziehung mit einem Partner, von dem sie fast nichts zurückbekam. Wie alle Erlöser fühlte sie sich zurückgewiesen, obwohl ihr Partner physisch bei ihr war. Das Geben und Nehmen von Gefühlen, Ideen, Träumen und Erfahrungen ist konstitutiv für emotionale Vertrautheit. In einer gesunden Beziehung kann dieses Geben und Nehmen auch mit den Strömungen alltäglicher Anspannung fluktuieren – niemand kann vierundzwanzig Stunden am Tag lieben und geben. Aber in einer »Erlöserbeziehung« ist diese emotionale Unnahbarkeit eher die Regel als die Ausnahme.

Nichts ist jemals genug

Als Rick aus Bakersfield zurückkehrte, war Natalie nicht auf die Höhe der Kosten vorbereitet, die seine jüngste Krise ihr sowohl finanziell wie emotional abverlangen sollte.

Natalie Er brauchte siebentausend Dollar, um die Wohnung instandzusetzen. Ich erklärte ihm, daß ich nicht soviel Geld zur Verfügung hätte, und er brach völlig zusammen. Er fing an zu lamentieren, daß in seinem Leben sowieso alles schieflaufen würde. Wie hätte er erwarten können, daß sich jetzt auf einmal alles ändert? Ich sei der einzige Mensch in seinem Leben, von dem er geglaubt hätte, daß er auf seiner Seite stehe, und jetzt könne er sich nicht einmal mehr auf mich verlassen. Je länger er redete, desto mieser fühlte ich mich, bis ich es schließlich nicht mehr aushalten konnte. Ich entschuldigte mich bei ihm, und ehe ich mich versah, war ich zur Bank gerannt und hatte einen Kredit aufgenommen.

Als Rick spürte, daß Natalies Mitleid und ihre mütterlichen Gefühle nicht ausreichten, um sie zu diesem enormen Opfer für ihn zu bewegen, brachte er die schwere Artillerie in Stellung: Vorwürfe und Schuld. Er vermittelte Natalie das Gefühl, böse zu sein. Auf einmal war sein Elend *ihre* Schuld, weil sie ihn in der schlimmsten Phase seines Lebens allein ließ. Ungeachtet der Tatsache, daß sie ihn bei sich hatte einziehen lassen, ihn aus zahllosen finanziellen Klemmen gerettet, ihn getröstet, wenn er niedergeschlagen war, und seine schmerzhaften und unbefriedigenden sexuellen Praktiken erduldet hatte – nichts war je genug.
Für eine Frau, die sich wie Natalie der Erlösung ihres Partners verschrieben hatte, war dieses Schuldgefühl unerträglich. Es bedrohte das Fundament ihres Selbstwertgefühls, indem es im Widerspruch zu ihrer Überzeugung stand, ein großzügiger, liebevol-

ler Mensch zu sein. Als Rick Natalie erst davon überzeugt hatte, daß sie sich egoistisch verhielt, hatte er sie in der Hand. Sie konnte nur mit sich selbst weiterleben, wenn sie sich für ihn verschuldete. Je mehr sich Natalie auf Rick einließ, desto schwieriger wurde es für sie, sich wieder aus der Beziehung zu lösen. Ihr Verhaltensmuster war für beide zur Lebensform geworden, eine Lebensform, die sie finanziell, emotional und sexuell ausblutete.

Die Obsession mit einem betrügerischen Partner

Natalies obsessive Liebe und ihr Bedürfnis, gebraucht zu werden, machten sie verwundbar für Ricks endlose Litanei von Problemen. Dieselben Faktoren machen andere Erlöser – wie Debra – verwundbar für pathologische Lügner und Betrüger.

Debra ist eine langjährige Freundin, die als leitende Angestellte der Rechnungsabteilung einer mittelgroßen Werbeagentur arbeitet. Sie ist eine attraktive, lebhafte Blondine, die sich geschäftlich von niemandem etwas vormachen läßt. Aber in ihrem Privatleben neigt sie dazu, sich Hals über Kopf in Beziehungen zu stürzen. Als Debra Hal traf, war sie 37 Jahre alt, seit fünf Jahren geschieden und hatte drei erwachsene Kinder. Sie war mit ihrem alten Studienfreund Dave in einem Restaurant am Yachthafen verabredet, und während sie noch auf ihren Tisch warteten, trafen sie zufällig auf Hal, einen Bekannten von Dave. Es endete damit, daß Hal mit ihnen gemeinsam speiste und daß es zwischen ihm und Debra auf Anhieb funkte. Nach dem Essen fragte Hal Debra, ob sie ihn bei einem Spaziergang am Wasser entlang begleiten wolle.

Debra Ich weiß noch, daß ich gedacht habe, er sieht aus wie ein Filmstar. Er war ein echter Charmeur. Jedesmal wenn ich ihn etwas fragte, gab er die Frage irgendwie zurück. Und ich erinnere mich, daß ich dachte: »Was für ein interessanter

Typ. Endlich mal einer, der etwas über mich wissen will.«
Und wie er mir in die Augen sah . . . er wirkte wie jemand, mit
dem ich mich prima verstehen könnte. Wir sind an dem
Abend einmal um den ganzen Yachthafen gelaufen und haben einfach nur geredet . . . Die Absätze meiner Schuhe hätten mich fast umgebracht, aber das wollte ich mir unter
keinen Umständen anmerken lassen. Als wir zum Parkplatz
zurückkamen, spielte er dieses kleine Spiel mit mir, daß er
mir nicht verraten wollte, welches sein Wagen war. Dann
wollte er mir nicht sagen, womit er sein Geld verdiente. Er
meinte nur: »Das ist unwichtig. Wichtig ist, was wir beide als
Menschen füreinander empfinden.« Ich fand ihn einfach toll,
also gab ich ihm meine Telefonnummer. Auf dem Heimweg
wurde mir klar, daß wir zwar den ganzen Abend geredet
hatten, ich aber nicht einmal wußte, wo er wohnte, ob er
verheiratet war und Kinder hatte . . . Ich wußte eigentlich *gar
nichts* über ihn. Er war der geheimnisvolle Fremde, und aus
irgendeinem Grund fand ich das sehr aufregend.

In Wirklichkeit wußte Debra weit mehr über Hal, als sie zuzuge-
ben bereit war. Gefangen in einem Augenblick starker physischer
Anziehung, übersah sie die Hinweise, deren Beachtung ihr, wie
sich herausstellten sollte, nicht nur viel Kummer, sondern auch
eine Menge Geld gespart hätten. Hal hatte selbst auf die banalsten
Fragen ausweichend geantwortet, aber anstatt das als Warnung zu
nehmen, hatte Debra zugelassen, daß ihre Verliebtheit ihren gesunden Menschenverstand ausschaltete. Als Hal Debra an der
Nase herumführte, hätte sie ernsthafte Zweifel an seinem Charakter, seiner Ehrlichkeit und seiner gesamten Lebenssituation bekommen müssen, aber statt dessen beschönigte sie seine Heimlichtuerei mit romantischen Worten wie »geheimnisvoll« und
»aufregend«. Sie war von seinem Aussehen und seinem Charme
so eingenommen, daß sie sich weigerte, ihr Bild von ihm durch
irgendwelche Verdachtsmomente trüben zu lassen. Gesunder

Menschenverstand und Urteilsvermögen fallen dem Erlöserkomplex oder jeder anderen Form obsessiver Liebe immer als erstes zum Opfer.

Eine Antwort auf alles

Am nächsten Tag rief Hal Debra an und lud sie an den Strand ein. Sie war entsetzt, als sie den fünfzehn Jahre alten, rostigen Chevy mit den eingebeulten und nicht zueinander passenden Kotflügeln und den zerschlissenen Polstern sah, in dem er sie abholte.

Debra Ich war völlig entsetzt, daß er ein solches Wrack von einem Auto fuhr... Ich meine, so wie er redete und sich kleidete, er wirkte so... erfolgreich. Er muß meine Gedanken gelesen haben, denn seine ersten Wort waren: »Der ist nur geliehen. Jemand ist mir von hinten in meinen Maserati gefahren, und der Wagen ist schon seit einem Monat in der Werkstatt.« Das klang plausibel, aber auf dem Heimweg bat er mich, ihm ein Kleenex aus dem Handschuhfach zu geben, und als ich das tat, las ich, daß der Wagen auf seinen Namen zugelassen war. Ich war ein wenig wütend, weil er mich angelogen hatte, aber ich wußte, daß er es getan hatte, weil es ihm peinlich war, also sagte ich nichts.

Es ist nicht ungewöhnlich, daß wir bestimmte Aspekte unserer Persönlichkeit übertrieben darstellen oder die Wahrheit ein wenig schönfärben, wenn wir versuchen, einen neuen potentiellen Partner zu beeindrucken. Aber Hals Ausrede wegen des Wagens war eine offene Lüge, die in Debra ernsthafte Zweifel an seiner Ehrlichkeit hätte wecken müssen.
Jeder von uns bekommt schon in der Frühphase einer Beziehung Hinweise auf die Persönlichkeit und den Charakter des Partners. Aber wenn der Erlöserkomplex einmal gegriffen hat, werden

diese Hinweise voreingenommen gedeutet im Hinblick auf die Rettungsmission des Obsessiven – gleichgültig was für Lügen der betrügerische Partner ihm auftischt.

Debra war von Hals Aussehen und Charme so geblendet, daß sie sich, anstatt ihn wissen zu lassen, was sie von seinen Lügen hielt, Entschuldigungen ausdachte. Sie hatte Angst, die mögliche gemeinsame Zukunft in irgendeiner Form zu gefährden. Die Beziehung hatte kaum begonnen, als Debra bereits das Verhaltensmuster entwickelte, für ihn zu vertuschen.

Als Hal und Debra sich dann öfter sahen, fing er an, wochentags bei ihr im Büro vorbeizuschauen, weshalb sie sich zu fragen begann, warum er nicht bei der Arbeit sein mußte. Als sie ihn danach fragte, hatte Hal auch darauf eine Antwort. Er sagte, er sei ein Immobilieninvestor, der auf den Abschluß diverser Geschäfte warte; bis dahin habe er viel Freizeit.

Debra Er gab nie Geld aus. Wir waren immer bei mir. Ich kochte Essen und dann schliefen wir miteinander. Ich hatte es oft furchtbar eilig, ihn nackt zu sehen. Er war unglaublich ... er goß Champagner über meinen Körper und leckte ihn dann ganz langsam wieder ab; oder er brachte duftende Massageöle mit und verbrachte Stunden damit, mich zum Schmelzen zu bringen ... es war der Himmel auf Erden. Aber in meinem Hinterkopf fragte ich mich immer, warum er nie ausging, also sprach ich ihn eines Abends darauf an. Es war ihm ein bißchen peinlich, aber er erklärte mir, daß er sein ganzes Bargeld zur Zeit in diesen Multi-Millionen-Dollar-Grundstücksgeschäften stecken hatte. Aber bei jedem einzelnen von ihnen schien es irgendwelche vorübergehende Schwierigkeiten zu geben, die zu Verzögerungen oder Verlängerungen von Treuhänderschaften führten, so daß er zwar über gewaltigen Grundbesitz verfügte, aber kein Bargeld zur Verfügung hatte. Gleichzeitig müsse er für seine Exfrau und sein Kind mehr als zweitausend Dollar im Monat an Unterhalt zahlen, während sie versuchte, ihm den Kontakt zu seinem Sohn zu verbieten und ihn finanziell ausbluten zu lassen. Das war das erste Mal, daß ich überhaupt von einer Frau oder einem Sohn hörte, aber ich dachte: »Endlich öffnet er sich mir gegenüber.«

Anstatt die offensichtlichen Ungereimtheiten zwischen Hals Selbstbild und seinem Lebensstil zu sehen, entschied sich Debra, seine Geschichten als persönliche Offenbarung zu nehmen, die sie als Zeichen seines wachsenden Vertrauens begrüßte. Wenn sie ihm nicht genauso vertraute, würde sie ihren eigenen Traum einer wahrhaft ehrlichen Beziehung sabotieren. Wie konnte sie ihm da nicht glauben?
Wie alle Erlöserinnen vermied es Debra, die Löcher in der Geschichte ihres Partners zur Kenntnis zu nehmen. Für sie war es wichtiger, eine Beziehung auf Vertrauen aufzubauen. Sie hatte Angst, das Bild einer argwöhnischen Zynikerin abzugeben, weil sie fürchtete, daß er sie deswegen weniger liebenswert finden könnte. In ihrem Bedürfnis, eine dauerhafte Beziehung zu Hal zu zementieren, war sie bereit, die Diskrepanzen in seinem Leben zu übersehen.
Im weiteren Verlauf der Beziehung ertappte Debra Hal bei einer Reihe anderer kleiner Betrügereien. Sie entdeckte beispielsweise, daß er, ohne zu fragen, ihre Kreditkarte benutzt hatte. Er entschuldigte sich und behauptete, er habe es ihr sagen wollen und es »schlicht und einfach vergessen«. Bei anderer Gelegenheit bemerkte sie eine Reihe längerer Telefongespräche nach Costa Rica auf ihrer Rechnung. Er bestritt, die Telefonate geführt zu haben, obwohl er ihr erzählt hatte, daß ein guter Freund von ihm dort lebte. Für sich genommen, hätte man jede einzelne kleine Täuschung als ein entschuldbares Versäumnis erklären können, aber zusammen deuteten sie ein alarmierendes Verhaltensmuster von Unehrlichkeit und Ausnutzung an. Trotzdem weigerte sich Debra noch immer, ihr Vertrauen in Hal zu verlieren.

»Ich bin nicht wie sie«

Als Hal Debra schließlich von seiner Exfrau erzählte, malte er das Bild einer gierigen, grausamen und brutalen Frau – der er als armer, unschuldiger Mann zum Opfer gefallen war. Er gestand ihr sogar, daß er seit dem Ende seiner Ehe Angst gehabt hätte, einer Frau zu vertrauen. Dadurch, daß sie diese Geschichte schluckte, fühlte sie sich gedrängt, Hal von seinen emotionalen Verletzungen zu heilen, indem sie ihm bewies, daß nicht alle Frauen so schlimm waren wie seine Exfrau.

Debra Wenn er sich dafür entschuldigte, daß er es sich nicht leisten konnte, mich auszuführen, sagte ich, daß ich *ihn* doch hin und wieder mal zu einem Essen oder einem Konzert einladen könnte. Welchen Unterschied machte es schon, wer die Rechnung bezahlte, solange wir zusammen waren? Er wehrte sich heftig. Ich mußte ihn förmlich *anflehen*, ihn einmal einladen zu dürfen. Als wir schließlich doch anfingen auszugehen, schien das seine Laune wirklich zu bessern, was mir ein großartiges Gefühl gab. Ich wollte ihm wirklich zeigen, daß es mir nicht nur ums Geld ging; ich mochte ihn. Ich war nicht so ein egoistisches und intrigantes Biest wie seine Exfrau.

Debra sah Hal als einen auf dem Schlachtfeld der Ehe verwundeten Soldaten. Sie war entschlossen, seine Florence Nightingale zu sein und ihn von seinen Verletzungen zu heilen. Sie würde ihm das Gefühl zurückgeben, ein ganzer Mensch zu sein, und dann konnten sie gemeinsam glücklich werden. Indem sie ihm zeigte, daß sie bereit war, zu geben und nicht nur zu nehmen, würde sie ihn neues Vertrauen lehren.
Die Restaurantrechnungen waren erst der Anfang. Ein paar Monate später ließ sie ihn bei sich einziehen, damit er Miete sparen

konnte. Einen weiteren Monat später bestand sie darauf, ihm aus einer juristischen und finanziellen Klemme zu helfen, indem sie ihm sechstausend Dollar für überfällige Unterhaltszahlungen an seine Exfrau und sein Kind lieh.

Debra Dann gab es bei einem seiner Grundstücksgeschäfte geologische Probleme, die es erforderlich machten, daß jeder Teilhaber zusätzliche zwanzigtausend Dollar aufbringen mußte. Natürlich hatte er das Geld nicht, also bot ich ihm an, die Summe aufzubringen, im Tausch gegen einen Teil seiner Anteile. Er schien zu zögern, mein Geld anzunehmen, aber da er das Geschäft für eine todsichere Sache hielt, willigte er schließlich ein. Es war kein Darlehen, es war eine Investition. Es gab mir ein gutes Gefühl, das für ihn tun zu können, und außerdem bestand ja die Chance, Geld daran zu verdienen.

Daß Hals Probleme für sie immer kostspieliger wurden, machte Debra nichts aus, weil es Teil ihrer Kampagne zu seiner Errettung war. Hal mußte Debra nicht einmal um Geld bitten. Er mußte nur über seine Probleme klagen, und sie bot ihm ihre hart verdienten Ersparnisse freiwillig an.

Nichts Böses sehen, nichts Böses hören wollen

Debra machte sich keinerlei Sorgen über ihre Darlehen für Hal. Sie hatte nicht den leisesten Zweifel, daß er ihr das Geld zurückzahlen würde, sobald eines seiner Geschäfte abgeschlossen war. Sie traute ihm das Potential zu, der dynamischste, erfolgreichste, liebevollste Mann überhaupt zu sein. Sie glaubte es, weil sie es glauben wollte. Sie wußte, daß sie in ihm, wenn sie ihm erst durch seine vorübergehende Krise geholfen hatte, ihren Märchenprinzen gefunden hatte.

Und dann stürzte ein Dach ein.

Debra Auf dem Markt traf ich Dave. Als er hörte, daß ich jetzt mit Hal zusammen war, wirkte er amüsiert. Wir tranken gemeinsam einen Kaffee, und ich fragte ihn, ob er Hals Exfrau kennen würde. Er war überrascht. »Welche Exfrau?« sagte er. »Er war noch nie in seinem Leben verheiratet.« Mein erster Gedanke war: Dave macht Witze. Aber er schwor, daß er es ernst meinte. Das regte mich so auf, daß ich glaubte, einen Herzinfarkt zu bekommen. Ich fing an zu kreischen, daß das alles nicht wahr sein könne! »Hal zahlt im Monat zweitausend Dollar Unterhalt für seine Frau und seinen Sohn! Du hast ja keine Ahnung, was du redest! Wie kannst du so üble Scherze mit mir treiben...« Ich erklärte ihm sogar, daß ich ihn nie wiedersehen wollte. Ich schimpfte und zeterte und stürmte dann wutentbrannt aus dem Café. Ich werde den Ausdruck totalen Entsetzens und völliger Verwirrung in seinem Gesicht nie vergessen.

Daves Enthüllungen drohten in Debras Welt einzuschlagen wie eine Bombe. Wenn sie ihm glaubte, mußte sie annehmen, daß Hal sie belog, und ihr Märchenprinz konnte nicht lügen. Wie die meisten anderen obsessiv Liebenden tolerierte sie keine Realität, die ihr idealisiertes Bild in Frage stellte.
Debras Wut auf Dave war ihre Art, sich gegen die Panik zu verteidigen, die die Möglichkeit, daß ihr eigener Partner sie belog, in ihr auslöste. Wenn er bei seiner Exfrau gelogen hatte, konnten auch seine Liebe zu Debra, seine Bekenntnisse, daß er sie brauchte und begehrte, Lügen sein. Vielleicht waren dann seine Finanzgeschäfte ebenfalls erlogen, und er nutzte sie einfach aus. Diese Möglichkeit war schlicht zu erschreckend, als daß sie sie hätte in Betracht ziehen können. Um ihre Welt vor dem Einsturz zu bewahren, richtete sie ihre Wut gegen Dave – wie ein antiker Monarch, der den Boten der schlechten Nachricht töten ließ.

»Wenn du mir einfach die Wahrheit sagst, kann ich dir helfen«

Sosehr sich Debra auch bemühte, nichts Negatives über Hal zur Kenntnis zu nehmen, konnte sie doch nicht verhindern, daß Daves Worte die Mauer des Leugnens einzureißen drohten, mit der sie sich umgeben hatte. Die Möglichkeit, daß Daves Anschuldigungen der Wahrheit entsprachen, ließ sich nicht verdrängen. Plötzlich fielen ihr Hals Erklärungen wegen des Wagens, ihrer Kreditkarte und der Ferngespräche wieder ein und ließen sie nicht mehr los. Bisher hatte sie sie als vereinzelte Zwischenfälle abgetan, aber jetzt machte sie sich Sorgen, daß sie vielleicht doch das Opfer eines systematischen Betrugs geworden war.

Debra Als ich zu Hause ankam, war ich kurz vor dem Durchdrehen. Ich mußte die Wahrheit wissen. Hal lag völlig sorglos draußen am Pool und nippte an einem seiner Piña Colada. Ich erzählte ihm, was Dave gesagt hatte, und flehte ihn an, ehrlich zu mir zu sein. Wie konnten wir eine Beziehung führen, wenn wir nicht aufrichtig miteinander waren? Er war wirklich tief bewegt. Er flehte mich an, ihm zu verzeihen. Die Wahrheit war, es gab keine Exfrau, kein Kind und auch keine überfälligen Unterhaltszahlungen. Sein kleiner Bruder war wegen Einbruchs verhaftet worden, und er hatte sechstausend Dollar gebraucht, um die Kaution zu stellen. Er hatte Angst, daß ich ihm das Geld vielleicht nicht gegeben hätte, wenn ich gewußt hätte, wofür er es brauchte. Und er hatte Angst, was seinem Bruder im Gefängnis hätte zustoßen können. Ich sagte ihm, daß ich sehr verletzt sei, daß er mir nicht genug Vertrauen entgegengebracht hatte, um mir die Wahrheit zu sagen. Ich beteuerte ihm, daß ich ihn liebte, daß wir aber ganz von vorn anfangen müßten. Keine Lügen mehr, keine Geschichten, keine Flunkereien.

Als Debra Hal konfrontierte, glaubte sie, daß sie die Wahrheit hören wollte, aber in Wirklichkeit wollte sie, daß Hal ihr bröckelndes Vertrauen in ihn bestärkte. Also akzeptierte sie seine immer komplizierter und unglaubwürdiger werdenden Erklärungen. Sie brauchte ihn, um den Schmerz und die Angst zu vertreiben und ihr zu versichern, daß die Beziehung noch immer lebensfähig war. Und ein weiteres Mal tat er ihr den Gefallen.

Debra Er schwor, daß ich nie wieder eine Lüge von ihm hören würde, und dann weinten wir beide, und es war gut. Die Idee, ihn rauszuschmeißen, kam mir nicht einmal, weil ich wußte, daß wir diesen langen beschwerlichen Weg gemeinsam bestehen mußten. In jener Nacht hatten wir den besten Sex, den wir überhaupt je gehabt hatten. Am nächsten Morgen wachte ich auf, und er war verschwunden.

Debra hat Hal nie wiedergesehen. Als sie sich die Unterlagen ihrer Immobilien-»Investition« genauer ansah, stellte sie fest, daß die Papiere, die er ihr überlassen hatte, sich auf ein Projekt bezogen, das es gar nicht gab. Er hatte einen systematisch geplanten und minutiös durchgeführten Betrug begangen. Als Debra ihre finanziellen Verluste addiert hatte, beliefen sie sich auf fast dreißigtausend Dollar, doch das war nichts im Vergleich zu dem seelischen Schaden, den sie davongetragen hatte.

»Wie konnte ich das nur zulassen?«

Debra erzählte mir diese Geschichte bei einem gemeinsamen Mittagessen, eine Woche nachdem Hal verschwunden war. Zunächst war ich überrascht. Sie war in der Vergangenheit immer offen zu mir gewesen, was ihre Partnerschaft anging. Auch während der Dauer dieser Beziehung hatte ich sie ein paarmal getroffen, ohne daß sie eine Andeutung über ihre Probleme gemacht hatte. Aber nachdem die Einzelheiten auf dem Tisch lagen, war Debras Heimlichtuerei kaum verwunderlich. Erlöser lügen routiniert für ihre Partner, suchen nach Entschuldigungen für sie, vertuschen und setzen für sich selbst und den Rest der Welt ein tapferes Gesicht auf.

Debra war klar, daß sie die absoluten Beweise für Hals andauernden Betrug bis zum bitteren Ende ignoriert hatte. Als er seine Lüge bezüglich seiner Exfrau und seinem Kind zugab, behauptete er, er hätte die sechstausend Dollar als Kaution für seinen Bruder gebraucht. Aber die Geschichte über den Unterhalt hatte er sich mindestens einen Monat vor der angeblichen Verhaftung seines Bruders ausgedacht. Wie konnte er einen Monat im voraus wissen, daß er eine Kaution für seinen Bruder stellen mußte?

Als Debra zu diesem Teil der Geschichte kam, füllten sich ihre Augen mit Tränen, und sie sagte: »Mein Gott, Susan, ich bin eine intelligente Frau. Wie konnte ich das nur zulassen? Wie konnte mir das passieren?« Ich erklärte ihr, sie solle mit ihrer Selbstkasteiung aufhören. Sie sei nicht die erste intelligente Frau, die so hereingelegt worden war, und sie würde bestimmt auch nicht die letzte sein. Ihr Erlöserkomplex hatte sie zum idealen Opfer für einen routinierten Betrüger gemacht.

Als ich Debra später einmal traf, schien es ihr besserzugehen. Lachend bezeichnete sie sich ohne jede Bitterkeit als »ärmer, aber klüger«. Sie kämpft noch immer damit, sich ihr Nest neu zu richten, aber nach einem, zugegebenermaßen schwierigen Jahr ist sie emotional schon sehr weit gekommen in ihrem Bemühen, sich ein neues Leben aufzubauen.

Die verführerischen Soziopathen

Hal war wie ein Wirbelwind in Debras Leben hineingefegt und hinterließ, als er ebenso schnell wieder verwehte, ein destruktives Chaos. Er beutete ihre obsessive Liebe skrupellos aus, bis sie ihn bei solch gewaltigen Lügen ertappte, daß er seine Entlarvung fürchten mußte. Dann zog er weiter, vermutlich zum nächsten Opfer.

Unglücklicherweise ist die Welt voller Hals – charmanten Menschen, die wenig oder gar kein Gewissen haben und unfähig sind, Mitleid oder Reue über das Leid zu empfinden, das sie anderen zufügen. Versiert manipulieren sie ihre Partner auf unterschiedliche Art und Weise, wobei die finanzielle Ausbeutung die verbreitetste Variante ist. Der klinische Fachbegriff für solche Menschen ist »Soziopathen«.

Soziopathen sind verwirrend, faszinierend, frustrierend, verführerisch und von großer Überzeugungskraft. Sie strahlen eine Aura von Dramatik und Aufregung aus. Sie versprechen Leidenschaft, Abenteuer und Romantik. Wenn sie reden, scheinen ihre Sätze von besonderer Wahrhaftigkeit zu sein. Soziopathen blenden durch Äußerlichkeiten, aber wie bei einer mondänen Filmkulisse weicht das Versprechen ebenso strahlender innerer Qualitäten bald der Realität einer leeren Hülle.

Soziopathen benutzen und manipulieren andere Menschen, sie sind chronische Lügner, die sich skrupellos durchs Leben lavieren und jedem, der ihnen vertraut, Kummer und Leid bereiten, sei es in geschäftlichen oder privaten Beziehungen. Trotzdem leiden sie selbst nur sehr selten, weil es ihnen an den emotionalen Kapazitäten mangelt, zu empfinden, was die meisten Menschen bei normaler Interaktion empfinden. Ihnen fehlen innere Kontrollmechanismen wie Moral, Ethik und Mitmenschlichkeit, die den meisten von uns Schuld- und Sorgegefühle verursachen, wenn wir anderen weh tun.

Erlöser landen häufig in Beziehungen mit Soziopathen, weil sie Geber und damit leichte Beute für räuberische Nehmer sind. Soziopathen verfügen oft noch über den zusätzlichen Vorteil, besonders gekonnte Verführer zu sein. Leider ist das Ziel dieser Verführung nicht Liebe, sondern Geld.

Die meisten Soziopathen handeln so schnell, daß ihre Opfer erst wenig über sie wissen, bevor sie sich unwiderruflich auf sie einlassen. Als Debra Hal erlaubte, bei ihr einzuziehen, hatte sie nicht die leiseste Ahnung von seinem allgemeinen Hintergrund, wußte nicht einmal, wo er zuvor gelebt und wovon er sich ernährt hatte. Sie wurde von ihrer Leidenschaft mitgerissen, bevor sie die Möglichkeit hatte, sich über seine dubiosen Geschichten zu wundern, und als sie sich erst einmal auf die Beziehung eingelassen hatte, *wollte* sie es nicht mehr wissen.

Wenn Sie wie Debra den Eindruck haben, daß Sie Ihrem Partner ständig finanziell aus der Klemme helfen (oder mit dem Gedanken liebäugeln, ihm eine größere Summe auszuhändigen, sei es als Geschenk, Darlehen oder Investition), sollten Sie sich nicht scheuen, einen Anwalt oder Finanzberater zu Rate zu ziehen, um Ihre Interessen zu schützen. Damit will ich nicht andeuten, daß Ihr Partner notwendigerweise ein Soziopath ist, wenn er oder sie Sie um Geld bittet. Aber der einzige wirksame Schutz gegen jemanden wie Hal ist der Rat eines objektiven Dritten, dessen Sichtweise nicht von Emotionen geprägt ist. Das Hinzuziehen von Dritten wird Ihren Partner möglicherweise verärgern oder das Vertrauen, auf dem Ihre Beziehung Ihrer Meinung nach gründet, erschüttern, aber in Geldangelegenheiten sollte man nie mit dem Herzen entscheiden.

Soziopathen versprechen zu Beginn einer Beziehung immer den Himmel auf Erden, aber wenn sie wieder verschwunden sind, sind an diesem Himmel unweigerlich die dunklen Wolken des Betrugs und Verrats aufgezogen.

Die Obsession mit einem süchtigen Partner

Nirgendwo stellen sich Erlöser machtvolleren Dämonen entgegen, als wenn sie versuchen, einen Partner zu retten, der alkohol- oder drogenabhängig ist. Körperliche Abhängigkeit läßt sich nicht durch die Anstrengungen des Partners überwinden, gleichgültig wie fürsorglich, verständnisvoll, mitfühlend, energisch oder verzweifelt dieser Partner auch sein mag. Ohne ausgeprägten persönlichen Willen *auf Seiten des Abhängigen* sind nicht nur alle Rettungsbemühungen zum Scheitern verurteilt, häufig verschlimmern selbsternannte Erlöser die Probleme sogar, weil sie für den Abhängigen die Konsequenzen seines süchtigen Verhaltens abmildern. Zur Obsession neigende Menschen, die einen süchtigen Partner lieben, führen in aller Regel besonders chaotische Beziehungen, wie Kirks Geschichte dramatisch illustriert.

Kirk, 38 Jahre alt, ist ein »trockener« Alkoholiker, der als Programmierer bei einer großen Computerfirma arbeitet. Er kam auf Empfehlung seines AA-Supervisors zu mir, der Kirks Sorge teilte, daß seine Partnerin Loretta Kirk wieder in seine frühere Abhängigkeit ziehen könnte. Kirk führte eine obsessive stürmische Beziehung mit Loretta, die schwer drogen- und alkoholabhängig war und keinerlei Interesse zeigte, ihren selbstzerstörerischen Lebensstil zu ändern.

Seit mehr als zwei Jahren lebten Kirk und Loretta mehr oder weniger zusammen. In dieser Zeit zog sie mehrmals für kurze Zeit bei ihm ein, um ihn bald darauf ohne jede Vorwarnung wieder zu verlassen. Dann hörte er monatelang nichts von ihr, bis sie plötzlich wieder vor seiner Tür stand und meistens irgendein Problem hatte. Als Kirk in meine Praxis kam, war Loretta vor wenigen Wochen gerade wieder einmal bei ihm eingezogen und drohte bereits, ihn erneut zu verlassen.

Kirk Im Moment geht es mir total schlecht. Sie hat mir gesagt, daß sie am letzten Sonntag ausziehen wollte, und fünf Tage später weiß ich immer noch nicht, ob sie nun geht oder nicht. Ich möchte es wirklich gerne wissen. Ich will, daß sie bleibt und eine Therapie anfängt. Die Frau treibt mich zum Wahnsinn. Wegen dieser Frau treibe ich mich *selbst* zum Wahnsinn.

Bevor er Loretta kennenlernte, hatte Kirk vier Jahre lang nur flüchtige Affären gehabt. Es hatte ihn tief verletzt, daß seine Frau ihn nach zehnjähriger Ehe wegen seinem Alkoholismus verlassen und ihre vier Kinder mit nach Florida genommen hatte. Jedesmal wenn er ein stärkeres Interesse für eine Frau entwickelte, erwachte der Schmerz aufs neue und löste starke Bindungsängste aus.

All das änderte sich, als er Loretta traf. Sie war Sachbearbeiterin, die gegenüber von seinem Büro arbeitete.

Kirk Eines Abends sprang mein Wagen nicht an. Ich wußte, daß sie in der Nähe wohnte, also fragte ich sie, ob sie mich nach Hause bringen könnte. Dort lud ich sie auf einen Drink in meine Wohnung ein, was sie bereitwillig annahm. Ich fühlte mich verschwitzt, also sagte ich ihr, daß ich kurz duschen wollte. Und in dem Moment hatte ich so eine seltsame Ahnung. Also fragte ich sie, ob sie mitduschen wollte. Klar, sagte sie, und das Ganze endete damit, daß wir unter der Dusche gebumst haben. Danach haben wir ein bißchen Speed genommen und absolut verrückten und leidenschaftlichen Sex gehabt, und ich war verliebt. Alles war wie im siebten Himmel. Die nächsten zehn Tage haben wir im Bett verbracht und sind nur zum Arbeiten und zum Essen, um Schnaps und Dope zu kaufen, aufgestanden.

Kirks Beziehung mit Loretta entstand aus der verzerrten Realität von Alkohol, Drogen und Lust. Diese ohnehin intensivierte emotionale Atmosphäre war wie geschaffen zum Auslösen einer Obsession.

Eine andere Art der Idealisierung

Bei den meisten obsessiv Liebenden funktioniert der Abwehrmechanismus des Leugnens dergestalt, daß sie Unzulänglichkeiten ihres Partners ignorieren. Erlöser hingegen sind sich der Fehler oder destruktiven Verhaltensmuster ihrer Partner oft durchaus bewußt.

> **Kirk** Sicher, sie war ein Junkie und eine Trinkerin, aber das war ich am Anfang unserer Beziehung auch. Ich meine, wer war ich, mich zum Richter aufzuschwingen? Eigentlich, das wußte ich, war sie ein guter Mensch und sehr sensibel. Einmal habe ich eine Spinne totgeschlagen, und sie hat sich furchtbar aufgeregt. Ich wußte tief drinnen, daß sie die perfekte Frau für mich war, absolut super. Sie sah toll aus, gab mir ein tolles Gefühl und machte mich echt an. Wir waren völlig besessen. Dann, nach Ablauf dieser zehn Tage – die schönsten in meinem Leben –, ging sie weg. Sie nahm einfach ihren Kram und verschwand. Ich war völlig fertig mit den Nerven.

Als habe er die Vision eines Röntgenbilds ihrer Gefühle gehabt, glaubte Kirk, er könne durch die Schale ihres gestörten Verhaltens einen Kern aus Güte und Schönheit entdecken.
Vielleicht machte er sich keine Sorgen über ihren Drogen- und Alkoholmißbrauch, aber die Art ihres Verschwindens hätte ihn vor ihrer Sprunghaftigkeit warnen müssen. Ohne jede Warnung verließ sie ihn, ohne auch nur ein Fünkchen Mitgefühl für seine Empfindungen zu zeigen. Außerdem erschien sie auch nicht mehr an ihrem Arbeitsplatz. Aber all ihre offenkundige Verantwortungslosigkeit trübte Kirks Überzeugung, daß Loretta seine Traumfrau war, in keinster Weise.

»Hör auf, mir zu sagen, was ich tun soll«

Anstatt Loretta zu sehen, wie sie *war*, entwarf Kirk ein Traumbild, wie sie *sein könnte*. Das bestärkte ihn in seiner Entschlossenheit, sie zu finden und zurückzuholen.

> **Kirk** Von der Personalabteilung besorgte ich mir die Adresse ihrer Eltern. Dann fuhr ich nach Hollywood zum Haus ihrer Mutter und nach Huntington Beach zum Haus ihres Vaters . . . Alles, was sie mir sagen konnten, war: »Hier ist sie nicht. Hier ist sie nicht. Hier ist sie nicht.« Ich hing im Winchell's Donuts herum in der Hoffnung, sie würde dort auftauchen. Ich konnte sie nirgends auftreiben. Es hat mich absolut verrückt gemacht. Ich hab' viel geweint und jede Menge Drogen und Jack Daniels geschluckt. Ich fing an, zu spät zur Arbeit zu kommen oder mich krank zu melden. Mein Boß hat ziemlich schnell herausgefunden, was Sache war, und mir erklärt, ich solle entweder zu den Anonymen Alkoholikern gehen oder mir einen neuen Job suchen. So bin ich zu der Gruppe gekommen.

Kirk stieg bei den AA mit Engagement ein. Anfangs besuchte er vier Gruppenabende pro Woche und schien keine Probleme zu haben, trocken zu bleiben. Ein paar Wochen später tauchte dann Loretta wieder auf.

> **Kirk** Sie stand völlig betrunken vor meiner Tür und meinte: »Ich muß irgendwo wohnen.« Ich fragte sie, wo sie gewesen war, und sie erklärte mir, wenn ich den Bullen spielen wollte, könnte sie auch wieder gehen und in ihrem Wagen übernachten. »Also gut«, sagte ich. »Wohne bei mir, aber keine Drogen und kein Alkohol.« Sie sagte, okay.

Noch am selben Tag zog Loretta ein und begann bereits am Abend wieder zu trinken. Während Kirk in den folgenden Monaten für Lorettas Lebensunterhalt aufkam, versuchte er, sie zu überreden, mit ihm zu einem AA-Treffen zu gehen, aber sie weigerte sich und schien regelrecht verärgert, daß er ihr vorschreiben wollte, was sie zu tun habe.

Kirk Ich wußte von den Anonymen Alkoholikern, daß ich ihr nicht helfen konnte, wenn sie sich nicht selbst helfen wollte, aber das hat mich nicht davon abgehalten, es zu versuchen. Sie hatte kein Selbstwertgefühl, keine Arbeit und kein Ziel. Ich versuchte, sie zu überreden, sich einen Job zu suchen, aber sie unternahm deswegen nie etwas. Ich fing an, ihr Stellenanzeigen aus der Zeitung rot zu umranden und ihr aufs Bett zu legen, aber das machte sie nur wütend. Sie schrie und kreischte, ich sei ein elender Scheißkerl, der ihr Leben kontrollieren wollte. Ich hab's nicht kapiert. Ich tat für sie, was ich konnte, und sie schrie mich an, als ob ich irgendein Monster wäre.

Kirk glaubte, daß Loretta ihn lieben müßte, wenn er sich nur genug um sie kümmerte. Er wollte sich so unentbehrlich machen, daß sie ihn im Gegensatz zu seiner Frau nicht verlassen konnte. Aber Loretta erlebte seine »Hilfe« als einen Eingriff in ihre persönliche Freiheit. Sie war zwar in der Tat abhängig von ihm, wehrte sich jedoch gleichzeitig gegen diese Abhängigkeit und kämpfte dagegen an. Kirks Unterstützung vertiefte nur ihr Gefühl des Scheiterns.

Erlöser leben häufig in Haß-Liebe-Beziehungen mit Partnern mit schweren Persönlichkeitsstörungen. Je mehr diese Partner von ihrem Erlöser annehmen, desto abhängiger fühlen sie sich, und je größer diese Abhängigkeit, desto größer ihre Wut darüber, die Kontrolle über das eigene Leben verloren zu haben.

Aber wenn die Erlöser nicht ohne Zögern zu ihrer Rettung bereit sind – wie es bei Natalie der Fall war, als Rick mehr Geld brauchte, als sie gespart hatte –, ist der gestörte Partner genauso wütend darüber, daß er allein gelassen wird. Erlöser sind also in jedem Fall zum Scheitern verurteilt.

»Ihr langsamer Todestanz«

Trotz Lorettas Wut war Kirk davon überzeugt, daß er durch seine Liebe und Fürsorge ihren Widerstand überwinden und sie dazu bringen konnte, ihr Leben in den Griff zu bekommen.

> **Kirk** Ich wußte einfach nicht, was ich sonst noch machen sollte, außer sie rauszuschmeißen, und das hätte ich in einer Million Jahren nicht fertiggebracht. Ich war ihre einzige Chance. Hin und wieder kochte sie für mich, und sie war toll im Bett, aber ich zahlte die Miete, kaufte alle Zigaretten, das Benzin, das Essen und Medikamente ... ich hab' ihr sogar Geld für ihre Drogen gegeben. Ich hatte Angst, daß sie mich verlassen würde, wenn ich es nicht täte. So wahnsinnig verliebt war ich, daß ich mir den Arsch abarbeitete, während sie ihren langsamen Todestanz tanzte, immer mehr Whiskey trank und immer mehr Dope rauchte.

In diesem »langsamen Todestanz« war Loretta die Primaballerina, aber Kirk war für Inszenierung und Musik verantwortlich. In seinem Drang, ihr zu helfen, machte er alles nur noch schlimmer. Anstatt ihrem Suchtmittelmißbrauch Grenzen zu setzen, bezahlte er noch dafür. Anstatt darauf zu bestehen, daß sie Verantwortung für ihr eigenes Leben übernahm, übermittelte er ihr die Botschaft, daß er alles, was sie nicht selbst für sich tun konnte, für sie tun würde. Er ermöglichte ihr zu überleben, ohne daß sie für sich selbst sorgen mußte, und damit erlaubte er ihr, ihr selbstzerstörerisches Leben fortzusetzen.

Im Kampf um Lorettas Aufmerksamkeit hatte Kirk zwei macht-volle Rivalen: Drogen und Alkohol. Sie war der Mittelpunkt seines Lebens, während sich ihres vor allem um den Rausch drehte. Kirk begriff, daß Lorettas primäres Interesse nicht ihm galt, glaubte jedoch törichterweise, er könne seine Rivalen ausschalten. Die meisten Erlöser leiden unter der Selbsttäuschung, daß die Kraft ihrer Liebe irgendwann ausreichen würde, den Partner zu überre-den, mit dem Trinken oder den Drogen aufzuhören. Aber eine Sucht ist komplex und hartnäckig. Ihre Überwindung erfordert die mutige Selbstverpflichtung des Abhängigen, aktiv an seiner Reh-abilitation mitzuarbeiten. Und einzig und allein diese Verpflich-tung kann letztendlich eine Verhaltensänderung bewirken.

»Mir ist die Liebe ausgegangen«

Wegen Lorettas Abhängigkeiten waren sowohl ihr eigenes als auch Kirks Leben das reine Chaos. Früher oder später erreicht auch der hingebungsvollste Erlöser seine Grenzen. Schließlich war Kirk völlig ausgebrannt.

Kirk Ich hatte die Schnauze voll, alle Rechnungen zu be-zahlen. Ich hatte die Schnauze voll von ihrem Genörgel. Mir ging das Geld aus. Mir ging die Liebe aus. Und mir ging das Mitgefühl aus. Wir haben uns nur noch gegenseitig fertigge-macht, und mir reichte es. Also beschloß ich, die goldene Regel zu beschwören, die lautet, daß, wer das Gold hat, die Regeln bestimmt. Ich erklärte ihr: »Hör zu, ich habe bisher alles bezahlt. Das kann ich mir nicht länger leisten. Es wird Zeit, daß du abhaust.« Am nächsten Tag packte sie ihre Sachen, und ein paar von ihren Kiffer-Freunden kamen vor-bei, warfen ihren Kram auf einen Laster und fuhren los. Ich hatte gehofft, erleichtert zu sein, aber statt dessen fühlte ich mich völlig mies.

Kirk fühlte sich nicht halb so stark, wie er klang. Die Einseitigkeit der Beziehung hatte ihn ausgelaugt. Erlöser fühlen sich in aller Regel erschöpft, benutzt und von ihrem Partner ausgesaugt, so daß es kaum verwunderlich ist, wenn viele von ihnen im Lauf der Zeit resignieren. Leider ist diese gesunde Entscheidung selten von Dauer.

Der hohe Preis einer Erlösung

Kirk war zwar die Liebe abhanden gekommen, aber seine Obsession war noch lange nicht am Ende.

Kirk Die erste Nacht ohne sie war schrecklich. Ich konnte nicht schlafen. Alle fünf Minuten mußte ich aufs Klo rennen. Mein Bauch tat weh, meine Hände schwitzten, ich hatte Kopfschmerzen vor Schuldgefühlen bei dem Gedanken, was ihr ohne mich vielleicht zustoßen könnte. Ich verfluchte mich selbst, daß ich sie hatte gehen lassen. Ein paar Tage später machte ich mich auf die Suche nach ihr, aber ich fand sie nicht. Mein AA-Supervisor bedrängte mich, sie ziehen zu lassen, bis ich ihm schließlich erklärte, er könne mich mal am Arsch lecken und die Anonymen Alkoholiker auch. Als er mich schließlich fand, war ich bewußtlos von ein paar Flaschen Jack Daniels und lag in einer Ausnüchterungszelle.

Kirk hatte den absoluten Tiefpunkt erreicht. In seiner Phantasie hatte er Loretta den Wölfen zum Fraß vorgeworfen. Er hatte seine Traumfrau verlassen. Er war egoistisch, herzlos und grausam gewesen. Dafür, daß er die Kraft gefunden hatte, seine Partnerin freizugeben, hatte er einen hohen Preis an Schuld und Selbstvorwürfen bezahlt. Das ist das klassische Dilemma des Erlösers:

Je mehr man in seinem eigenen Interesse handelt,
desto mieser fühlt man sich.

Obwohl Kirk das einzig Richtige für sich (und vielleicht auch für Loretta) tat, indem er versuchte, sie aus seinem Leben zu vertreiben, hatte er das Gefühl, genau das Gegenteil getan zu haben.

»Ich glaubte, wir wären endlich fertig miteinander«

Nachdem Kirk wieder auf die Beine gekommen war, versuchte er, sich ein neues Leben ohne Loretta aufzubauen.

Kirk In den nächsten paar Monaten habe ich mein Leben grundlegend in Ordnung gebracht. Ich ging mit neuer Entschlossenheit zu den Anonymen Alkoholikern zurück, traf mich ein paarmal mit Frauen aus meiner Gruppe, und es schien zwischen uns auch zu funken. Ich holte die Arbeit nach, die ich in meiner Zeit mit Loretta vernachlässigt hatte ... Ich konnte zwar nicht aufhören, an sie zu denken, aber ich war fest entschlossen, sie zu vergessen. Ich glaubte, wir wären endlich fertig miteinander. Dann tauchte sie wieder auf. Sie erklärte mir, sie bräuchte hundertfünfzig Dollar für irgendeinen Drogenhändler, der ihr das Gesicht zerschneiden wollte, wenn sie die Kohle nicht aufbrächte. Ich gab ihr das Geld, sagte ihr aber auch, daß sie meiner Meinung nach aussah wie eine Nutte. Das machte sie wirklich wütend. Sie gab zu, daß sie sich ein paarmal an den Hollywood Boulevard gestellt hätte, jedoch nur die Aufmerksamkeit von ein paar Bullen von der Sitte erregt hätte. Sie war in einem üblen Zustand. Sie nahm jede Menge Drogen und sah wirklich erbärmlich aus. Sie hatte Angst, wieder auf die Straße zu gehen, also bot ich ihr an, sie zu retten, wie jedesmal. Und

133

ehe ich mich versah, war sie wieder bei mir eingezogen. Jetzt füttere ich sie und ihre vergammelten Freunde durch, ich gebe ihr Geld. Wir sind wieder genau da, wo wir angefangen haben, mit dem Unterschied, daß ich jetzt trocken bin.

Kirk war es nicht bewußt, daß er trotz seiner Versuche, sein Leben von den toxischen Einflüssen Lorettas zu reinigen, noch immer extrem verwundbar war, sowohl für seine obsessive Liebe als auch für sein Bedürfnis, gebraucht zu werden. Er hatte fälschlicherweise angenommen, daß Zeit und Distanz allein seine Gefühle für Loretta auslöschen würden. Es ist nicht verwunderlich, daß ihre Rückkehr genügte, seinen Entschluß, ohne sie zu leben, zu erschüttern.

Viele obsessive Beziehungen, vor allem zwischen Erlösern und Partnern mit Persönlichkeitsstörungen, enden nicht nur einmal, sondern mehrmals. Diese Beziehungen zeigen oft ein frustrierendes Muster von Trennungen und Versöhnungen.

Wenn Sie der Typ eines Erlösers sind und die Kraft und Einsicht gefunden haben, Ihren Anstrengungen, Ihren Partner zu retten, Grenzen zu setzen oder sich sogar aus der Beziehung zu lösen, ist es wichtig, daß Sie nicht den Fehler begehen, anzunehmen, Sie hätten das Schlimmste hinter sich. Obwohl ihnen ihr gesunder Menschenverstand ständig das Gegenteil sagt, haben die meisten Erlöser große Schwierigkeiten, der Versuchung zu widerstehen, den gestörten Partner wieder in ihr Leben aufzunehmen.

Das Ungleichgewicht der Macht

Partner mit schweren persönlichen Problemen verstehen es immer wieder, bei ihrem Erlöser die Gefühle von Schuld, Mitleid und Mitgefühl anzusprechen. Loretta nutzte die Tatsache, daß Kirk es nicht ertragen konnte, sie auf die Straße zurückzuschicken, und praktisch alles unternehmen würde, sie zu retten, ungeniert aus.

Hal benutzte Debras obsessive Liebe, um sie in ein Netz aus Lügen zu ziehen, und vermittelte ihr geschickt die Überzeugung, sie würde ihm helfen. Rick verließ sich im Lauf der Zeit immer mehr darauf, daß Natalie ihm, je depressiver er wegen seiner finanziellen Probleme wurde, bereitwillig ihr Herz und ihr Scheckbuch öffnete.

Das Paradoxe am Erlöserkomplex ist, daß die problembeladenen Partner scheinbar schwach und hilflos sind, die Beziehung jedoch dominieren. Umgekehrt scheinen Erlöser alles unter Kontrolle zu haben, obwohl sie von der Bedürftigkeit ihres Partners total manipuliert und ausgenutzt werden.

Für obsessiv Liebende ist es sehr schwer, sich dem Impuls zu widersetzen, ihre Zielperson zu retten, wenn ein Erlöserkomplex ihre Emotionen diktiert. Aber es ist möglich, sich dem Verhaltensmuster ständiger Errettung des Partners zu entziehen. Im dritten Teil des Buches wird es um Techniken gehen, der Erlöserrolle ein für allemal abzuschwören.

Teil II

Objekt eines obsessiven Partners

5. Der co-obsessive Partner

Karen Diese Beziehung, in der ich die Aufmerksamkeit meines Partners gleichzeitig liebe und hasse, macht mich völlig verrückt.

Es ist eine modische Ansicht, daß beide Partner in einer Beziehung zu gleichen Teilen verantwortlich für die auftauchenden Probleme sind. Aber für viele Opfer eines obsessiven Partners ist dieses Konzept geteilter Verantwortung schlicht unrichtig. Einige von ihnen sind sich der Tatsache, daß jemand sie mit einer Obsession verfolgt, nicht einmal bewußt; andere unternehmen nichts, den zwanghaft Liebenden zur Verfolgung seiner Obsession zu ermutigen; wieder andere – die entdecken, daß ihr Partner im Lauf einer Beziehung Zwangsvorstellungen entwickelt hat – unternehmen deutliche Anstrengungen, den Partner aus ihrem Leben zu verbannen. Solche Zielpersonen ermutigen die Obsession nicht, sie genießen sie nicht, und sie wollen sie nicht.
Aber es *gibt* auch Zielpersonen, die genauso tief in die Beziehungen mit einem obsessiven Partner verstrickt sind, wie er umgekehrt mit ihnen. Ihr Verhalten ermutigt entweder die Obsession ihres Partners oder tut zumindest nichts, sie zu verhindern. Die meisten dieser Zielpersonen neigen selbst zu Zwangsvorstellungen. Häufig teilen sie das Bedürfnis ihres obsessiven Partners nach intensiver Leidenschaft und Aufregung; sie teilen seine Angst vor Zurückweisung und sein tiefes Gefühl innerer Leere. Ich nenne solche Zielpersonen »co-obsessive Partner«.

Die co-obsessive Beziehung

In einer co-obsessiven Beziehung verschwimmt die Grenze zwischen dem zwanghaften Partner und seiner Zielperson. Karen und Ray sind ein typisches Beispiel.

Karen ist eine klassische braunäugige Schönheit mit brünettem Haar, die als Tänzerin für Film- und Fernsehproduktionen arbeitet. Sie lernte Ray – einen Kameramann – auf dem Set für einen Film kennen. Seine verblüffende Ähnlichkeit mit Harrison Ford zog sie sofort an.

Karen und Ray hatten vieles gemeinsam: Sie waren beide zweiunddreißig, als Einzelkinder in Chicago aufgewachsen und lebten allein. Beide hatten eine kinderlose Ehe hinter sich – Ray eine fünfjährige, Karen eine siebenjährige – und waren bereits seit einigen Jahren geschieden.

Seit seiner Scheidung war Ray nicht imstande gewesen, Beziehungen über mehr als ein paar Monate zu führen. Auch Karen hatte seit ihrer Scheidung keinen festen Partner gehabt, weil die Männer in ihrem Leben »immer ungeduldig geworden sind und mich verlassen haben«. Dieses Problem hatte sie mit Ray nicht.

Karen und Ray führten von Anfang an eine stürmische Beziehung. Abgesehen von ihrer gegenseitigen Zuneigung, waren sie über fast alles unterschiedlicher Meinung, und die Hitzigkeit ihrer Auseinandersetzungen schien die Leidenschaftlichkeit ihrer Sexualität anzufachen. Zwei Jahre lebten sie in einem Dauerkonflikt. In regelmäßigen Abständen wurde Karen des permanenten Chaos müde, und sie trennte sich von Ray, aber die emotionalen Bande, die sie mit ihm verband, waren so stark, daß es ihm immer wieder gelang, sie zu überreden, ihm noch eine Chance zu geben.

Bei einer dieser Gelegenheiten bestand Karen als Vorbedingung ihrer Versöhnung darauf, daß Ray eine Therapie anfing. Sie hoffte, daß es ihnen mit professioneller Hilfe vielleicht gelingen würde, ihre sprunghafte Beziehung auf eine andere Ebene zu bringen. Als ich die beiden zu einem Vorgespräch traf, wirkten sie hochmotiviert, aus den Trümmern ihres Verhältnisses eine dauerhafte und gesunde Partnerschaft zu entwickeln.

Karen Ich leide unter großen inneren Spannungen. Einerseits fühle ich mich durch ihn bedrängt und eingeengt. Andererseits lieben wir uns wirklich sehr, und so etwas findet man nur selten. Er befriedigt dieses Bedürfnis in mir, und deshalb kann ich nicht von ihm lassen.

Karen beschrieb einen inneren Konflikt, den fast alle co-obsessiven Partner durchleiden. In einem Moment wollte sie die Beziehung, im nächsten Moment wollte sie raus. Wie die meisten co-obsessiven Partner war sie zwischen Liebe und Frustration hin und her gerissen, während ihre Unentschiedenheit gleichzeitig Ricks Zurückweisungsangst verstärkte und ein noch besitzergreifenderes Verhalten seinerseits provozierte.

Ray Jedesmal wenn sie sagt, daß sie Schluß machen will, bringt mich das fast um. Sie schmeißt mich raus, und dann ändert sie ihre Meinung ein paar Wochen später wieder. Das macht mich wahnsinnig. Ich liebe sie so sehr . . . es tut richtig weh. Ständig haben wir diese Riesenstreitereien, und dann versöhnen wir uns wieder. Rauf und runter, rauf und runter. Ich kämpfe ständig darum, etwas zu bekommen, und sie zieht sich ständig zurück und will es mir nicht geben. Also versuche ich es um so heftiger. Und so läuft das fast von Anfang an. Es ist, als ob ihre Macke und meine sich gegenseitig hochschaukeln.

Rays und Karens Verhaltensmuster ständiger Trennungen und Versöhnungen ist typisch für co-obsessive Beziehungen. Aber selbst wenn co-obsessive Partner irgendwann den Punkt erreichen, wo sie sich wirklich trennen wollen, beschreiben sie den

Partner meist als einen Menschen, mit dem sie genausowenig leben können wie ohne ihn. Die Art von Beziehung ist geradezu zwangsläufig turbulent, kraftraubend und auf lange Sicht lähmend.

Sind Sie ein co-obsessiver Partner?

Um Ihnen bei der Feststellung zu helfen, ob Sie ein co-obsessiver Partner sind, habe ich die folgende Checkliste zusammengestellt, die die häufigsten der widersprüchlichen Gefühle aufführt, die ein co-obsessiver Partner in der Regel empfindet.

Als Objekt eines obsessiven Partners...

1. Fühlen Sie sich zwischen den Gefühlen von Leidenschaft und Unterdrückung hin und her gerissen?
2. Geht es Ihnen so, daß Sie Ihren Partner in einem Augenblick lieben und im nächsten zurückweisen?
3. Fühlen Sie sich von der Intensität der Aufmerksamkeit Ihres Partners gleichzeitig geschmeichelt und bedrängt?
4. Erregt Sie die Spannung und Unvorhersehbarkeit Ihrer Beziehung?
5. Haben Sie Schuldgefühle, wenn Sie innerhalb der Beziehung auf Ihre Rechte pochen?

Wenn Sie nur *eine* dieser Fragen mit Ja beantwortet haben, ist es durchaus möglich, daß Sie ein co-obsessiver Partner sind. Bei der Achterbahnfahrt einer co-obsessiven Beziehung ist es praktisch unmöglich, das aktive oder passive Verhalten, das die Obsession Ihres Partners ermutigt, mit Abstand zu betrachten. Solange man aber kein klares Bild der eigenen Rolle in der Beziehung hat, ist es schwer, eine Änderung herbeizuführen.

Wenn Leidenschaft zur Unterdrückung wird

Obsessive Leidenschaft ist für co-obsessive Partner ein zwei-schneidiges Schwert, sowohl anziehend wie alarmierend. Einerseits erleben sie die Heftigkeit der Romanze als unwiderstehlich schmeichelhaft und aufregend, andererseits fühlen sie sich durch das sprunghafte Verhalten ihres Partners unter Druck gesetzt und aus dem Gleichgewicht geworfen.

Karen Ich konnte seine Verzweiflung schon beim ersten Anruf spüren. Er wollte mich immer sofort treffen. Jeden Tag fand ich ein Gedicht in meinem Briefkasten. Mehrmals am Tag rief er mich an. Er schickte Blumen. Ich fühlte mich stark zu ihm hingezogen, es klappte wirklich toll im Bett und ich genoß seine Aufmerksamkeit... das war ein ganz wichtiger Faktor. Ich wußte, daß irgend etwas an der Beziehung nicht stimmte – es war einfach zuviel, zu intensiv –, aber ich hatte eine Ehe mit einem Alkoholiker hinter mir, der mich immer ignoriert und zahlreiche Affären gehabt hatte, so daß die Tatsache, daß Ray so versessen darauf war, mich zu sehen, mir einen unglaublichen Schub gab.

Karens Selbstwertgefühl war von einer schlechten Ehe und einer langen Reihe erfolgloser Versuche, eine neue Beziehung zu finden, stark lädiert. Sie litt unter diesem Zustand und sehnte sich nach Bestätigung. Rays stürmische und heißblütige Art, ihr den Hof zu machen, war genau das, was sie gebraucht hatte. Ray knüpfte an ihr tiefes inneres Bedürfnis an, sich als Frau gut und begehrt zu fühlen, und seine Bestätigung war weit wichtiger als ihre Bedenken.

»Ich fühlte mich regelrecht erstickt«

Schon zu Anfang der Beziehung bemerkte Karen gewisse Aspekte an Rays Persönlichkeit, die sie irritierten. Obwohl sie seine romantische Aufmerksamkeit zunächst genoß, eskalierte sein Verhalten schnell zu massiver Eifersucht, was zu einem Hauptkonfliktpunkt zwischen ihnen wurde.

Karen Bevor ich ihn traf, hatte ich viele männliche Freunde ... langjährige Freunde seit sechs, sieben oder zehn Jahren ... rein platonische Freundschaften. Mit denen traf ich mich zum Mittagessen oder um irgend etwas Geschäftliches zu besprechen oder so. Aber als Ray in mein Leben trat, war er sofort extrem eifersüchtig auf all diese Männer. Wenn das Telefon läutete, sagte er immer: »Wer ist das? Wie oft hat er dich schon angerufen? Warum ruft er dich an? Was geht hier vor?« Er wollte mir einfach nicht glauben, daß es sich bei diesen Männern um Freunde handelte. Er wollte wissen, was ich den ganzen Tag über tat, mit wem ich zusammen war, auch bei der Arbeit. Ich konnte nicht begreifen, warum er sich so aufregte.

Ray Praktisch jeder, der sie kannte, wollte mit ihr zusammensein. Das hat sich fatal auf meine Unsicherheit ausgewirkt. Es gab jede Menge Zeit, von der ich nicht wußte, was sie tat. Ich fragte sie: »Wie war dein Tag?« Und sie gab mir keine Antwort. Oder sie gab mir eine Antwort, aber es fehlten vier Stunden, von denen sie mir nichts erzählte. Das hat mich absolut wahnsinnig gemacht.

Karen Es war, als würde er mir ständig im Nacken sitzen. Ich konnte nicht frei atmen. Das hat mich sehr ärgerlich gemacht, aber das konnte ich ihm nicht sagen. Ich kam mir vor, als müßte ich ihm andauernd das Gefühl vermitteln, daß alles in Ordnung war, also beantwortete ich seine Fragen bis ins letzte Detail und haßte jede einzelne Minute.

Rays Verhöre wären auch unter allen anderen Umständen völlig unangemessen gewesen, aber so früh in der Beziehung waren sie besonders extrem. Seine Eifersucht nahm Karen die Luft zum Atmen und löste in ihr negative Gefühle aus, die die sexuelle und emotionale Leidenschaft überschatteten, die sie anfangs in die Beziehung gezogen hatten. Sie versuchte, damit umzugehen, indem sie Rays unangemessene Fragen beantwortete. Aber ihre Einwilligung in dieses Spiel bestärkte nur seine Überzeugung, ein Recht zu haben, sie dieser Inquisition zu unterziehen.

Das Verletzen persönlicher Grenzen

Karen fühlte sich von Rays Verhören angegriffen. Er verletzte ihre »Grenzen« – die Demarkationslinien, mit denen sie die Privatsphäre ihrer Gefühle, Gedanken, Sehnsüchte und Bedürfnisse geschützt hatte. Er setzte sich rücksichtslos über ihr Recht auf Unabhängigkeit und individuelle Persönlichkeit hinweg, und das machte sie wütend.

Karen Ich hab' all diese Wut in mir, aber sie kommt nie als Wut heraus. Ich fühle mich übertölpelt und bedrängt, als ob ich keine Individualität und kein Privatleben mehr hätte. Als ob ich kein eigener Mensch mehr wäre. Immer mußte ich die Frau sein, die er sich wünschte. Das machte mich furchtbar wütend, aber ich habe diese Wut immer nur indirekt ausgedrückt, indem ich mich zurückgezogen habe. Ich fing an, Mauern um mich zu errichten. Ich vergrub mich jeden Morgen hinter der Zeitung, anstatt mit ihm zu reden. Ich kam erst spät von der Arbeit zurück. Ich weigerte mich, bei gemeinsamen Spaziergängen Hand in Hand zu gehen. Es war für mich die einzige Möglichkeit, mich wieder als Individiuum abzugrenzen.

Anstatt sich offen gegen Rays Eindringen in ihre Privatsphäre zu wehren, zog Karen sich zurück. Sie errichtete eine emotionale Mauer und versteckte sich dahinter. Andere co-obsessive Partner gehen mit dieser Einengung um, indem sie sich offen wehren. Sie streiten, machen Szenen und Vorwürfe oder verlassen den Partner, um sich ebenso zwangsläufig in die Beziehung zurückziehen zu lassen. Sie glauben, daß sie ihre verlorene Autonomie durch Krawall zurückgewinnen können. Aber sobald der Schlachtenlärm verklungen ist, neigen solche Beziehungen dazu, in ihr vertrautes Muster von Einengung und Widerstand zurückzufallen. Karen glaubte, die Verhältnisse durch ihre Rückzüge neu ordnen und festen Boden unter den Füßen zurückgewinnen zu können, und das wäre ihr in einer anderen Beziehung vielleicht sogar gelungen. Aber eines der Paradoxa einer co-obsessiven Beziehung ist die Tatsache, daß eben diese Rückzüge, mit denen viele Zielpersonen auf ihren eigenen Unwillen über die Einengung reagieren, genau jenes Verhalten fördern, das ihren Unwillen erst hervorgerufen hat.

Ray Manchmal schloß sie sich im Bad ein, mehr nicht. Aber irgend etwas an dieser verschlossenen Tür signalisierte mir ihre Zurückweisung, und das machte mir angst. Es war nicht so, daß sie für mich die Tür auflassen mußte, wenn sie sich für private Verrichtungen ins Bad zurückzog. Es war vielmehr, daß wir früher die Zeit, wenn sie aufstand, ihr Haar kämmte oder ihre Zähne putzte, miteinander verbracht haben. Und plötzlich wollte sie allein im Bad sein, und ich haßte das. Ich dachte: Du kämmst dir doch bloß die Haare, also was soll das Theater? Das ist doch verrückt.

146

Karen Ich hatte das Gefühl: Verdammt noch mal! Hör damit auf. Ich möchte, daß du mir einen Raum läßt! Dieser Mann hat absolut kein Gespür für das Bedürfnis nach Privatheit. Ich kann in seiner Gegenwart kein eigenständiges Leben führen. Ich kann mir nicht mal in Ruhe die Zähne putzen. Aber gesagt habe ich nichts . . . ich hab' nur die Tür wieder aufgemacht. Ich meine, wer will schon morgens gleich streiten?

Karen setzte ihr Verhaltensmuster fort, Ray zu besänftigen. Damit ließ sie zu, daß er in praktisch allen Lebensbereichen in ihre Privatsphäre eindrang. Stück für Stück kapitulierte sie gegenüber seinen Ansprüchen, gab ihre physischen und emotionalen Grenzen auf, und signalisierte ihm damit ihr stillschweigendes Einverständnis zur Fortsetzung oder Intensivierung seines repressiven Verhaltens.

Der Treibsand einer Co-Obsession

Co-Obsessive sehen sich häufig als Opfer ihres obsessiven Partners. Schließlich ist er derjenige, der sich irrational und eifersüchtig verhält. Und natürlich sind zwanghaft Liebende für ihr eigenes Verhalten verantwortlich und zur Verantwortung zu ziehen. Aber co-obsessive Partner sind nicht nur unschuldige Passanten. Sie treffen selbst die Wahl, in einer Beziehung zu bleiben, in der sie, so wie sie ist, fast zwangsläufig zum Opfer werden.
Co-Obsessive sind so sehr mit ihrem zwanghaften Partner und in das Drama und die Leidenschaft ihrer Beziehung verstrickt, daß sie es nicht über sich bringen, den Partner entweder zu verlassen oder ihm klare Grenzen aufzuzeigen, welches Verhalten sie zu tolerieren gewillt sind – Grenzen, die die Beziehungen möglicherweise auf einen gesünderen Kurs bringen würden. Co-obsessive

Partner bleiben im Treibsand ihrer Ambivalenz, ihrer Selbstvorwürfe und Schuldgefühle und vor allem ihrer eigenen Bedürftigkeit stecken.

Co-obsessive Bedürftigkeit

Während es einige wichtige Unterschiede zwischen obsessiv Liebenden und ihren co-obsessiven Partnern gibt – vor allem den, daß obsessiv Liebende dazu neigen, dominant und aggressiv zu sein, während sich ihre co-obsessiven Partner meistens passiv verhalten –, haben beide unweigerlich einen hervorstechenden Charakterzug gemeinsam: ein unstillbares Bedürfnis, eine Liebe zu finden, die ihre innere emotionale Leere füllen kann.

> **Karen** Alle meine Freunde rieten mir auszusteigen, weil Rick ein echt krankhafter Typ wäre und diese Beziehung gefährlich für mich werden könnte. Aber tief drinnen spüre ich diese große Leere, ich muß mit einem Menschen zusammensein, der diese Leere ausfüllt. Und er füllt sie besser aus als irgend jemand sonst auf der Welt.

Als Karen von ihrer großen inneren Leere sprach, beschrieb sie ein emotionales Vakuum, das weit über die Sehnsucht nach Liebe und Romantik hinausgeht, die jeder von uns empfindet. Sowohl für obsessiv Liebende als auch für ihre co-obsessiven Partner kann nichts – weder ihre Arbeit, noch ihre Familie und Freunde – dieses tiefe Gefühl innerer Leere kompensieren.

Als Ray in Karens Leben trat, füllte er diese Leere für sie. Leider füllte er sie mit dem Chaos einer Obsession, anstatt mit der aufbauenden Kraft einer gesunden Liebe. Karen war nicht in der Lage, den Unterschied zu sehen. Ihre Bedürftigkeit war zu groß – ein Gefühl, das sie seit ihrer Kindheit mit sich herumtrug.

Die Ehe von Karens Eltern war sehr unglücklich gewesen. Sie

erinnert sich, daß ihr Vater sie und ihre Mutter jedesmal anschrie, sobald er zu Hause war. Häufig verbrachte er die Nacht außer Haus, wodurch das Leben von Karens Mutter zunehmend von Verlustängsten beherrscht wurde. Als die Ehe schließlich scheiterte, litt Karens Mutter unter schweren Depressionen, was bedeutete, daß Karen sie die meiste Zeit ihrer Kindheit als emotional unzugänglich erlebte.

Karen Rückblickend glaube ich, daß mein Vater und ich nie länger als zehn Minuten zusammen verbracht haben, bevor er anfing, mich anzuschreien. Und selbst wenn meine Mutter anwesend war, war sie trotzdem nicht für mich da. Entweder sie schlief oder sie weinte . . . Sie hatte nicht viel zu sagen. Als ich dann Ray kennenlernte und er ständig mit mir zusammensein und mich zum Mittelpunkt seines Lebens machen wollte . . . befriedigte das den Teil von mir, der sich nach Vater und Mutter sehnte, weil er ohne beide aufgewachsen war. Er stillte diesen Hunger in mir.

Es überraschte mich nicht, zu hören, daß Karen »toxische Eltern« hatte, genau wie die meisten co-obsessiven Partner – und zwanghaft Liebenden auch. »Toxische Eltern« ist der Begriff, mit dem ich Eltern bezeichne, deren seelische oder körperliche Mißhandlung oder Vernachlässigung die psychische Entwicklung ihrer Kinder ernsthaft behindert. Obwohl Karens Eltern sie nicht offen mißhandelten, entzogen sie ihr die grundsätzliche Aufmerksamkeit und Zuwendung, die sie in die Lage versetzt hätten, sich zu einem emotional ausgeglichenen Erwachsenen weiterzuentwickeln.

Als Erwachsene versuchte Karen, ihren großen Hunger nach Liebe und Sicherheit durch ihre Beziehung zu Männern zu stillen. Leider hatte sie so negative Rollenmodelle, daß sie nie lernte, wie sich Liebe anfühlt. Sie hatte nie Gelegenheit, eine gesunde Beziehung beispielhaft zu lernen. Wie viele Kinder toxischer Eltern heiratete sie einen kaltherzigen und abweisenden Mann, um so die einzige Art von Beziehung neu zu schaffen, die sie je kennengelernt hatte.

Diese Ehe ließ Karen mit einer tiefen Verletztheit zurück. Erneut hatte ihr ein Mann das Gefühl vermittelt, ungeliebt und ungewollt zu sein. Die Last ihres negativen Selbstbildes, das sie vor so langer Zeit entwickelt hatte, verstärkte sich. Genau wie ihre Bedürftigkeit.

Dann traf sie Ray. Zum ersten Mal in ihrem Leben wollte sie ein Mann zum Mittelpunkt seines Universums machen. Sie ergriff die Chance seiner Aufmerksamkeit wie eine Ertrinkende einen Rettungsring – und genau wie jene Ertrinkende wollte sie um keinen Preis wieder loslassen

> **Karen** Ich habe Angst, in die Leere zurückzufallen, die ich früher empfunden habe. Einfach totale Leere. Wenn jemand einen so bedrängt wie Ray . . . ich wäre nie in der Lage, die nachfolgende Stille zu ertragen.

Während Karen sprach, war ihre Angst mit Händen zu greifen. Zu ihrer Beziehung mit Ray gab es für sie nur eine Alternative – entweder sie ertrug seinen Terror oder sie kehrte in diese bedrohliche Leere zurück. Was für eine Wahl.

Das Verwechseln von Eifersucht und Liebe

Seit Beginn ihrer Beziehung war Ray extrem eifersüchtig. Karen fühlte sich von seinen Verdächtigungen und Anschuldigungen bedrängt, aber sie ertrug sie, weil sie seine Eifersucht – wie die meisten co-obsessiven Partner – als Ausdruck von Liebe deutete.

> **Karen** Er wird schon wütend, wenn ich mal einen Knopf an meiner Bluse offenlasse. Er sagt, ich würde zuviel zeigen.

Oder wenn ich einen geschlitzten Rock trage, sagt er, daß man mir bis zum Höschen unters Kleid sehen könnte. Ich hab' das Gefühl, wenn es nach ihm ginge, würde er mich von oben bis unten einwickeln wie eine islamische Frau, damit niemand auch nur mein Gesicht sehen kann. Er will mich ganz für sich... alles... mehr als ich geben kann. Ich hasse es, aber gleichzeitig brauche ich es auch. Wenn er eifersüchtig wird, spüre ich, wieviel ich ihm bedeute, all seine Liebe, all seine Angst... ich finde es gleichzeitig aufregend und zum Wahnsinnigwerden.

Karen war klar, daß Ray mit seiner Kritik an ihrer Art, sich zu kleiden, mehr über sich selbst als über sie aussagte. In Wahrheit gestand er ihr ein, wie sehr er sich durch ihre Attraktivität bedroht fühlte, wie sehr er fürchtete, von einem anderen ersetzt zu werden. Also deutete sie seine zunehmend beängstigende Eifersucht als Ausdruck seiner Gefühle für sie. Wie könnte er so wütend werden, wenn sie nicht sein ein und alles war
Genau wie Karen romantisierte auch Ray seine Eifersucht.

Ray Wenn wir streiten, sagt sie nie, was ich hören möchte, um meine Zweifel zu besänftigen. Also bohre ich weiter... und fange an, sie zu beschimpfen... ich fahre immer schwerere Geschütze auf, aber es ist nie genug, mich zufriedenzustellen. Also versuche ich, sie mit Gewalt daran zu hindern, das Haus zu verlassen. Ich packe ihren Arm oder stelle mich an die Tür. Ich weiß, daß ich völlig abgedrehte, verrückte Sachen mache, aber ich tue das nur, weil ich sie so sehr liebe.

Repressive Eifersucht ist alles andere als ein Zeichen von Liebe. Das Verhaltensmuster von Verhören, Anschuldigungen und Verdächtigungen ist vielmehr Ausdruck tiefsitzender Unsicherheit und emotionaler Instabilität des Partners. Es verhindert die wichtige Entwicklung von Vertrauen und Vertrautheit.

Die Ambivalenz des co-obsessiven Partners

Als Karen sich von Ray zurückzog, um ihre emotionale Selbständigkeit zurückzugewinnen, verstärkte er seinen Druck. Konsequenterweise führten ihre Rückzüge dazu, daß sie, im Gegensatz
zu dem, was sie erstrebte, immer weniger Freiräume für sich hatte.
Sie fühlte sich immer heftiger hin und her gerissen zwischen ihrem
Wunsch, die Beziehung zu verlassen, und ihrem Bedürfnis, sie
fortzusetzen. Sie wurde von ihrer eigenen Unentschlossenheit
genauso beherrscht wie Ray von seinem Bedürfnis, sie zu besitzen. Anstatt einen Versuch zu unternehmen, ihre Konflikte zu
lösen, ließ sich Karen von ihnen fesseln. Sie war im Treibsand
ihrer Ambivalenz steckengeblieben.

> **Karen** Ich fühle mich wie gelähmt. Ich will mich trennen,
> und ich will mich nicht trennen. Ich habe schon mehrmals
> Schluß gemacht, aber es klappt nie. Er weiß, daß er mich mit
> genug Zeit und Anstrengung wieder kleinkriegt. Und ich
> glaube, genau das ist es, was ich will. Wenn ich anfange, ihn
> zu vermissen . . . tut sich dieses Schlupfloch für mich auf. Ich
> weiß einfach nicht, was ich machen soll, also mache ich gar
> nichts und komme mir dann vor wie ein Idiot.

Wie bei den meisten co-obsessiven Partnern war Karens Ambivalenz mehr als bloß ein Konflikt widersprüchlicher Emotionen.
Ambivalenz ist ein lähmender, frustrierender, wütend machender
Seinszustand, der die co-obsessiven Partner zwischen der Angst zu
gehen und dem Schmerz zu bleiben gefangenhält.
Auf dieses Dilemma reagieren co-obsessive Partner auf zwei verschiedene Arten. Entweder sie halten ihre ambivalenten Gefühle
unter Verschluß und ertragen ein unerträgliches Maß an inneren
Konflikten, oder sie agieren ihre Ambivalenz aus, indem sie sich
immer wieder auflehnen und dann erneut klein beigeben.

An einem Tag wehrte sich Karen gegen Rays Forderungen, am nächsten gab sie nach. In einer Woche trennte sie sich von ihm, in der nächsten versöhnte sie sich wieder.

In ihrer Ambivalenz sind sich die meisten co-obsessiven Partner so wenig im klaren darüber, was sie eigentlich empfinden und wollen, daß sie nicht einmal imstande sind, die grundsätzlichsten Entscheidungen über ihre Beziehung zu treffen. Sie verlieren das Vertrauen in ihre eigenen Instinkte und ihre eigene Wahrnehmung, was es für sie noch schwerer macht, Entschiedenheit zu demonstrieren. Dieser Lähmungszustand vermittelt ihnen das Gefühl, inadäquat und schwach zu sein, was wiederum zu einem ausgeprägten Schamgefühl und zu massiven Selbstvorwürfen führt.

Die Selbstvorwürfe
des co-obsessiven Partners

Die meisten co-obsessiven Partner quälen sich mit permanenten Selbstvorwürfen, weil sie nicht nur das Gefühl haben, entscheidungsunfähig zu sein, sondern sich häufig auch die eigene Schwäche gegenüber den Forderungen des Partners und manchmal sogar das Verharren in einer Beziehung vorwerfen, von der sie längst wissen, daß sie ungesund ist.

Karen Wenn er sich wie ein Arschloch benimmt, stehe ich nie auf und sage: »Ray, das geht dich nichts an!« oder »Darauf will ich dir keine Antwort geben!« Und dann schäme ich mich, weil ich nicht den Mut habe, mich ihm entgegenzustellen. Ich fühle mich minderwertig, weil ich an der Beziehung festhalte. Manchmal glaube ich, ich bin genauso krank wie er, weil es meine Entscheidung ist, zu bleiben.

Trotz ihrer Einsicht war Karen nicht in der Lage, etwas gegen ihre permanente Kapitulation zu tun. Statt dessen verfiel sie in einen frustrierenden Teufelskreis aus Nachgiebigkeit und Selbstvorwürfen:

- Je heftiger sie sich Vorwürfe machte, desto weniger selbstbewußt wurde sie.
- Je weniger Selbstbewußtsein sie hatte, desto machtloser fühlte sie sich.
- Je machtloser sie sich fühlte, desto passiver wurde sie.
- Je passiver sie wurde, desto mehr tolerierte sie sein unangemessenes Verhalten.
- Je mehr sie sein unangemessenes Verhalten tolerierte, desto heftiger wurden ihre Selbstvorwürfe.

In kleinen Dosen können Selbstvorwürfe durchaus konstruktiv sein. Oft motivieren sie uns, Veränderungen in unserem Leben vorzunehmen. Aber wenn Selbstvorwürfe ein ständiger Begleiter werden – wie für Karen –, werden sie zunehmend autodestruktiv und beschleunigen die Erosion des Selbstvertrauens und der Autonomie des co-obsessiven Partners.

Schuldgefühle co-obsessiver Partner

Ein co-obsessiver Partner kann die Erwartungen und Forderungen eines zwanghaft Liebenden nie erfüllen. Dafür sorgt schon die unstillbare Natur einer Obsession. Co-obsessive Partner müssen zwangsläufig an den Ansprüchen scheitern, und der Obsessive – der für seine persönliche Erfüllung völlig von seinem Liebesobjekt abhängig ist – leidet sehr. Wenn er diesem Schmerz und dieser Enttäuschung Ausdruck verleiht, entwickeln co-obsessive Partner starke Schuldgefühle, als ob sie persönlich dafür verantwortlich wären.

Karen Nachdem wir etwa ein Jahr zusammenlebten, hatte ich das Gefühl, daß ich unbedingt ein wenig Zeit für mich brauchte, also sagte ich Ray, daß ich über das Wochenende ans Meer fahren würde. Er hat es mir wirklich erschwert, weil er mitkommen wollte, aber dieses eine Mal setzte ich mich durch – ich mußte einfach mal ein paar Tage raus. Ich fuhr an der Küste entlang, um meine Cousinen in Ventura zu besuchen. Es war so erleichternd, mit der Familie zusammenzusein und Zeit zu haben, aber eine Stunde nach meiner Ankunft, tauchte er auf. Ich konnte es gar nicht fassen.

Ray Ich hab' mir schon gedacht, daß sie erst mal sauer reagieren würde, aber ich wußte, daß sie sich auch freuen würde, mich zu sehen. Ich meine, es ist doch so romantisch am Strand. Wie sollte sie da ohne mich Spaß haben? Und wie sich zeigte, durfte ich bleiben.

Karen Er flehte mich an, bleiben zu dürfen, obwohl wir gerade erst lang und breit über mein Wegfahren diskutiert hatten. Ich war wirklich ärgerlich, aber dann fing er an zu weinen, und ich fühlte mich schuldig. Die Urmutter in mir erwachte – er braucht dies, und ich benehme mich wie ein Idiot! Es war, als ob er mich mehr lieben würde als ich ihn und als ob ich deswegen schlecht war. Also sagte ich schließlich okay, und er quatschte mich das ganze Wochenende voll, wie nett wir es doch hätten. Es war schrecklich.

Karen reagierte auf Rays Leiden, als ob sie ein Verbrechen begangen hätte, obwohl sie nichts Grausames oder Bösartiges getan hatte. Wieder einmal hatte sie sich auf Kosten ihrer eigenen Gefühle um seine Bedürfnisse gekümmert und fühlte sich dafür das ganze Wochenende elend. Aber Karen ertrug ihr Leiden, weil es ihre unverdienten Schuldgefühle milderte. Leider half es ihr überhaupt nicht, ihre Wut zu dämpfen.

Der Wendepunkt

Für Karen sollte Rays Bruch seines Versprechens, ihr ein Wochenende für sich allein »zu schenken«, der Tropfen sein, der das Faß zum Überlaufen brachte. Ihr wurde endlich klar, daß der Preis, den sie bezahlte, zu hoch war.

> **Karen** Auf der gesamten Rückfahrt in die Stadt kochte ich vor mich hin. Ich hatte das Gefühl, daß die Beziehung so verlief, daß immer er zuerst dran war und alle seine Bedürfnisse befriedigt wurden. Aber Liebe bedeutet doch, die Wünsche des anderen zu respektieren und eben nicht immer als erster drankommen zu müssen. Ich hatte die Nase voll von seiner Eifersucht, den Diskussionen und von *ihm*. Ich hatte die Nase voll davon, mitten in der Nacht mit Magenkrämpfen aufzuwachen. Bis wir zu Hause waren, hatte ich mich in eine regelrechte Wut gedacht... Er stand fröhlich grinsend an der Tür. Ich war sehr, sehr wütend, und er bemerkte es nicht einmal. Er redete nur die ganze Zeit davon, was für ein tolles Wochenende es gewesen wäre. Na, das hat mir gereicht. Ich bin echt ausgeflippt und hab' ihm erklärt, daß er aus meinem Leben verschwinden sollte.

Viele co-obsessive Partner erkennen die selbstdestruktive Natur ihrer Beziehung nie und fahren fort, die obsessiven Neigungen ihres Partners über Jahre zu fördern. Andere jedoch kommen wie Karen zu guter Letzt zu dem Schluß, daß die negativen Erfahrungen ihrer Beziehung die positiven überwiegen. Und mit ihrer Entscheidung machte Karen eine Entdeckung.

> **Karen** Er war so schockiert, als ich ihn rauswarf, daß er einfach ging. Ich war verblüfft. Aber ein paar Stunden später kam er zurück. Er klopfte an die Hintertür. Ich machte nicht

auf. Er ging zur Vordertür. Ich rührte mich nicht. Er ging ans Fenster. Ich reagierte nicht. Ich war wütend, weil er mir das Gefühl gab, ein Gefangener in meinem eigenen Haus zu sein. Und dann hatte ich auf einmal eine unglaubliche Einsicht – eine geradezu schmerzhafte Einsicht –, daß ich einen so krankhaften Menschen wie ihn gebraucht hatte, weil ich selbst so krankhaft gewesen war. Ich konnte nicht glauben, daß ich seine Bedürftigkeit so sehr gebraucht hatte. Ich schwor mir, diesmal nicht wieder nachzugeben. Schließlich mußte ich ihm mit der Polizei drohen, damit er abhaute.

Als Karen endlich erkannte, wie ungesund ihre Beziehung eigentlich gewesen war, wurde sie von einer Welle von Schuldgefühlen und Selbstvorwürfen übermannt. Aber anstatt es zuzulassen, daß diese Gefühle sie erneut lähmten, machte sie sich diesmal für ihre eigenen Interessen stark und bestand darauf, daß sie und Ray sich um professionelle Hilfe bemühten.

Die Grenze zwischen einer Obsession und einer Co-Obsession ist sehr schmal, weil zwanghaft Liebende und ihre co-obsessiven Partner von Bedürfnissen getrieben sind, die praktisch identisch sind. Der primäre Unterschied liegt in dem Grad, bis zu dem sie diese Bedürfnisse ausleben.

Co-Obsession ist ein enervierendes emotionales Tauziehen zwischen Unterdrückung und Leidenschaft. Co-obsessive Partner ertragen enorme, massiv einengende Besitzansprüche, um die Liebe zu bekommen, die sie brauchen, um die innere Leere zu füllen, die sie mit ihrem obsessiven Partner gemeinsam haben. Aber indem sie sein unangemessenes Verhalten tolerieren, bestärken sie unvermeidlich seine Obsession. Sie verstricken sich immer tiefer in eine chaotische und ungesunde Beziehung, bis sie irgendwann den Mut und die Entschlossenheit aufbringen, ihr Leben zu ändern.

6. Scheiden tut weh

Es braucht zwei Menschen, eine Beziehung zu führen, und auch zwei, sie wieder zu beenden. Deshalb ist es nie leicht, sich von einem obsessiven Partner zu trennen. Zwanghaft Liebende werden sich unweigerlich gegen die Trennung wehren, und die Zielpersonen machen oft eigene Konflikte durch, die den Prozeß weiter erschweren.

Im vorigen Kapitel haben wir eine Zielperson kennengelernt, die, von widersprüchlichen Gefühlen hin und her gerissen, unsicher war, ob sie die Beziehung beenden sollte. In diesem Kapitel werden wir Zielpersonen kennenlernen, die ihren Wunsch, aus der Beziehung auszusteigen, unmißverständlich deutlich machen. Trotzdem fällt es ihnen sehr schwer, diese Entscheidung auch in die Tat umzusetzen.

Es ist in jeder gescheiterten Beziehung normal, daß der Partner, der aussteigen will, eine gewisse Zeit braucht, um sich zu diesem Entschluß durchzuringen, und noch mehr Zeit, um ihn in die Tat umzusetzen. Wie beim Beginn einer Beziehung gibt es auch für ihr Ende bestimmte Stadien. Aber mit einem obsessiven Partner wird der letzte Schritt – die Trennung selbst – zu einem frustrierenden, sich hinschleppenden und emotional auslaugenden Prozeß.

Einige wenige glückliche Zielpersonen machen ihren Wunsch, die Beziehung zu beenden, entschieden klar und ziehen die Trennung dann auch durch. Andere mühen sich mit frustrierender Erfolglosigkeit, einen obsessiven Partner zu verlassen, der die Tatsache, daß die Beziehung beendet ist, nicht akzeptieren will. Aber viele

Zielpersonen haben Probleme, die Beziehung zu beenden, weil sie durch ihre eigenen Gefühle blockiert sind – Gefühle von Mitleid, Schuld und sexuellem Verlangen.

Wenn die Gefühle des Liebesobjekts zum Hindernis werden

Niemand, der über ein wenig Gewissen verfügt, mag einem anderen gerne Schmerz zufügen. Aber in dem komplexen Gewirr menschlicher Beziehungen ist es manchmal unvermeidlich, einen Partner zu verletzen. Selbst wenn wir keine finsteren Absichten hegen und auch nicht aus Böswilligkeit handeln, haben wir bisweilen das Gefühl, brutal zu sein, wenn wir den Partner durch die Beendigung der Beziehung verletzen. In einer obsessiven Beziehung werden solche Gefühle durch das Ausmaß des Leidens des Partners noch verstärkt.

»Ich habe es nicht ertragen, wenn sie weinte«

Elliot, 35 Jahre alt, ein blonder Bartträger von rauhem Charme, ist Dokumentarfilmproduzent mit Wohnsitz in New York. Auf einer Party lernte er Lisa kennen, eine freiarbeitende Grafikerin. Bereits seit etwa einem Jahr traf er sich gelegentlich auch mit einer Frau namens Hannah, obwohl beide auch andere Bekanntschaften pflegten. Als er mit Lisa zusammenkam, erzählte er ihr von Hannah, was Lisa nicht weiter zu stören schien. Offenbar war sie mit ihm einig, daß sie sich näher kennenlernen sollten, bevor sie vom anderen irgendwelche verbindlichen Absprachen erwarteten. Doch bald entpuppte sich Lisas Toleranz seiner anderen Freundin gegenüber als bloße Fassade. Auf subtile Weise ließ sie ihn immer wieder wissen, daß seine Beziehung zu Hannah sie im

Innersten sehr aufwühlte, und sie wurde zunehmend besitzergreifend.
Nach fünf Wochen fühlte sich Elliot von Lisa eingeengt. Ihm
wurde klar, daß er sich nicht weiter mit ihr treffen wollte.

Elliot   Ich wollte auf jeden Fall raus, ohne Wenn und Aber.
Aber ich habe mich so bemüht, ihr die Trennung schonend
beizubringen, daß es überhaupt keine Trennung gab. Ich
wollte sie wirklich nicht mehr treffen, aber ich brachte es
nicht über mich, ihr das zu sagen. Also erzählte ich ihr, ich
bräuchte ein wenig mehr Raum für mich. Ich sagte nicht, daß
wir uns überhaupt nicht mehr sehen sollten, sondern eben nur
etwas seltener. Ich glaubte, daß ich es ihr relativ behutsam
beibrachte, aber sie brach trotzdem völlig zusammen. Sie fing
an zu schluchzen, daß das einfach nicht wahr sein könnte und
daß wir doch so glücklich miteinander wären . . . Ich dachte:
»Von welcher Beziehung redet sie eigentlich? Klingt nicht
wie unsere.« Aber sie sah so erbarmungswürdig und verletzt
aus, daß ich mich unglaublich schuldig fühlte. Vor mir saß
eine erwachsene, intelligente Frau, und ich hatte sie zu einem
hilflosen schluchzenden, kleinen Mädchen gemacht. Ich
mußte irgend etwas tun, um sie zu beruhigen, also trat ich den
Rückzug an. Ich brachte ein paar lahme Entschuldigungen
vor, ich stehe bei der Arbeit unter großem Druck und so, und
erklärte ihr, daß das vielleicht nicht der richtige Augenblick
war, darüber zu reden.

Im Gegensatz zu Karen wußte Elliot, daß er die Beziehung beenden wollte. Leider war er der Wucht seines Mitleids und seiner
Schuldgefühle nicht gewachsen. Sein Entschluß wurde von seinen
eigenen Emotionen unterminiert, weil sie ihn davon abhielten,
eine saubere Trennung durchzuziehen.
Elliot glaubte fälschlicherweise, sich rücksichtsvoll zu verhalten,
indem er Lisa die Trennung »sanft beizubringen« versuchte. Er

wollte sich in einer unangenehmen Situation möglichst menschlich verhalten. Daß er dadurch Lisas Schmerz, den er eigentlich mildern wollte, nur verzögerte oder möglicherweise sogar intensivierte, war ihm nicht klar.

»Wie kann ich ihm weh tun, wo er mich doch so liebt?«

Wenn Elliot sich nach nur einem Monat sporadischer und keineswegs exklusiver Treffen für Lisas Gefühle verantwortlich fühlte, wie mußte es da erst Shelly ergehen, als sie nach zwei Jahren beschloß, ihre Ehe zu beenden.

Shelly, 27 Jahre alt, hat braunes Haar und grüne Augen und arbeitet als Hygieneassistentin in der Praxis meines Zahnarztes. Sie lernte Mark, einen Beratungslehrer an einer High School, bei einem Wohlfahrtsbasar der Kirchengemeinde kennen, in der sie beide sehr aktiv waren.

Schon bei ihrer ersten Verabredung bat Mark Shelly, sich künftig nicht mehr mit anderen Männern zu treffen. Sie hatte ernste Bedenken, war aber gleichzeitig von der Ernsthaftigkeit seines Interesses fasziniert, so daß sie einwilligte. Im weiteren Verlauf ihrer Beziehung fühlte sie sich zunächst von seiner wachsenden Bewunderung angezogen, fand jedoch gleichzeitig sein permanentes Bedürfnis nach Bestätigung zunehmend anstrengender.

Ein halbes Jahr später fragte Mark sie, ob sie ihn heiraten wollte. Sie willigte mit einer gewissen Beklommenheit ein, weil sie hoffte, daß ihr »heiliger Eid« ihm seine Ängste nehmen würde. Es funktionierte nicht. Nach einem Jahr Ehe hatte Shelly seine wüsten Verdächtigungen und Anschuldigungen satt. Sie war überzeugt, daß sie und Mark nie eine funktionierende Beziehung zustande bekommen würden. Gleichzeitig konnte sie sich jedoch nicht dazu durchringen, es ihm zu sagen. Wenige Wochen nach ihrem zweiten Hochzeitstag kam Shelly als Patientin in meine Praxis.

Shelly Ich weiß nicht einmal, ob ich ihn je richtig geliebt habe, aber er war so in mich verliebt, daß ich dachte, es müsse so sein. Der Herr muß einen Plan und ein Ziel verfolgt haben, als er mich in diese Beziehung führte. Es gab eine Menge Dinge an ihm, die mich störten, aber ich dachte mir, wenn ich mich erst einmal verpflichtet habe, würde ich mich für ihn öffnen und er könnte ruhiger werden. Also haben wir geheiratet, und ich habe wirklich versucht, ihn zu lieben, aber er regt sich über jede kleinste Kleinigkeit auf. Ich habe schon mit meinem Pastor darüber geredet, und er hat vorgeschlagen, daß wir zusammen zu ihm kommen und gemeinsam versuchen, die Ehe zu retten . . . aber das will ich nicht. Ich will raus. Punkt. Ich weiß nur nicht, wie ich es ihm sagen soll. Er ist so . . . ich meine, ich weiß nicht, *was* er tun wird. Er sagt ständig: »Ich kann nicht ohne dich leben . . . Ich liebe dich so sehr, daß es mir angst macht . . .«

Shelly hat Mark aus mehreren falschen Gründen geheiratet. Es war *seine* Liebe, nicht ihre gemeinsame, die sie vor den Altar führte. Gleichzeitig machte sie wie die meisten Zielpersonen den Fehler, die Unerschöpflichkeit einer Obsession zu unterschätzen. Sie glaubte, die Ehe würde ihm genug Sicherheit geben, um »ruhiger zu werden«, während es in Wirklichkeit keine Hingabe gibt, die vollkommen genug wäre, die sprunghafte Eifersucht einer obsessiven Liebe zu überwinden. Und nachdem sie sich erst einmal verpflichtet hatte, war sie durch ihr eigenes unangebrachtes Pflichtgefühl in der Beziehung eingesperrt.
Mit Aussagen wie »Ich kann ohne dich nicht leben« machte Mark sehr deutlich, daß er sie für sein emotionales Wohlbefinden verantwortlich machte. Als ob er sein Glück eingepackt und ihr in Verwahrung gegeben hätte. Für Shelly war dies eine schreckliche Last, die sie sehr ernst nahm und an der sie schwer trug. Indem sie diese Verantwortung akzeptierte, machte sie sich selbst zum Opfer von Schuldgefühlen für den Fall, daß sie ihn enttäuschte.

162

Shellys Kampf, ihre Beziehung zu beenden, wurde durch ihren Glauben an die Ehe als heilige Institution weiter kompliziert. Außerdem schämte sie sich dafür, einen Mann geheiratet zu haben, den sie nicht wirklich liebte. Sie fühlte sich durch dieselben lähmenden Gefühle blockiert wie Elliot – Mitleid und Schuld.

Shelly Er sagt mir: »Du bist so vollkommen. Es gibt nichts an dir, das ich nicht liebe«, und ich würde am liebsten laut losbrüllen. Ich kann nicht ohne ihn zum Markt gehen. Ich kann nicht, ohne daß er herumlungert, im Garten arbeiten. Ich kann keinen Brief schreiben, ohne daß er ihn lesen will. Ich treffe meine Freundinnen nicht mehr, weil sie ihn alle nicht leiden können, er mich aber auch nicht allein gehen läßt. Er liebt mich so sehr ... und das macht alles nur noch schlimmer. Ich habe mich selber immer als fürsorglich und freigiebig gesehen. Ich meine, ich bin aktiv in der Kirche, seit ich laufen kann. Und jetzt will ich auf einmal diesen Mann zerstören, der nichts mehr vom Leben will, als mich zu lieben und mich jede Sekunde des Tages anzubeten. Welche gute Christin tut so etwas? Soll ich nicht Gleiches mit Gleichem vergelten?

Shelly war fest überzeugt, daß sie, wenn sie Mark ihre wahren Gefühle offenbarte, ein schlechter Mensch sein würde – sowohl in ihren eigenen Augen wie in denen Gottes. Wie konnte sie jemanden, der sie so hingebungsvoll liebte, Leid zufügen? Obwohl sie in ihrer Beziehung unglücklich war, hielten ihr Glaube und ihr Moralkodex sie davon ab, sie zu beenden.

Die Sexfalle

Auch die Macht sexueller Lust kann es der Zielperson schwer machen, die Beziehung klar zu beenden. Während manche obses-

siv Liebende gegenüber den sexuellen Bedürfnissen ihrer Liebesobjekte genauso unsensibel sind wie gegenüber ihren emotionalen, wird die Vorstellungswelt vieler zwanghaft Liebender so sehr
von ihrem Liebesobjekt dominiert, daß sie hypersensibel auf dessen sexuelle Bedürfnisse reagieren und außergewöhnlich versierte
Liebhaber werden.

Obwohl Elliot die noch immer unausgesprochene Entscheidung
getroffen hatte, Lisa nicht mehr zu treffen, begehrte er sie nach
wie vor sexuell. Dieser Trieb war zunächst mächtiger als sein
Vorsatz, aber gemeinsamer Sex unter diesen Vorzeichen machte
seine Schuldgefühle nur noch schlimmer. Ein paar Wochen nach
dem abgebrochenen Versuch einer Trennung, erklärte er ihr, daß
sie »einfach nur gute Freunde bleiben« sollten.

Elliot Sie willigte in alles ein, solange wir uns nur weiterhin
sehen konnten. Ich reduzierte unsere Treffen auf einmal die
Woche, und wir hörten auf, miteinander zu schlafen, aber sie
versuchte immer wieder, mich mit neuen Massagetechniken
und Sexspielzeugen rumzukriegen. Unter dem Vorwand, sie
für einen anderen Mann gekauft zu haben, führte sie mir ihre
neuen Dessous vor und saß dann auf einmal halbnackt auf
meinem Schoß und versuchte, mich zu verführen. Eines
Abends, wir hatten eine Flasche Wein getrunken, massierte
sie meine Füße, und es war ... also einfach, wie sie meine
Haut berührt hat, es war wirklich erotisch ..., und dann
arbeitete sie sich langsam meine Unter- und Oberschenkel
hoch ... Ich war total erregt, und ich dachte: »Was machst du
hier eigentlich?« Sex war das einzige, was mir mit ihr noch
Spaß machte, und es war das einzige, was ich mir versagte.
Und unsere Abstinenz schien für sie keinen großen Unterschied zu machen – sie rief mich noch immer zehnmal am Tag
an. Und bevor ich mich versah, trafen wir uns wieder dreimal
die Woche.

Indem er vor der enormen sexuellen Spannung zwischen ihnen beiden kapitulierte, machte Elliot erneut einen Rückzieher. Er hätte nein sagen und standhaft bleiben können. Aber er tat es nicht. Er betrachtete Lisas Verführung als etwas, wogegen er sich nicht wehren konnte, etwas, das ihm einfach geschah. Als Lisa bewußt oder unbewußt erst einmal begriffen hatte, daß sie Elliot mit Sex halten konnte, verfügte sie über eine große Macht.

Aber nicht nur Männer kapitulieren vor leidenschaftlicher Sexualität. Viele weibliche Liebesobjekte tappen in dieselbe Falle.

Shelly Als ich aufwuchs, war Sex immer so etwas wie das große Versprechen, etwas, für das man sich aufbewahrte. Ich habe noch nie mit einem anderen Mann geschlafen, so daß es für mich eine große Sache war, mit Mark zu schlafen. Und es war mehr, als vor den Augen Gottes seine ehelichen Pflichten zu erfüllen – obwohl mir das sehr wichtig ist –, es war etwas, das mir wirklich Spaß machte. Es macht mir noch immer Spaß. Ich finde den Gedanken, das aufgeben zu müssen, wenn ich ihn verlasse, ganz furchtbar. Ich hab' das Gefühl, daß es sehr schwierig ist, da draußen einen Mann zu finden, vor allem, wenn man nichts von Sex vor der Ehe hält.

Shellys sexuelle Verwicklung hatte einen Haken – ihre religiösen Ansichten, die es ihr unmöglich machten, Sexualität zu genießen, bevor sie erneut verheiratet war. Die Angst, auf sexuelle Freuden zu verzichten, ist jedoch nicht auf gläubige Menschen beschränkt. Viele Alleinstehende schreckt die Aussicht auf die Singleszene und Geschlechtskrankheiten und nicht zuletzt die Angst vor AIDS ab. Diese Befürchtungen bringen den Entschluß vieler Männer und Frauen ins Wanken, ihre obsessiven Beziehungen zu beenden.

Widersprüchliche Botschaften

Wenn Zielpersonen einer Obsession die Entscheidung, ihre Beziehung zu beenden, hinauszögern, werden sie unweigerlich unehrlich und sind gezwungen, Dinge zu sagen und zu tun, die im Widerspruch zu ihren wahren Gefühlen stehen. Sie senden eine ganze Reihe von widersprüchlichen Botschaften aus, die das obsessive Verhalten ihres Partners nur weiter anfachen.

Die meisten Menschen glauben irrtümlicherweise, daß wir unsere Gefühle primär durch Reden mitteilen. Psychologische Untersuchungen haben jedoch ergeben, daß etwa siebzig Prozent aller Kommunikation nonverbal abläuft. Körpersprache und Verhalten sind oft sehr viel ausdrucksstärker als Worte. Wenn wir einen inneren Konflikt durchmachen oder versuchen, unsere wahren Gefühle zu verbergen, sagen wir oft das eine und tun gleichzeitig das andere und senden damit widersprüchliche Botschaften aus.

Das eine sagen, das andere tun

Trotz schwerer Bedenken setzte Elliot seine sexuelle Beziehung mit Lisa fort. Gleichzeitig traf er sich weiter mit Hannah, was Lisa zunehmend frustrierte. Eines Abends explodierte sie schließlich. Aber diesmal wurde Elliot, statt wieder einen Rückzieher zu machen, selbst wütend und erklärte ihr, daß die Beziehung für ihn einfach nicht funktionieren würde und er sie nicht mehr treffen wolle. Dann stürmte er davon und ließ sie in Tränen aufgelöst zurück.

Zwei Wochen lang hörte Elliot nichts von Lisa, was ihn zu der Vermutung veranlaßte, daß die Geschichte endgültig ausgestanden war. Dann tauchte sie auf einmal unerwartet in seiner Wohnung auf.

Elliot Ich machte die Tür auf, und da stand sie, freundlich lächelnd, als sei nichts geschehen. Sie trug einen schicken Mantel und sexy hochhackige Schuhe mit Pfennigabsätzen, und ich weiß noch, daß ich mich gefragt habe, für wen sie sich so schick gemacht hatte. Dann öffnete sie ihren Mantel, und darunter war sie nackt. Mein erster Gedanke war: »O nein, bitte nicht schon wieder.« Ich versuchte, Rücksicht auf ihre Gefühle zu nehmen, sagte ihr aber, sie solle nach Hause gehen, und daß das Ganze keine gute Idee gewesen sei. Ich hätte genausogut chinesisch mit ihr reden können. Sie spazierte einfach in meine Wohnung. Ich dachte die ganze Zeit: »Sei kein Idiot. Sie ist einfach zu verrückt. Der ganze Ärger wird von vorn losgehen.« Aber sie sah so toll aus, und sie war so sexy . . . Ich meine, vor deiner Wohnungstür steht plötzlich eine nackte Frau – eine uralte Phantasie von mir war Wirklichkeit geworden. Ich sagte immer wieder, »nein, nein, nein«, aber irgendwie klang ich wohl nicht besonders überzeugend. Sie wußte jedenfalls genau, wie sie mich kriegen konnte.

Elliot übermittelte Lisa eine geradezu klassisch widersprüchliche Botschaft. Mit Worten sagte er: »Ich will dich nicht.« Aber seine nonverbale Botschaft, die darin kulminierte, daß er mit ihr schlief, lautete genau umgekehrt. Er hätte seine Stimme also genausogut schonen können.
Als Lisa ihren Mantel öffnete, bot sie sich ihm nicht nur körperlich, sondern auch emotional dar. Elliots Schwierigkeit, sich gegen Lisa zu wehren, war offensichtlich in seiner sexuellen Lust begründet. Hinzu kam sein Bestreben, sie nicht zu demütigen, vor allem, weil sie sich so verwundbar gemacht hatte. Zwischen Mitleid und Lust auf der einen und seiner Entschlossenheit, die Beziehung zu beenden, auf der anderen Seite hin und her gerissen, war es Elliot unmöglich, Lisa eine klare eindeutige Botschaft seiner Gefühle zu übermitteln. Statt dessen empfing sie die Botschaft, daß es in

seinem Leben noch immer Raum für sie gab, wenn sie ihn nur
hartnäckig genug verfolgte. Kein Wunder, daß Lisa nicht aufgab.
Er hatte sie wieder einmal hereingelassen, sowohl im wörtlichen
wie im übertragenen Sinne.

Die Wahrheit kommt immer ans Licht

Zwar hatte Lisa Elliot nicht ernstgenommen, als er ihr erklärte,
daß er die Beziehung beenden wollte, aber er hatte die Worte
zumindest ausgesprochen. Shelly hingegen brachte es nicht einmal
über sich, Mark überhaupt von ihren Trennungsabsichten zu erzählen. Statt dessen verbarg sie ihre wahren Gefühle hinter Worten.

> **Shelly** Ich bin inzwischen an dem Punkt, wo ich wirklich
> ungern mit ihm zusammen bin. Ich glaube, ich mache einen
> großen Fehler, und fühle mich deswegen auch ziemlich mies,
> aber ich bin einfach noch nicht soweit, ihm zu sagen, was ich
> empfinde. Also mache ich ihm etwas vor. Trotzdem sickern
> meine wahren Gefühle irgendwie durch, wissen Sie. Zum
> Beispiel, wenn wir in der Kirche sind, muß er mich dauernd
> anfassen. Ständig macht er an meinem Haar rum, oder legt
> seine Hand auf meine Schulter oder ergreift meine Hand. Das
> macht mich echt klaustrophobisch, als ob ich zerquetscht
> würde oder so, und ich merke, wie ich mit der Schulter zucke
> oder seine Hand wegschiebe. Dann sagt er: »Alles in Ord-
> nung?« Und ich sage: »Ja, alles bestens.« Aber das kauft er
> mir nicht ab. Er bemuttert mich den ganzen restlichen Tag,
> bis ich mich »besser fühle«. Und ich könnte immer nur
> schreien: »Laß mir Luft zum Atmen!«

Als Shelly Marks Hand wegschob, brauchte sie ihm nicht mehr zu
sagen, daß sie nicht wollte, daß er sie berührte, sie machte es durch

ihr *Verhalten* klar. Und als er sie deswegen ausfragte, machte er deutlich, daß er die Botschaft verstanden hatte. Obwohl sie hoffte, ihre Gefühle vor Mark irgendwie verheimlichen zu können, spürte er dennoch, daß sie ihm entglitt. Aber ihre beruhigenden Worte bestärkten ihn in seinem Gefühl, daß er etwas tun könnte, sie zurückzugewinnen. Also reagierte er mit intensiviertem Klammern und Eifer, was sie noch nervöser machte.

Wenn eine Zielperson die Beziehung beenden will, kann sie ihre negativen Gefühle auf gar keinen Fall völlig verheimlichen – die Emotionen verschaffen sich auf zu vielfältige Weise Raum. Und wenn obsessiv Liebende diese negativen Gefühle spüren, eskaliert ihr besitzergreifendes Verhalten unweigerlich, was jede Art von Trennung noch schwieriger macht.

Deshalb ist es normal, daß Liebesobjekte in ein Muster widersprüchlicher Botschaften verfallen, wofür sie allerdings zwangsläufig einen hohen emotionalen Preis bezahlen. Wie wir gesehen haben, geht es Liebesobjekten zwanghafter Partner selten gut, wenn sie das eine sagen und das andere tun. Statt dessen fühlen sie sich schwach, ängstlich und vor allem als Betrüger, was die Schuldgefühle, die es ihnen bereits vorher erschwerten, die Beziehung zu beenden, noch intensiviert.

Wenn Sie die Zielperson eines obsessiv liebenden Partners sind und zu dem Entschluß gekommen sind, die Beziehung zu beenden, sollten Sie sich der Tatsache bewußt sein, daß widersprüchliche Botschaften die ohnehin chaotische Stituation nur noch mehr komplizieren. Am Ende verlängern Sie Ihr Unglück, indem Sie das Unvermeidliche hinauszögern.

Den meisten Zielpersonen ist ihre Rolle bei der Fortsetzung einer gescheiterten Beziehung gar nicht bewußt, weil sie zu sehr auf das tatsächliche oder potentielle Verhalten des obsessiven Partners fixiert sind. Damit will ich nicht andeuten, daß Ihr obsessiver Partner seine Sachen packen und gehen wird, wenn Sie Ihre widersprüchlichen Botschaften einstellen. Aber Ihr Partner ist nicht der einzige, der eine saubcre Trennung verhindert. Bis Sie sich nicht mit Ihren eigenen Konflikten und Ihrem eigenen ambivalenten Verhalten auseinandersetzen, können Sie nicht entschieden und effektiv mit Ihrem Partner umgehen. Und solange Sie einem obsessiven Partner nicht mit Bestimmtheit begegnen, besteht nicht die leiseste Chance, daß er oder sie Sie in Ruhe läßt.

Die entschlossene Zielperson

Im allgemeinen Sprachgebrauch bezeichnet man mit Entschlossenheit die Fähigkeit, seine Wünsche und Bedürfnisse offen, ehrlich, direkt und ohne Aggressionen zu vermitteln. Aber wenn ich den Begriff im Zusammenhang mit einer obsessiven Beziehung verwende, geht Entschlossenheit noch einen entscheidenden Schritt weiter. Die entschlossene Zielperson muß ihre Entscheidung nicht nur klar zum Ausdruck bringen, sondern auch alle nötigen Maßnahmen ergreifen, um diese Entscheidung durchzusetzen.

Die Trennung von einem obsessiven Partner läuft letztendlich auf einen Machtkampf hinaus. Die Zielperson will gehen, und der obsessive Partner versucht, das zu verhindern. Zielpersonen, die diesen Kampf gewinnen möchten, müssen zunächst ihre Verteidigungsgräben ausheben, das heißt, sie müssen wissen, was sie wollen, und es wiederholt klar und eindeutig mitteilen.

»Ich wurde nicht erzogen, so etwas zu tun«

Shelly wußte, daß sie die Trennung mit Entschlossenheit betreiben mußte, hatte aber keine Ahnung, wo sie anfangen sollte. Ihre Erziehung hatte sie nicht auf eine derartige Situation vorbereitet.

170

Shelly Alle paar Tage sammle ich meinen Mut zusammen und nehme mir vor, Mark meine Gefühle zu offenbaren, aber wenn er reinkommt, krieg ich feuchte Hände, mir wird eigenartig, und ich kann es einfach nicht. Dort, wo ich aufgewachsen bin, gab's keine Widerworte. Wenn uns etwas nicht paßte, mußten wir es trotzdem schlucken. So war das eben. Und so geht es mir auch mit Mark. Ich weiß, daß das dumm ist... Ich meine, ich habe meinen eigenen Beruf und finde auch, daß Frauen selbständig sein sollten ... aber wenn es ans Eingemachte geht... kommen all diese Gefühle hoch. Ich hab' alle möglichen Ideen im Kopf, wer ich gerne sein möchte, aber in mir lebt noch immer das kleine Mädchen, das nie gelernt hat, für sich selbst einzustehen.

Shelly ist in einer relativ normalen Familie aufgewachsen. Ihre Eltern waren liebevoll, glaubten jedoch – wie viele Eltern –, daß Kinder zwar zu sehen, nicht aber zu hören sein sollten. Shelly durfte ihren Eltern nicht widersprechen oder mit ihnen diskutieren. Wenn sie wütend wurde, erklärte man ihr, sie solle auf ihr Zimmer gehen, bis sie »wieder ein fröhliches Gesicht machen« könne. Ständig wurde sie ermahnt, lieber gar nichts zu sagen als etwas Unfreundliches.
Auch Shellys Mutter (und Rollenvorbild) hielt sich an diese Maxime und machte in Anwesenheit ihrer Kinder praktisch nie einem negativen Gefühl Luft. Shelly erlebte nie einen Streit ihrer Eltern und entwickelte konsequenterweise die Vorstellung, daß häusliche Auseinandersetzungen etwas Unnatürliches seien, das man um jeden Preis vermeiden müsse. Sie hat nie gelernt, daß persönliche Konfrontation normaler Bestandteil menschlicher Beziehungen und notwendiges Mittel zur Lösung von Konflikten ist.
Als Erwachsene konnte Shelly deshalb nicht auf persönliche Erfahrungen zurückgreifen, als sie Mark ihre Unzufriedenheit mitteilen wollte. Sie wußte, daß das, was sie sagen wollte, Mark aufregen würde, und fühlte sich deutlich behaglicher damit, ihre

Gefühle zu verbergen, als einen Streit zu provozieren. So war sie ihr Leben lang jedem Konflikt aus dem Weg gegangen. Nur der Gedanke, negative Gefühle zu äußern, ängstigte sie. Es wäre völlig untypisch für sie gewesen, Mark mit den Tatsachen zu konfrontieren, und wie die meisten von uns hegte sie starken Widerwillen, etwas zu tun, was gegen ihre Natur ging.

Die wenigsten von uns sind in einem Haushalt aufgewachsen, in dem das offene Aussprechen negativer Gefühle ermutigt wurde. Das gilt für Männer und Frauen gleichermaßen. Die Menschen, die diese Erziehung überwinden und sich aus eigener Kraft klare und entschlossene kommunikative Kompetenzen aneignen, sind in der Minderheit. Menschen, die diese Entschlossenheit nicht in dem Maße entwickelt haben, fehlt es sowohl am Vokabular als auch am Selbstvertrauen, sich gegen einen dominierenden Partner durchzusetzen. Und obsessiv Liebende sind fast immer dominierende Partner.

Shelly brauchte meiner Meinung nach keine intensive Psychotherapie, um ihre Beziehung mit Mark zu klären. Statt dessen mußte sie lernen, wie sie aufhören konnte, widersprüchliche Botschaften auszusenden, um Mark ihre eigentlichen Gefühle zu vermitteln. Ich schlug ihr ein kurzes Krisenbewältigungsprogramm vor, in dem auch Selbstvertrauen und Entschlossenheit trainiert wurden. Nach ein paar Monaten war Shelly endlich soweit, daß sie Mark ehrlich und entschieden sagen konnte, daß sie ihre Ehe beenden wollte. Er regte sich fürchterlich auf, aber als sie sich auch nach seinem langatmigen, wort- und tränenreichen Plädoyer weigerte nachzugeben, akzeptierte er es schließlich.

So entgegenkommend sind die meisten obsessiv Liebenden nicht.

Eindeutige Aussagen

Wenn Sie in Ihrem Versuch, einem obsessiven Partner zu erklären, daß Sie die Beziehung beenden wollen, nicht so erfolgreich waren wie Shelly, möchte ich Ihnen im folgenden ein paar eindeutige Aussagen vorschlagen, die vielleicht dazu beitragen, daß er oder sie Sie ernst nimmt.

Einige dieser Ausssagen wirken möglicherweise sehr barsch, aber bei der Kommunikation mit einem Partner, der Ihre Botschaft ohnehin nicht zur Kenntnis nehmen will, ist kein Platz für Feinheiten oder Ambivalenzen. Der entscheidende Punkt all dieser Aussagen ist es, zu verhindern, daß Ihr Partner Sie in eine defensive Position zurückdrängt.

- Es ist vorbei. Darüber gibt es nichts zu verhandeln. Ich will das nicht weiter diskutieren.
- Ich werde jetzt auflegen, und wenn du zurückrufst, werde ich wieder auflegen, ohne mit dir zu sprechen.
- Ich will, daß du jetzt gehst, und ich will nicht, daß du zurückkommst. Wenn du es doch tust, werde ich dich nicht hereinlassen.
- Ruf mich nicht an, schreib mir nicht, tauch nicht bei mir auf oder versuch sonst irgendwie, in Kontakt mit mir zu kommen.
- Wenn du mich weiterhin belästigst, bleibt mir keine andere Wahl, als eine gerichtliche Verfügung gegen dich zu erwirken.

Denken Sie immer daran, daß obsessiv Liebende glauben, Ihre wahren Gefühle besser zu kennen als Sie selbst, so daß es zwecklos ist, sich auf eine Erklärung der eigenen Position einzulassen. Machen Sie statt dessen unmißverständlich klar, was Sie wollen, und was Sie zu tun gedenken, wenn Ihr Partner Sie nicht in Ruhe läßt. Erklärungen mögen Ihnen das Gefühl vermitteln, weniger grausam zu sein, aber Sie trüben nur das Bild und vermitteln dem obsessiven Partner die Hoffnung, daß Sie bereit sind, Ihre Entscheidung zu überdenken. Solange Sie gesprächsbereit bleiben, wird ein obsessiver Partner nie aufgeben.

»Ich hätte nie geglaubt,
daß ich so brutal sein könnte«

Klare, entschiedene und eindeutige Botschaften können einen
nachhaltigen Eindruck auf einen obsessiven Partner machen und
sollten in jedem Fall der erste Schritt zur Beendigung einer Beziehung sein. Viele obsessive Partner sind jedoch selbst für die eindeutigsten und entschiedensten Aussagen provozierend taub.

> **Elliot** Als ich mich von Lisa trennen wollte, klang es wie
> »Ich glaube, wir sollten uns besser nicht mehr treffen«. Aber
> dann bin ich trotzdem mit ihr ins Bett gegangen. Das war
> offensichtlich ein Fehler, also hab' ich es anders versucht.
> »Laß uns nicht mehr miteinander schlafen. Wir können ja
> gute Freunde bleiben, aber das ist auch alles.« Als das nicht
> funktionierte, kam »Du bist eine echt tolle Frau, aber wir
> passen einfach nicht zueinander, und unsere gegenseitigen
> Gefühle sind so verworren, daß wir am besten überhaupt
> keine Beziehung haben sollten, auch keine platonische.« Als
> die Botschaft nicht ankam, war ich gezwungen, drastischer zu
> werden. »Ich will dich nicht mehr treffen, ich will nicht, daß
> du mich anrufst, ich will nichts mehr mit dir zu tun haben.«
> Und als das auch nichts bewirkte, mußte ich am Telefon
> einfach auflegen und ihr die Tür vor der Nase zuwerfen.

Elliot mußte durch bittere Erfahrung lernen, daß nichts, außer
kalter und brutaler Abweisung, zu Lisa durchdrang. Als er versuchte, ihr die Trennung sanft beizubringen, mißdeutete Lisa sein
Bemühen, freundlich und hilfsbereit zu sein, als Beweis dafür, daß
er sie noch immer liebte. Was er sagte, war völlig gleichgültig. Sie
hörte nicht zu, sondern suchte nur nach der Schwachstelle in
seiner Abwehr. Ihre mangelnde Bereitschaft, ein Nein zu akzeptieren, zwang Elliot zu einem Verhalten, das er selbst haßte.

Elliot Ich hatte mich immer für einen ziemlich sensiblen und ehrlichen Menschen gehalten. Aber sie hat wirklich meine schlimmsten Seiten zum Vorschein gebracht. Ich meine, sie hat mich regelrecht gezwungen, ein Arschloch zu sein. Ich glaube an Kommunikation als problemlösendes Verhalten. Ich hatte noch nie in meinem Leben einem anderen eine Tür vor der Nase zugeschlagen. Ich kam mir hinterher richtig schäbig vor.

Elliot wurde von starken Selbstvorwürfen geplagt. Er hatte ein Verhalten an den Tag gelegt, das seinem Selbstbild widersprach. Anstatt den Eindruck zu haben, klar und entschieden gehandelt zu haben, kam er sich brutal vor. Auf Dauer wäre die einzige Alternative zu dieser »Brutalität« das Verbleiben in einer Beziehung gewesen, die unerträglich geworden war.

»Ich hatte geglaubt, es wäre endlich vorbei«

Zu Elliots Erleichterung schien die Beziehung mit Lisa endgültig vorbei zu sein. Mehr als zwei Monate hatte er nichts von ihr gehört, als sie ihn eines Tages anrief.

Elliot Sie sagte, sie hätte eine Therapie gemacht und gelernt, daß viele unserer Konfliktpunkte etwas mit ihrem ungeklärten Verhältnis zu ihren Eltern zu tun gehabt hätten, das sie an mir ausgelassen habe. Sie wollte mich treffen, um das Vorgefallene zu klären. Sie sagte, sie könne den Gedanken nicht ertragen, daß irgendwo jemand herumrannte, der sie für verrückt hielt. Sie klang wirklich verändert, und es hörte sich alles ganz vernünftig an. Immerhin war das Ende ja ziemlich übel gewesen... Wenn es uns half, die ganze Geschichte zu verarbeiten, dachte ich, warum nicht?

Unter den gegebenen Umständen hätten wahrscheinlich die meisten von uns gesagt: »Warum nicht?« Die Versuchung, ein schlimmes Ende retrospektiv in ein freundliches zu verwandeln, ist sehr groß. Und Elliot hatte auch allen Grund zu der Annahme, daß Lisa die Realität ihrer Trennung schließlich doch akzeptiert hatte. Immerhin waren zwei Monate verstrichem, ohne daß sie den Versuch unternommen hatte, in Kontakt mit ihm zu treten. Was sie über die Einsichten gesagt hatte, die ihr die Therapie vermittelt hatte, klang plausibel. Und sie bat ihn nur um ein Mittagessen – welchen Schaden konnte das schon anrichten?

Elliot In dem Moment, in dem ich sie sah, wußte ich bereits, daß ich einen Fehler gemacht hatte. Sie trug ein sehr aufreizendes Kleid und begrüßte mich mit einer innigen Umarmung »um der alten Zeiten willen«. Wir hatten kaum bestellt, als sie schon versuchte, mich zu einem weiteren Treffen zu überreden, mit Argumenten wie, daß sie jetzt einen Kurs in chinesischer Küche belegt hätte und ob ich nicht das Versuchskaninchen spielen wollte. Oder die Hochzeit einer gemeinsamen Freundin, zu der wir zusammen hinfahren sollten, weil sie sich auf dem Weg zu ihrem Haus immer verfuhr. Ich sagte immer wieder nein, bis sie mich schließlich ganz direkt fragte, warum ich all diese Einladungen ablehnen würde, obwohl sie doch absolut harmlos wären. Ich sagte, daß ich ihr einfach nicht trauen würde. Also fing sie an, ruhig und überzeugend zu erklären, daß sie sich verändert hätte und daß es unfair von mir wäre, sie auf der Grundlage von Erfahrungen in einer sehr schwierigen Phase in ihrem Leben zu beurteilen. Als sie fertig war, versank ich schon wieder in Schuldgefühlen. Ich war *so* knapp davor, mich auf ein weiteres Treffen einzulassen. Aber ich hab' es nicht getan. Ich wußte einfach, wenn ich ihr den kleinen Finger reiche, nimmt sie die ganze Hand.

Als Elliot sich auf ein gemeinsames Mittagessen mit Lisa einließ, machte er ihr wieder ein Fünkchen Hoffnung. Aber aus Fünkchen können obsessiv Liebende lodernde Feuer schüren. Elliot hätte wissen müssen, daß Lisa nicht so schnell aufgeben würde. Was zunächst wie ein harmloses Treffen wirkte, verwandelte sich rasch in eine weitere Verführung. Nur daß sie diesmal nicht ihre Sexualität, sondern ihren Verstand einsetzte. Sie wußte, daß ihre Sprunghaftigkeit und Emotionalität ihm angst machte, also spielte sie diese Aspekte ihrer Persönlichkeit herunter. Sie präsentierte sich als veränderte Frau. Elliot spürte jedoch, daß sie lediglich ihren Stil, nicht aber ihr Ziel geändert hatte.

Obsessiv Liebende nehmen die leiseste Andeutung von Freundschaft oder auch nur Neugier als Anzeichen dafür, daß das Liebesobjekt immer noch ambivalente Gefühle hat und möglicherweise zurückgewonnen werden kann. In manchen Fällen mag es gelingen, einen freundlichen Kontakt mit einem früheren obsessiven Partner aufrechtzuerhalten. Aber da es unmöglich ist, vorherzusagen, wie er einen kurzen Moment der Offenheit erleben und interpretieren wird, sollte man besser auf Nummer Sicher gehen. In den meisten Fällen ist es eine bittere Realität, daß es nach vollzogener Trennung von einem obsessiven Partner für die Zielperson äußerst riskant ist, dem früheren Partner in irgendeiner Form Zugang zu Ihrem Leben zu gewähren.

Nach dem Mittagessen mit Lisa beschloß Elliot erneut, in Zukunft jeden Kontakt mit ihr zu meiden, gleichgültig, wieviel Überredungskraft sie aufbrachte. Er war schlicht nicht mehr gewillt, sich für ihre Manipulationen verwundbar zu machen. Noch zwei Jahre lang rief sie ihn alle paar Monate mit einer jeweils anderen Ausrede an. Auch nachdem er Hannah geheiratet hatte, gingen die Anrufe weiter, wurden jedoch im Lauf der Zeit seltener. Inzwischen hat Elliot seit mehr als einem Jahr nichts mehr von Lisa gehört.

Entschlossenes Handeln

Manchmal reichen klare und entschiedene – selbst brutale – Worte nicht aus. Gloria machte die Erfahrung, daß ihr früherer Partner Jim, gleichgültig was sie sagte, einfach nicht glaubte, daß sie ihn nicht mehr sehen wollte. Schließlich blieb ihr keine andere Wahl, als entschlossen zu *handeln*, und sie rief den Sicherheitsdienst, um Jim vor ihrem Büro entfernen zu lassen.

> **Gloria** Ich hörte ihn brüllen und gegen meine Tür hämmern und dachte: »Zum Teufel mit ihm. Ich habe die Nase voll davon, daß er auf meinem Leben rumtrampelt. Es ist *mein* Leben.« Als ich das erste Mal sagte, daß ich ihn nicht mehr treffen wollte, hatte ich sehr ambivalente Gefühle, aber nach sechsmonatigem Dauerstreß, war ich restlos genervt. Ich war es leid, Opfer zu sein. Als ich zusah, wie ihn die Sicherheitsbeamten aus der Redaktion schleiften, hatte ich erwartet, mich schuldig zu fühlen, aber dem war nicht so. Ich war stolz, daß ich die Sache endlich in die Hand genommen hatte.

Im Gegensatz zu dem von Schuldgefühlen geplagten Elliot empfand Gloria Selbstvertrauen, Stärke und Erleichterung, als sie sich endlich zu entschlossenem Handeln durchrang. Viele Zielpersonen erleben die entschiedene Aktion als einen Moment der Befreiung von einem Gefühl der Hilflosigkeit, das sie angesichts der Weigerung ihres obsessiven Partners empfunden haben.
Aber selbst wenn entschlossenes Handeln emotional befriedigend ist, fällt es den Betroffenen dennoch keineswegs leicht. Häufig führt es zu beträchtlichen Unannehmlichkeiten im Leben des Liebesobjekts. Entschlossenes Handeln kann sein:

● Bei Anrufen des obsessiven Partners sofort einzuhängen oder sogar die Nummer zu ändern.

- Briefe ungeöffnet zurückzuschicken.
- Ungewollte Geschenke zurückzusenden.
- Gemeinsamen Freunden zu sagen, daß man nicht mit dem früheren Partner zusammen zu Parties eingeladen werden möchte.
- Sich zu weigern, dem früheren Partner die Tür zu öffnen, wenn er oder sie unangekündigte Besuche macht.
- Ein richterliches Kontaktverbot zu erwirken.

Um diese Verhaltensmaßregeln zu lernen, braucht man keinen Therapeuten – man muß nur entschlossen genug sein, sie in die Tat umzusetzen. Das ist anfangs immer schwierig, aber ich kann Ihnen versprechen, daß es Ihnen, wenn Ihr obsessiver Partner sich weigert, seine Verfolgung einzustellen, mit der Zeit immer leichterfallen wird. Und konfrontiert mit entschlossenen und unmißverständlichen Aktionen, geben die meisten obsessiv Liebenden früher oder später auf.

Ich weiß, daß einige von Ihnen wegen der extremen Handlungen, zu denen Sie sich möglicherweise gezwungen sehen, Schuldgefühle haben, aber diese Schuldgefühle sind unter den gegebenen Umständen kein Anzeichen dafür, daß Sie etwas falsch gemacht haben. Es ist lediglich ein Zeichen dafür, daß Sie gezwungen sind, Dinge zu tun, die Sie normalerweise nicht tun würden. Um sich endgültig von einem obsessiven Partner zu befreien und die Kontrolle über das eigene Leben zurückzugewinnen, müssen Sie diese Schuldgefühle ertragen. Sie werden wieder verschwinden, während ein obsessiver Partner, demgegenüber man nicht entschlossen auftritt, das wahrscheinlich nicht tun wird.

Wenn mehr auf dem Spiel steht
als der Verlust eines Partners

Manchmal wird entschlossenes Handeln nicht nur durch emotionale Faktoren erschwert, sondern auch durch rein praktische Erwägungen. Manche obsessiv Liebende machen sich ihre Machtposition zunutze, um ihre Zielperson zu verfolgen. Ob das ein Geistlicher ist, der einem Mitglied seiner Gemeinde, ein Psychologe, der einer Patientin, ein Arzt, der seiner Telefonistin oder eine Universitätsprofessorin, die einem ihrer Studenten nachstellt, obsessiv Liebende in einer Autoritätsperson machen es für die Zielperson unendlich viel komplizierter, die Beziehung zu beeenden.

Rhonda ist Gastdozentin für Literatur an einer großen südkalifornischen Universität. Ihre zarten Gesichtszüge werden von dunkelblondem Haar eingerahmt, und ihre übergroße Schildpattbrille verleiht ihr ein leicht eulenhaftes Aussehen. Rhonda kam nach einem Vortrag, in dem ich die Arbeit an diesem Buch erwähnt hatte, zu mir und bot mir ihre Geschichte an.

Rhonda strebt eine ordentliche Professur in ihrer Fakultät an, eine Position, die letztendlich auf Empfehlung der mächtigen Dekanin besetzt werden wird, einer etwas älteren Frau namens Lynn. In der akademischen Welt ist eine ordentliche Professur oft eine Überlebensfrage, weil es ohne sie keine berufliche Sicherheit gibt. Rhonda war inzwischen vierzig Jahre alt und wünschte sich eben jene Sicherheit in ihrem Leben. Schon seit fünf Jahren bemühte sie sich um die Position.

Ein Jahr zuvor hatte sich Rhonda von einer Frau getrennt, mit der sie eine langjährige lesbische Beziehung gehabt hatte. In jener Zeit war Lynn sehr hilfsbereit und mitfühlend gewesen und hatte Rhonda über den Trennungsschmerz hinweggeholfen. Rhonda war sich der Tatsache bewußt, daß Lynn sie attraktiv fand, fühlte sich jedoch körperlich nicht zu ihr hingezogen. Trotzdem vertiefte sich ihre persönliche Beziehung, weil Rhonda Lynns Intelligenz, ihre Sensibilität und Wärme zunehmend anziehend fand. Lynn ließ sich Zeit, die Beziehung mit Rhonda aufzubauen, und als sie schließlich einen sexuellen Vorstoß wagte, war Rhonda dafür empfänglich geworden.

Rhonda Ich wußte, daß es gefährlich war, sich mit ihr einzulassen – sie hatte meine Zukunft in der Hand –, aber sie versicherte mir, daß sie ihre persönlichen und ihre beruflichen Beziehungen trennen könnte. Ich wußte, daß das nicht so einfach war, aber sie erklärte mir, ich sei wirklich sehr talentiert, natürlich und die begabteste Gastdozentin, die sie je kennengelernt hatte, so daß ich glaubte, die Stelle in jedem Fall zu bekommen. Und ich habe damals wirklich jemanden gebraucht ... sie war so hilfsbereit, so voller Ideen und Leben, so voller Liebe. Sie hat auf mich wie ein Magnet gewirkt. Sie hat mich einfach angezogen.

Rhonda glaubte, daß sie sich zu Lynns inneren Qualitäten hingezogen fühlte, aber Macht ist immer noch das stärkste Aphrodisiakum, wie Henry Kissinger es einmal formuliert hat. Rhondas Faszination wurde zweifellos von den Insignien der Macht, die Lynns Position mit sich brachte, beeinflußt.
Rhonda wußte, daß ihre Beziehung mit Lynn durch das Ungleichgewicht zwischen ihnen kompliziert wurde, aber erst als Lynns obsessive Natur sichtbar wurde, erkannte Rhonda, wie groß diese Komplikationen tatsächlich waren. Nachdem Rhonda sich auf eine sexuelle Beziehung mit Lynn eingelassen hatte, begann Lynn Eifersuchtsphantasien über sie zu entwickeln und wurde zunehmend besitzergreifender. Als Rhonda zu einem zweiwöchigen Seminar nach San Francisco fuhr, flog Lynn dreimal für einen kurzen Besuch zu ihr. Außerdem rief sie Rhonda vier- oder fünfmal am Tag an und wollte wissen, ob sie mit einer anderen Frau schlief. Als Rhonda zurückkehrte, begann Lynn, sie ihren Freun-

den vorzustellen, als ob sie sich verlobt hätten, um in Kürze zu heiraten.

Rhonda Ich begann mich wie ein Stück Eigentum zu fühlen. Ich wußte, daß ich die Beziehung beenden mußte, hatte aber Angst, daß es mir nicht gelingen würde. Sie würde nicht nur völlig ausrasten, ich war mir auch sicher, daß ich meine Professur abschreiben konnte. Fünf Jahre meines Lebens den Bach runter. Sie hatte mich wirklich in der Zange.

Rhonda hatte sich in eine Situation verstrickt, aus der es kein einfaches Entkommen gab. In ihren früheren Beziehungen hatte sie sich in aller Regel bemüht, ihre Gefühle klar und deutlich auszudrücken, aber wenn sie das gleiche Lynn gegenüber tat, riskierte sie ernsthafte Konsequenzen für ihre Karriere. Wenn sie andererseits nur um des Jobs willen in der Beziehung blieb, würde sie dafür ihr emotionales Wohlbefinden verkaufen.

Rhonda Eines Abends waren wir mit ihrer Schwester beim Essen, und Lynn fing auf einmal an, Zukunftspläne zu erzählen, von denen ich noch nie etwas gehört hatte . . . und daß ich die Frau sei, mit der sie den Rest ihres Lebens verbringen wollte. Da wurde mir klar, daß ich es nicht länger aufschieben konnte. Es war ihr gegenüber nicht fair, und mir selbst gegenüber auch nicht. Gleichgültig was es mich beruflich kosten würde, ich mußte raus. Als wir an jenem Abend nach Hause kamen, sagte ich es ihr.

Lynn war von Rhondas Zurückweisung tief verletzt. Sie wurde wütend und begann, wie Rhonda befürchtet hatte, ihre Wut in die Arbeitssituation zu übertragen.

Rhonda Drei Tage später hatten wir eine Fakultätsversammlung, und sie kritisierte wie wild an mir herum wegen einiger kleiner Lehrplanänderungen, die ich vorgeschlagen hatte. Auf einmal reagierte sie überkritisch auf Vorschläge, die ich für gute Ideen hielt, und gab sich alle Mühe, mich vor dem gesamten Kollegium zu demütigen. Ich sagte nichts in der Hoffnung, daß sie darüber hinwegkommen würde, aber das tat sie nicht. In den nächsten Wochen ließ sie keine Gelegenheit aus, mir einen draufzugeben. Ich hielt es für ziemlich wahrscheinlich, daß sie versuchen würde, meine Professur zu verhindern, also beschloß ich, ebenfalls mit harten Bandagen zu kämpfen. Ich warf ihr vor, ihre persönlichen Gefühle auf Kosten meiner Karriere auszuleben, und warnte sie, daß ich sie, wenn sie nicht davon ablassen würde, bei der Universitätsleitung wegen sexueller Belästigung anzeigen würde. Das veranlaßte sie schließlich, ihre hinterhältigen Attacken einzustellen, aber das Klima zwischen uns ist immer noch sehr gespannt. Es erschwert meine Arbeit, und manchmal geraten wir doch noch aneinander, aber es sieht so aus, als ob ich im nächsten Jahr *tatsächlich* eine ordentliche Professur bekommen werde.

Rhonda hätte vielleicht wie viele Zielpersonen die Stellung wechseln können, um ihrer obsessiven Vorgesetzten zu entkommen, aber diese Möglichkeit steht nicht immer offen. In Rhondas Fall wäre es äußerst schwierig gewesen, eine andere Festanstellung zu finden, und wenn, hätte sie mindestens fünf weitere Jahre Runden auf der »Warteschleife« drehen müssen, bevor sich erneut die Möglichkeit einer ordentlichen Professur ergeben hätte. Also entschied sich Rhonda, trotz des beruflichen Risikos, für ein entschlossenes Vorgehen gegenüber Lynn und machte damit das Beste aus der verwickelten Situation. Ihre Arbeitssituation blieb zwar noch eine ganze Weile angespannt und unbehaglich, aber das war für Rhonda das kleinere Übel.

Es ist immer gefährlich, sich mit einem Partner einzulassen, der eine Machtposition innehat. Das gilt insbesondere, wenn der Partner obsessiv ist, weil zwanghaft Liebende zu Straf- und Racheaktionen neigen, wenn sie zurückgewiesen werden. Es ist schon schwer genug, sich von einem obsessiven Partner zu trennen, ohne gleichzeitig noch um seinen Job fürchten zu müssen.

Die letzte emotionale Erpressung

Es ist nicht ungewöhnlich, daß obsessive Partner in einem letzten verzweifelten Versuch, ihre Liebesobjekte daran zu hindern, sie zu verlassen, mit Selbstmord drohen (wie wir bei Anne in Kapitel zwei gesehen haben). Wenn zwanghaft Liebende erklären, daß ihr Leben jetzt in den Händen ihrer Zielperson liege, üben sie damit einen enormen Druck auf sie aus. Das geschah auch Gloria, als sie Jim das erste Mal erklärte, daß sie ihn verlassen wollte.

Gloria Schon nach etwa einem Monat wurde mir klar, daß die Beziehung nicht funktionierte, aber es hat noch etliche Monate gedauert, bis ich deswegen etwas unternommen habe. Als ich sagte, daß ich ihn verlassen wollte, erklärte er mir schluchzend, daß er dann einfach mit dem Wagen von einer Klippe fahren würde. Ohne mich hätte er keinen Grund mehr, zu leben. Ich meine, er hat sich echt melodramatisch aufgeführt, aber man weiß einfach nicht, was er vielleicht als nächstes macht . . . ich hatte Angst, er könnte es wirklich tun. Also beruhigte ich ihn und sagte, ich würde ihm noch eine Chance geben, aber er müßte aufhören, solche Besitzansprüche an mich zu stellen. Er schwor hoch und heilig, daß er sich ändern würde . . . aber das hat er natürlich nicht getan.

Um ihre verständliche Angst zu mildern, daß er seine Ankündigung tatsächlich wahr machen und sie in tiefe Schuldgefühle stürzen könnte, ging Gloria auf seine emotionale Erpressung ein und rückte von ihrem Vorsatz ab, ihn zu verlassen. Durch diese Kapitulation war es praktisch garantiert, daß er seine Drohung jedesmal wiederholen würde, wenn er Angst hatte, daß sie ihn verlassen könnte.

Gloria Binnen zwei Wochen war die Situation wieder die alte. Es kam an einen Punkt, wo ich dachte, entweder er oder ich. Also beschloß ich, die Trennung einfach hart durchzuziehen und zu beten, daß er seine Drohung nicht realisierte. Ich flehte ihn an, er solle sich um professionelle Hilfe bemühen, sonst konnte ich nichts für ihn tun. Nachdem ich ihn verlassen hatte, rief er mich noch ein paarmal an und drohte mehr oder weniger direkt, sich umzubringen, aber in Wirklichkeit hat er nie auch nur einen Versuch unternommen.

Gloria konnte nicht wissen, ob Jims Drohungen ernst zu nehmen waren. Das weiß man nie. Manche Menschen, die mit Selbstmord drohen, unternehmen keinen Versuch. Andere tun es doch. Aber es läuft so oder so immer auf eines hinaus: *Selbstmord ist letzten Endes in jedem Fall eine persönliche Entscheidung.*
Wenn Sie wie Gloria die Zielperson eines obsessiven Partners sind, der gedroht hat, sich umzubringen, weil Sie ihn verlassen wollen, müssen Sie diese Drohung ernst nehmen. Aber das heißt nicht, daß Sie die Verantwortung für das Leben Ihres Partners übernehmen müssen. Das Konstruktivste, das Sie tun können, ist, Ihren Partner zu ermutigen, sich an eine der zahlreichen Beratungsstellen zu wenden, die professionelle Krisenintervention anbieten. Wenn Ihr Partner verständnisvolle Familienmitglieder oder Freunde hat, sollten Sie auch diese von seinen Selbstmorddrohungen unterrichten, es jedoch gleichzeitig deutlich machen, daß Ihre Entscheidung, die Beziehung zu beenden, unwiderruflich ist. Denn Ihr Partner ist für sein Leben selbst verantwortlich. Ich weiß, daß das möglicherweise nur schwer zu akzeptieren ist, aber es besteht keine moralische Verpflichtung, daß Sie Ihr emotionales Wohlbefinden opfern, weil Ihr obsessiver Partner als

Reaktion auf Ihren Entschluß, ihn zu verlassen, mit irrationalem Verhalten droht. Sie haben alles Recht der Welt, diese Entscheidung zu treffen und in die Tat umzusetzen.

Die Trennung von einem obsessiven Partner kann ein sehr schmerzhafter, schwieriger und angstbesetzter Prozeß sein. Wenn Sie sich entschieden haben, eine obsessive Beziehung zu beenden, müssen Sie darauf vorbereitet sein, auf gravierende Widerstände nicht nur seitens Ihres obsessiven Partners, sondern auch bei sich selbst zu stoßen. Wenn Sie sich jedoch entschieden haben, daß es keine Aussicht auf Rettung der Beziehung gibt, tut Scheiden zwar weh, ist aber noch immer weit besser als jede andere Alternative.

7. Obsession und Gewalt

Wir wenden uns jetzt einem düsteren Kapitel zu – dem Chaos, das im Leben von Zielpersonen entsteht, wenn der zurückgewiesene obsessive Partner gewalttätig wird. Auch für mich ist es ein schwieriges Kapitel, weil ich weiß, wie schockierend einige der geschilderten Fälle auf Leser wirken können. Nichts läge mir ferner, als Ihnen eine neue Beziehung auszureden oder Ihnen angst zu machen, eine unglückliche Partnerschaft zu beenden. Aber aus den bisweilen tragischen Fehlern der Frauen und Männer, die Sie in diesem Kapitel kennenlernen, lassen sich wichtige Lehren ziehen.

Gewalt ist für einige Zielpersonen einer Obsession eine häßliche Realität, die sich bestimmt nicht ändern läßt, indem man sie ignoriert. Jedem von uns fällt eine der vielen Sensationsgeschichten über Prominente ein, die das Opfer obsessiver Gewalt geworden sind, von den Schauspielerinnen Dominique Dunne und Dorothy Stratton bis zu dem Diätspezialisten aus Scarsdale, Dr. Herman Tarnower. Aber solche Gewalt trifft nicht nur die Reichen und Berühmten – die Zeitungen sind voll mit Meldungen von zurückgewiesenen Obsessiven, die ihren früheren Partner angreifen oder sogar ermorden.

Wenn Sie vorhaben, eine obsessive Beziehung zu beenden oder das bereits getan haben, ist es wichtig, daß Sie die Urkräfte der Wut, die eine Zurückweisung bei einem obsessiven Partner auslösen kann, auf gar keinen Fall unterschätzen. Wenn Sie die Zielperson eines solchen, potentiell gewalttätigen Partners sind, gibt es

Maßnahmen, mit denen Sie sich schützen können. Diese Maßnahmen garantieren keine absolute Sicherheit, aber sie verbessern Ihre Chancen, nicht zum Opfer oder zumindest nicht mehrmals zum Opfer eines obsessiven Partners zu werden.

Vandalismus: Die Vorstufe
zu körperlicher Gewalt?

Walter, 57 Jahre alt, ist ein breitschultriger, blauäugiger Mechaniker mit hoher Stirn, der eine kleine Autoreparaturwerkstatt besitzt, in der ich sehr viel mehr Zeit verbringe, als mir lieb ist. Zum Glück ist er ein freundlicher Mann, der gerne ein Schwätzchen hält, so daß meine Besuche so angenehm sind, wie sie unter diesen Voraussetzungen eben sein können. Im Lauf der Jahre habe ich Walter ziemlich gut kennengelernt, und als ich ihm erzählte, daß ich an diesem Buch arbeitete, berichtete er mir von einer beunruhigenden Erfahrung mit einer obsessiven Partnerin.

Walters erste Frau starb vor vier Jahren nach einem langen und zermürbenden Kampf an Krebs. Er brauchte lange, um sich emotional wieder zu stabilisieren, aber mit der Hilfe von etlichen guten Freunden, zwei liebevollen Kindern und drei niedlichen Enkeln schaffte er es. Etwa zwei Jahre nach dem Tod seiner Frau begann Walter auf erhebliches Drängen seiner Familie, sich wieder mit Frauen zu treffen. Ein paar Monate später lernte er Nan kennen.

Nan, 48 Jahre alt, arbeitete in einem Coffee-Shop, als Walter sie traf. Sie fühlten sich sofort zueinander hingezogen, und noch am selben Abend lud er sie zu einem Drink ein. In dieser Woche trafen sie sich noch zweimal. Bei ihrem vierten Treffen gingen sie miteinander ins Bett. Nan war die erste Frau, der sich Walter seit dem Tod seiner Frau nahe genug fühlte, um mit ihr intim zu werden.

Nan war eine leidenschaftliche Geliebte, und im Zusammensein mit ihr fühlte sich Walter stimuliert und lebendig wie seit Jahren

nicht mehr. Aber bald wurde Nan zunehmend anspruchsvoller und besitzergreifender. Nach vier bis fünf Monaten fing sie an, ihn zu drängen, er solle sie heiraten. Walter erklärte ihr, daß er noch nicht soweit sei, aber sie beharrte zunehmend aggressiver darauf. Schließlich erklärte er ihr, daß er die Beziehung beenden wollte. Nan glaubte nicht, daß Walter es wirklich ernst meinte. Sie fing an, ihn mehrmals täglich anzurufen, besuchte ihn unangemeldet in seiner Werkstatt und seiner Wohnung und schickte ihm Briefe in der Hoffnung, er würde seine Meinung ändern. Als Walter sich weigerte, auf ihre Bemühungen einzugehen, reagierte sie hysterisch. Einmal warf sie in seiner Küche mit einer Kaffeetasse nach ihm, ein anderes Mal zerschlug sie mit einem Schraubenschlüssel ein Fenster seiner Werkstatt. Walter war zunehmend verärgert und frustriert darüber, daß sie trotz seiner unverblümten Zurückweisungen nicht aufgab, wußte jedoch nicht, wie er ihr Einhalt gebieten konnte. Er hoffte, daß ihr irgendwann einfach die Energie ausgehen und sie ihn dann in Ruhe lassen würde.
Etwa einen Monat nach seiner Trennung von Nan, lernte Walter Betty, eine Versicherungsvertreterin, kennen. Sie trafen sich ein paarmal und verliebten sich schnell ineinander.

> **Walter** Als ich mich mit Betty verlobte, dachte ich, damit würde ich Nan endgültig loswerden. Als sie das nächste Mal in meiner Werkstatt vorbeikam, sagte ich es ihr. Ich weiß noch, daß sie etwas murmelte, etwas wie, sie würde dafür sorgen, daß ich sie nie vergessen würde, und dann verschwand. Ich dachte mir, das war es, und machte mich wieder an meine Arbeit.

Wie viele Zielpersonen ließ sich Walter von einem falschen Gefühl der Erleichterung darüber besänftigen, daß sie die Neuigkeit seiner Verlobung scheinbar gefaßt entgegengenommen hatte. Aber obsessive Wut läßt sich, wie wir gesehen haben, fast nie unter Verschluß halten. Bisweilen entlädt sie sich gegen einen unschuldigen, unbeteiligten Dritten oder nach innen, was den obsessiv Liebenden zu selbstzerstörerischen Aktionen treibt; aber meistens entlädt sich die Wut gegen die Zielperson selbst, häufig auch gewalttätig.

Nan machte eine unverhohlene Andeutung, die Walter hätte warnen müssen, aber ihre Bedeutung entging ihm. Wenn er genauer hingehört hätte, wäre ihm möglicherweise klargeworden, daß sie ihm drohte, als sie murmelte, »sie würde dafür sorgen, daß ich sie nie vergessen würde«.

»Ich hätte nie geglaubt, daß sie soweit gehen würde«

Als Walter an jenem Abend nach Hause kam, stand seine Wohnungstür sperrangelweit offen. Sein erster Gedanke war, daß man ihn ausgeraubt hatte, aber als er die Wohnung betrat, roch er den Qualm.

Walter Mein Adrenalin pumpte wie ein Vierzylindermotor. Ich ging ins Schlafzimmer, und überall lagen meine Kleider verstreut, als ob ein Wirbelsturm durch meine Wohnung gezogen sei. Unterhosen, Socken, Unterhemden, alles lag im ganzen Zimmer verstreut . . . nur keine großen Teile. Keine Jacketts, Hosen und so weiter, wissen Sie. Also folgte ich meiner Nase und landete im Bad. Da waren meine restlichen Sachen . . . zu Asche verbrannt. Sie hat meinen ganzen Kleiderschrank ausgeräumt und den Inhalt in der Badewanne angezündet. Die Wände waren schwarz vor Rauch, und die Farbe war bis zur Decke geschmolzen. Ich rief die Polizei, konnte aber nicht beweisen, daß Nan es gewesen war, so daß sie nichts unternehmen konnten. Aber ich wußte, daß sie es gewesen war, weil die Tür offengestanden hatte und sie den einzigen anderen Schlüssel besaß. Wahrscheinlich war es dumm von mir gewesen, das Schloß nicht auszuwechseln, aber ich hätte nie geglaubt, daß sie so etwas tun könnte.

Wie viele Partner eines obsessiv Liebenden – vor allem männliche – schätzte Walter seine eigene Gefährdung zu sorglos ein. Schließlich war er größer und kräftiger als Nan. Der Gedanke, daß sie ihn verletzen könnte, war ihm nie gekommen, obwohl er wußte, daß sie zu Gewalttätigkeiten neigte, wie er selbst erlebt hatte, als sie in ihren hysterischen Anfällen mit Gegenständen warf. Und er wußte auch, daß sie sich problemlos Zutritt zu seiner Wohnung verschaffen konnte, weil er ihr während ihrer Affäre einen Schlüssel gegeben hatte. Eine so simple Vorsichtsmaßnahme wie das Austauschen der Schlösser hätte Nan vielleicht nicht davon abgehalten, ihre Wut an Walter auszulassen; möglicherweise aber eben doch. Selbst ein geringfügiges Hindernis genügt manchmal einen obsessiven Partner davon abzubringen, seinen spontanen Impuls auszuagieren.

Walter Es war schieres Glück, daß sie nicht das ganze Haus niedergebrannt hat. Und ehrlich, ich konnte zwei Monate lang an nichts anderes denken. Ich meine, was hielt sie davon ab, wieder zu kommen und das Haus anzuzünden, während ich schlief? Ich habe in Korea gekämpft – ich kann schon auf mich aufpassen. Aber ich hatte Angst. Ich hatte echt Angst. Ich hab' gehört, daß sie eine Überdosis Tabletten geschluckt hat und in irgendeinem Krankenhaus gelandet ist, aber ich mache mir immer noch Sorgen, daß sie zurückkommt. Es ist jetzt zwei Jahre her, aber es beschäftigt mich noch immer.

Walter, der es zunächst mit keinem Gedanken für möglich gehalten hätte, daß er in Gefahr war, hatte zwei Jahre später immer noch Angst. Obwohl Nans gewalttätiger Ausbruch nur gegen seinen persönlichen Besitz gerichtet war, war es eine drastische Demonstration ihres Gewalt- und Rachepotentials. Walter machte sich zu Recht Sorgen, daß sie beim nächsten Mal noch einen Schritt weitergehen und ihn oder seine zweite Frau angreifen könnte. Die Tatsache, daß sie nicht zurückkam, bereitete Walter wenig Beruhigung, statt dessen fixierte er sich auf die Angst, daß sie es tun könnte. Wenn obsessive Partner ihre gewalttätigen Gefühle in Gewalthandlungen umsetzen, kann man weder mit Bestimmtheit sagen, wie lange sie dieses Verhalten fortsetzen, noch wie weit sie dabei gehen werden. Selbst wenn sie nie über Sachbeschädigung hinausgehen, läßt die von ihnen provozierte Angst die Zielperson oft lange nicht los.

Sexuelle Gewalt

Janey, 25 Jahre alt, ist eine außergewöhnlich hübsche Rothaarige, die Tochter sehr enger Freunde. Ich kenne Janey seit ihrer Geburt. Vor zwei Jahren lernte sie im ersten Semester an einer Elite-Universität Victor kennen. Victor war 24 Jahre alt und studierte Betriebswirtschaft in einem höheren Semester. Sie hatte kein romantisches Interesse an ihm, aber sie sahen sich beide gern Filmklassiker an und gingen am Wochenende oft gemeinsam ins Kino, jedoch stets in Begleitung von Freunden. Janey konnte immer weniger ignorieren, daß Victor sich in sie verliebt hatte, also achtete sie darauf, nie mit ihm allein auszugehen und seine Aufmerksamkeiten in keiner Weise zu ermutigen. Dann stand er eines Abends vor der Tür ihres Zimmers in einem Studentenwohnheim und gestand ihr seine Liebe.

Janey Er stand da im Flur, sah mich mit seinem traurigen Hundeblick an und wartete wohl darauf, daß ich sagte, ich dich auch. Ich erklärte ihm, daß er ein netter Kerl sei, daß ich jedoch kein Interesse an einer Beziehung mit ihm hätte. Er sagte: »Laß uns keine voreiligen Entschlüsse fassen, laß uns einfach abwarten und sehen, was passiert.« Das Ganze kam mir irgendwie seltsam vor, aber mir haben schon eine Menge Typen erklärt, daß sie mich lieben, und normalerweise ist es nichts als Gerede. Also hab' ich versucht, die Geschichte zu vergessen. Aber er ließ das nicht zu. Er fing an, überall aufzutauchen, wo ich hinkam. Er wartete vor meinen Seminarräumen, drängelte sich hinter mir in die Wartereihe in der Mensa und setzte sich dann an meinen Tisch, selbst wenn ich sagte, daß ich das nicht wollte – also hörte ich auf in der Mensa zu essen. Sogar wenn ich ihn nicht sah, hatte ich so ein Gefühl, als ob er mich beobachten würde, vor allem, wenn ich mit jemand anderem zusammen war – es war wirklich unheimlich. Ich ließ sogar ein paar Verabredungen sausen, damit ich mich nicht damit auseinandersetzen mußte. Eine Freundin hat mich dann so lange gedrängt, etwas zu unternehmen, bis ich zum Campus-Sicherheitsdienst gegangen bin. Die führten dann ein langes Gespräch mit ihm, und er versprach, mich in Ruhe zu lassen, aber das tat er nicht. Also blieb ich noch öfter in meinem Zimmer. Das war leichter, als draußen mit dem Gefühl rumzulaufen, daß irgendein Arschloch mir nachspionierte.

Obwohl sie keine intime Beziehung hatten, engte Victors Obsession Janey ein. Wie viele Zielpersonen hatte sie das frustrierende Gefühl, in der Luft zu hängen, weil sie gegen den Mann, der sie mit seiner Obsession verfolgte, keine juristischen Schritte unternehmen konnte, weil er sie bisher weder direkt bedroht, noch sonst irgendwelche Gesetze gebrochen hatte. Als sie sich ein zweites Mal über Victor beschwerte, meinte einer der auf dem Universitätsgelände eingesetzten Sicherheitsbeamten zu ihr: »Wenn wir jeden Typen auf dem Campus verhaften wollten, der auf irgendein Mädchen scharf ist, müßten wir die Nationalgarde zu Hilfe rufen.«

Janey Eines Abends kam ich aus der Bibliothek und bemerkte, daß er mich verfolgte, also stellte ich ihn... und
sagte ihm, er solle mich in Ruhe lassen. Er antwortete: »Ich
liebe dich so sehr, daß es mich umbringt. Gib mir nur einen
Kuß.« Ich sagte: »Du machst wohl Witze«, und das Ganze
entwickelte sich in eine Art Machtkampf, als er versuchte,
mich zu küssen, und ich mich dagegen wehrte. Und die ganze
Zeit sagt er mir, wie sehr er mich liebt, und plötzlich hat er ein
Messer in der Hand und zerrt mich in die Büsche und droht,
mich umzubringen, wenn er mich nicht haben kann. Und
dann hat er mich vergewaltigt.

Nach der Vergewaltigung litt Janey an Depressionen und zog sich
immer mehr zurück. Sie brach ihr Studium ab und kehrte nach
Hause zurück. Sie erklärte ihren Eltern, daß sie Zeit brauche, um
das Trauma zu überwinden, weigerte sich jedoch über die Vergewaltigung zu reden, lehnte therapeutische Hilfe strikt ab und
erstattete keine Anzeige. Wie viele Vergewaltigungsopfer war
Janey nicht bereit, sich den Torturen eines Prozesses auszusetzen,
trotz der allgegenwärtigen Angst, daß Victor sie aufspüren und
sein Verbrechen wiederholen könnte.
Das ging fast ein Jahr so. Janeys Eltern machten sich große Sorgen. Obwohl Janey scheinbar ganz normal weiterlebte, war es
offenkundig, wie sehr sie sich seit der Vergewaltigung verändert
hatte: Sie machte keine Pläne, zur Universität zurückzukehren,
arbeitete in einem Job ohne jede Perspektive und traf sich nicht
mit Männern. Auch ihre alten Freundinnen sah sie nur gelegentlich, und wenn jene sie auf ihre Trübsinnigkeit ansprachen, sagte
sie nur, es ginge ihr gut und sie würde sich bald wieder Gedanken
über ihr Fortkommen und ihren weiteren Lebensweg machen.

»Ich habe dieses Gefühl satt«

Seit dem Tag, an dem sie nach Hause zurückgekehrt war, hatte ich Janey angeboten, ihr bei der Wahl einer Therapeutin behiflich zu sein, mit deren Unterstützung sie ihr emotionales Trauma überwinden könnte. Wie viele Opfer von Gewaltverbrechen wollte Janey, nachdem ihre physischen Verletzungen erst einmal verheilt waren, alles vergessen und ihre seelischen Wunden lieber ignorieren, als sich mit ihnen auseinanderzusetzen.

Daß ich nichts gegen Janeys Leiden – oder ihr Leugnen – ausrichten konnte, frustrierte mich sehr. Ein Augenblick der Macht für Victor hatte für sie Monate der Angst und Qual bedeutet. Es machte mich zornig, daß das Leben einer unschuldigen jungen Frau durch die impulsive Gewalt eines gefährlichen Zwangsneurotikers so leicht zerstört werden konnte.

Dann rief mich Janey eines Abends an und lud mich zum Mittagessen ein. Wir trafen uns am nächsten Tag, und ich war hocherfreut, festzustellen, daß sie sich zum ersten Mal seit der Vergewaltigung aussprechen wollte.

> **Janey** Ich hab' mir gestern abend im Fernsehen diesen kitschigen Liebesfilm angesehen, und auf einmal saß ich da, in Tränen aufgelöst. Ich mußte die ganze Zeit denken, daß ich mich vielleicht nie wieder normal verlieben könnte. Ich habe dieses Gefühl satt. Bitte hilf mir.

Um Hilfe zu bitten, scheint so leicht, aber für Janey war es ein Schritt, der viel Mut und Ehrlichkeit erforderte. Ich empfahl sie an eine Kollegin weiter, die sich auf die Arbeit mit Opfern sexueller Gewalt spezialisiert hat, und nachdem Janey durch die Therapie neue Kraft geschöpft hatte, beschloß sie, sich zu wehren, indem sie Victor schließlich doch noch anzeigte.

Die Tatsache, daß seit der Tat bereits mehr als ein Jahr verstrichen war, erschwerte die Situation, und Janey mußte zu Zeugenaussagen in einen anderen Bundesstaat reisen, aber diese Hindernisse spielten letztendlich für sie keine Rolle mehr. Sie mußte diesen Schritt tun, um ihre Opferrolle endlich abzulegen. Selbst wenn der Fall nie vor Gericht kommt, weiß sie jetzt, daß sie genug Selbstwertgefühl hat, sich zu wehren, und das hilft ihr mehr als jedes Urteil, das Selbstvertrauen zurückzugewinnen, das sie früher hatte.

Sich wehren

Wenn wir von Vergewaltigungen hören, denken wir immer an Angriffe von Fremden, dabei ist die Wahrscheinlichkeit, daß eine Frau von einem Mann vergewaltigt wird, den sie kennt, erschreckend hoch. Jeder Vergewaltigungsprozeß ist eine Tortur, aber wenn es sich bei dem Vergewaltiger um einen Mann handelt, den das Opfer vorher gekannt oder vielleicht sogar einmal geliebt hat, ist es für das Opfer häufig noch schwieriger, Anzeige zu erstatten. Wenn der Täter der Ehemann oder Freund des Opfers war, fällt es den Opfern oft besonders schwer, ihre Glaubwürdigkeit zu verteidigen und sich gegen die Unterstellung geheimen Einverständnisses zu wehren, die im Kreuzverhör so häufig eine Rolle spielt. Aber trotz der Schwierigkeiten eines Prozesses rate ich Vergewaltigungsopfern immer zu entschlossenem Handeln und damit zu einer Anzeige. Es ist eine Möglichkeit, den Schmerz und die Angst zu bekämpfen, anstatt damit zu leben.

Wenn der Vergewaltiger aus einer Obsession heraus gehandelt hat, machen seine Opfer zusätzliche Ängste durch. Im Gegensatz zu vielen anderen Vergewaltigungen ist die Tat hier keine Zufallstat. Er hat sich das Opfer gezielt *ausgewählt*. Und die Wahrscheinlichkeit, daß er es wieder tut, ist sehr viel größer.

Schon allein aus diesem Grund müssen Frauen, die das Opfer sexueller Gewalt obsessiver Partner sind, Anzeige erstatten und darauf gefaßt sein, alle Möglichkeiten des Gesetzes auszuschöpfen, um den Vergewaltiger hinter Gitter zu bringen. Selbst wenn der Prozeß nicht mit einer Gefängnisstrafe endet, übermittelt das Liebesobjekt dem obsessiven Partner die deutliche und kraftvolle Botschaft, daß es nicht gewillt ist, in der Opferrolle zu verharren. Das hält zumindest einige zwanghaft Liebende von weiteren Kontaktversuchen ab.

Janey war gezwungen, ihren Kreis von Freunden und Professoren aufzugeben, weil Victor nach wie vor Student an dieser Universität ist, aber sie hat begonnen, sich an anderen Hochschulen zu bewerben. Sie hat nicht mehr soviel Angst wie früher, abends allein auszugehen, seit sie mit den Selbstverteidigungskursen, die sie belegt, das Gefühl eigener körperlicher Stärke entwickelt. Außerdem trägt sie Tränengas bei sich. Eine Selbsthilfegruppe gibt ihr die nötige psychologische Unterstützung, genau wie ihre ehrenamtliche Arbeit bei einem Vergewaltigungs-Notruf. Seit der Vergewaltigung wird Janey von Alpträumen gequält, die jedoch immer seltener werden. Und durch die Therapie erobert sie sich ihre Fähigkeit zurück, das Leben zu genießen.

Physische Gewalt

Gewalt ist in jeder intimen Beziehung eine sehr reale Gefahr – mindestens jede zehnte amerikanische Frau wird von ihrem Mann oder Partner geschlagen. Zielpersonen einer obsessiven Liebe sind dieser Gefahr auch noch nach Beendigung der Beziehung ausgesetzt. Obsessiv Liebende, die Angst haben, ihre Traumfrau oder ihren Märchenprinzen zu verlieren, werden oft von Rachegelüsten oder dem Bedürfnis angetrieben, die Kontrolle oder den ehemaligen Partner zurückzuerlangen.

Obwohl auch Männer das Opfer gewalttätiger obsessiver Partnerinnen werden können, ist die Mehrzahl der bekannten Opfer Frauen. Ein gewalttätiger Expartner oder Exmann kann jeden

Lebensbereich seiner Zielperson terrorisieren und so verhindern, daß sie ein normales Leben führen kann. Jede Erinnerung ist eine furchterregende Mahnung, daß er irgendwo dort draußen lauert, jedes Klopfen an der Tür, jeder Schritt, jeder Schatten evoziert das Schreckgespenst eines zum Angriff bereiten, obsessiven Partners. Die Mehrheit der zwanghaft Liebenden neigen bei Beendigung einer Beziehung zwar *nicht* zur körperlichen Gewalt, aber das ist wenig tröstlich für die Zielpersonen, deren obsessive Partner *doch* gewalttätig werden.

Ich hätte nie geglaubt, daß er mich schlagen würde

Samantha, 27 Jahre alt, ist eine große, extrem dünne, aschblonde Frau mit einem porzellanartigen Teint und hat als Kassiererin einer großen Bank gearbeitet. Sie war zweieinhalb Jahre mit Harry, 31 Jahre, einem Kardiologen im Los Angeles County Hospital, verheiratet. Harrys Obsession kam bereits in der Anfangsphase ihrer Ehe zum Vorschein. Er bekam Wutanfälle, wenn sie nicht zu Hause war, wenn er aus der Klinik heimkehrte, und er forderte ständige Bestätigung ihrer Treue und Hingabe.

Wie die meisten Zielpersonen ertrug Samantha Harrys Unsicherheiten zunächst, weil sie glaubte, sie würden im Lauf der Beziehung abklingen. Aber nach etwa einem Jahr entdeckte sie auch eine gewalttätige Seite an Harry, die sie nie zuvor wahrgenommen hatte. Einmal zertrümmerte er mit der Faust ein Schränkchen, ein anderes Mal warf er eine Flasche in eine Spiegelwand. Diese Ausbrüche verängstigten Samantha, aber sie versuchte sie herunterzuspielen, indem sie sie einer vorübergehenden beruflichen Streßphase zuschrieb. Sie hätte nie geglaubt, daß er tatsächlich *sie* schlagen würde.

Kurz nach ihrem zweiten Hochzeitstag wurde Samantha schwanger. Das schien bei Harry jedoch noch mehr Eifersucht zu provozieren – ein durchaus verbreitetes Phänomen, der obsessive Partner fühlt sich von der Vorstellung, seine Zielperson mit dem Baby zu teilen, bedroht. Als Samantha zwei Monate später von einem Besuch bei einer Cousine verspätet nach Hause kam, explodierte Harry. Er beschuldigte sie, mit einem anderen Mann zusammengewesen zu sein und schlug sie so hart ins Gesicht, daß sie stürzte.

Samantha Ich war eher emotional als physisch getroffen. Ich war mir so sicher gewesen, daß ich ihn kannte. Ich war so sicher, daß er mir nie weh tun würde. In diesem Augenblick ist irgend etwas in mir gestorben. Ich habe ihn zum ersten Mal von seiner häßlichen Seite gesehen. Ich wußte, daß ich nicht mit ihm weiterleben konnte. Es war einfach vorbei.

Zwei Tage später zog sie zu ihrer Mutter, und kurz darauf reichte sie die Scheidung ein. Um Harry davon abzuhalten, sie erneut anzugreifen, erwirkten Samanthas Anwälte ein striktes Kontaktverbot. Harry durfte sich Samantha nur noch bis auf dreihundert Meter Entfernung nähern.

Trauer über das Ende einer gewalttätigen Beziehung

Samantha hatte Harrys Ausbrüche und Wutanfälle zwei Jahre lang ertragen, doch sie war nicht gewillt, sich schlagen zu lassen. In dem Moment, in dem er diese Grenze überschritt, wußte sie, daß sie ihn verlassen mußte, und sie setzte diesen Entschluß rasch und entschlossen in die Tat um. Die Entscheidung selbst war jedoch alles andere als einfach:

Samantha Eine Zeitlang verfiel ich in Depressionen. Ich trug immerhin sein Baby aus, und wir haben sehr schöne Zeiten miteinander verlebt, und ich hatte immer gedacht, daß ich den Rest meines Lebens mit ihm verbringen würde, und dann plötzlich ... es ist schwer, das alles aufzugeben.

Wie Samantha glauben viele Zielpersonen, daß sie, weil sie für sich das Richtige getan und die Beziehung beendet haben, auch emotional unbeschadet davonkommen werden. Aber Samanthas Schock und ihr Entsetzen über Harrys Gewalttätigkeit bewahrten sie nicht vor ihrer Trauer über das Ende der Beziehung und das Scheitern ihrer Zukunftsträume.

Die meisten Menschen finden es nur schwer nachvollziehbar, daß ein Opfer den Verlust eines gewalttätigen Partners bedauern kann. Aber gleichgültig, wie schlimm eine Beziehung geworden ist, nach ihrem Ende empfinden die meisten Opfer den Verlust von vergangenem gemeinsamem Glück, den Verlust von Sicherheit und dem Gefühl der Verbundenheit mit einem anderen Menschen, den Verlust dessen, »was hätte werden können«.

Die Rationalisierung der Gewalt

Samanthas verständliche Trauer milderte ihre Gefühle gegenüber Harry und nahm ihr die nur zu berechtigte Angst. Sie machte einen Prozeß durch, in dessen Verlauf sie, so wie viele andere Opfer eines gewalttätig-obsessiven Partners, auch Harrys psychische und physische Mißhandlung rationalisierte.

Samantha Ich wußte, daß ich keine Beziehung mit einem Typ haben wollte, der eine Frau schlagen konnte, aber die Szenen jenes Abends liefen immer wieder in meinem Kopf ab ... vielleicht war es zum Teil doch mein Fehler gewesen ... Ich hätte ihn anrufen sollen, um ihm zu sagen, daß ich später kommen würde, ich wußte doch, wie verrückt er sich aufführen konnte, wenn er nicht wußte, wo ich war. Vielleicht war es ein einmaliger Zwischenfall, ich meine, er hatte mich noch nie vorher geschlagen ... und wirkte selbst genauso überrascht wie ich ... es schien ihm leid zu tun ... ich meine, er ist kein Ungeheuer. Sonst hätte ich ihn nicht geheiratet.

Samantha ließ sich von solchen Gedanken nicht von ihrem Entschluß abbringen, sich von Harry scheiden zu lassen, aber in ihrem Kopf spielte sie mit ein paar gefährlichen Möglichkeiten. Indem sie einen Teil der Verantwortung für Harrys Gewalttätigkeit übernahm, lockerte sie ihre Verteidigungshaltung. Das tun viele Opfer, um sich des Gefühls zu vergewissern, daß sie nicht in geistiger Umnachtung gehandelt haben, als sie sich für den Partner entschieden haben, und daß die Zeit und Energie, die sie in die Beziehung investiert haben, nicht umsonst gewesen ist.

Wenn das Opfer die Deckung aufgibt

Samanthas widersprüchliche Gefühle gegenüber Harry wurden durch die Tatsache, daß sie ihr gemeinsames Kind austrug, noch intensiviert. Als er sie einen Monat, nachdem sie ihn verlassen hatte, anrief und bat, sie treffen zu dürfen, war sie verständlicherweise hin und her gerissen.

Samantha Ich sagte ihm, er dürfe mich nicht anrufen wegen der richterlichen Verfügung und überhaupt, aber er sagte, es hätte ihn wirklich verletzt, daß ich geglaubt hatte, so weit gehen zu müssen, daß ich glaubte, er könne mir je wieder etwas antun. Und ich fühlte mich schuldig. Er sagte, er wollte sich nur ein paar Sachen von der Seele reden. Er wüßte, daß es vorbei ist, aber er wollte sich entschuldigen und zu einem höflichen Umgang zurückfinden, und sei es nur des Babys willen. Er klang so ruhig und nett und einsichtig ... ich konnte einfach nicht nein sagen. Also sagte ich ihm, er könnte für zehn Minuten vorbeikommen, und das wär's, und dann müsse er wieder gehen. Er sagte, in Ordnung.

Als Samantha sich trotz des strikten Kontaktverbots auf ein Gespräch mit Harry einließ, signalisierte sie ihm die Botschaft, daß ihr die richterliche Verfügung im Grunde gleichgültig war. Sie erteilte ihm praktisch die Erlaubnis, seine Verfolgung wieder aufzunehmen. Es ist immer schwierig gegenüber einem reuigen, leidenden Partner standhaft zu bleiben, aber gleichgültig wie aufrichtig sich Harry auch entschuldigt haben mochte, Samantha hätte doch nie vergessen dürfen, daß er noch immer derselbe Mann war, der sie geschlagen hatte – nichts hatte sich geändert. Samantha verhielt sich äußerst sorglos, als sie in das Treffen mit Harry einwilligte, aber nachdem sie diese Entscheidung einmal getroffen hatte, hätte sie sich nie darauf einlassen dürfen, ihn in einem privaten Rahmen zu treffen, allein im Haus ihrer Mutter, wo sie ihm schutzlos ausgeliefert war.

Samantha Wir haben angefangen zu reden, und er wirkte okay. Er sagte, wie leid ihm das Ganze täte und daß er wollte, daß ich zurückkomme. Er wollte, daß wir das Kind gemeinsam haben und eine richtige Familie sein sollten. Ich versuchte, sehr behutsam zu sein, aber ich erklärte ihm, daß es dafür zu spät sei und daß ich ihm nie wieder trauen könnte. Ich würde mich nie wieder sicher fühlen. Er versuchte, mich davon zu überzeugen, daß ich das doch konnte, und als es nicht klappte, wurde er immer wütender, bis er plötzlich anfing, mich anzuschreien. Da bekam ich ziemliche Angst, also sagte ich ihm, die zehn Minuten wären um und er sollte, wie versprochen, jetzt gehen. Als ich ihm die Wohnungstür aufhielt, weigerte er sich zu gehen, also drängte ich ihn nach draußen und versuchte die Tür zu schließen. Da drehte er völlig durch und zerrte mich in den Hausflur. Ich brüllte los, und er warf mich einfach die Treppe runter. Das nächste, woran ich mich erinnern kann, waren die starken Schmerzen am ganzen Körper, als ich im Krankenwagen wieder aufwachte. In derselben Nacht habe ich dann mein Baby verloren. Nie werde ich mir meine eigene Dummheit verzeihen.

Ein Augenblick hatte genügt, um Samanthas Leben in einen Alptraum zu verwandeln. Außer der Fehlgeburt erlitt sie eine Gehirnerschütterung, zwei Rippenbrüche und innere Blutungen, die sie fast selbst das Leben gekostet hätten. Außerdem verfiel sie in eine tiefe Depression, weil sie sich die Schuld am Tod ihres Kindes gab. Rückblickend wurde ihr klar, daß es genug Indizien dafür gegeben hatte, daß Harry erneut gewalttätig werden könnte. Wenn er wegen einer vergleichsweise kleinen Sache wie ihrer Verspätung so explodieren konnte, hätte sie die eruptive Wut vorausahnen können, die ihn angesichts der Endgültigkeit ihrer Scheidung überfallen hatte. Aber Harry war kein Mann, der gewohnheitsmäßig seine Frau schlug, und das war mitverantwortlich dafür, daß Samantha sich aus der Deckung locken ließ. Ihr kritischer Verstand hatte sie nur einen kurzen Moment verlassen, doch sie zahlte einen hohen Preis dafür.

Harry wurde schließlich wegen Körperverletzung und Totschlag an ihrem ungeborenen Kind verurteilt. Zur Zeit sitzt er seine Strafe in einer Justizvollzugsanstalt ab. Physisch ist Samantha inzwischen wieder genesen, und im Rahmen einer Therapie setzt sie sich zur Zeit mit dem emotionalen Trauma auseinander. Sie plant, in einen anderen Bundesstaat zu ziehen, bevor Harrys Reststrafe zur Bewährung ausgesetzt werden kann, was frühestens in fünf Jahren der Fall ist.

Zielpersonen müssen sich bewußt sein, daß ein obsessiver Partner, der seine Wut und Frustration einmal durch körperliche Gewalt ausagiert, einen bedrohlichen Kontrollverlust erkennen läßt. Im Zorn verlieren diese Männer (und Frauen) jegliche Fähigkeit, ihre Emotionen durch rationale Bedenken zu mäßigen oder die Konsequenzen ihres Verhaltens zu überblicken. Explosive

Gefühle durch Gewalt zu kompensieren, das wird schnell zur Gewohnheit. Menschen, die zur Gewalttätigkeit neigen, sind in aller Regel Wiederholungstäter.

Wenn Obsession zum Mord führt

Wenn sie nicht aus einer Beziehung kommen, in der ihr Partner sie bereits körperlich angegriffen hat, nehmen Zielpersonen eines obsessiv Liebenden nur in den seltensten Fällen die Gefahr ernst genug, daß sie zum Opfer von Gewalt werden könnten, selbst wenn sie schon konkret bedroht worden sind.

Ellie, 33 Jahre alt, kam kurz nach dem tragischen Tod ihrer Schwester in meine Praxis. Schon beim Hereinkommen standen ihr die Tränen in den Augen. Ihr zierlicher, schlanker Körper wirkte besonders zerbrechlich. Sie erzählte mir, sie leide seit der Beerdigung ihrer Schwester an schweren Schlaf- und Eßstörungen. Zu ihrer Trauer kam noch das Gefühl hinzu, für den Tod ihrer Schwester verantwortlich zu sein.

Ellie erzählte, daß ihre Schwester Rachel nach etwa einjährigem Zusammenleben mit einem gutaussehenden und hochintelligenten Architekten namens Grant beschlossen hatte, die Beziehung zu beenden. Rachel berichtete lediglich, daß sie Grants »Launenhaftigkeit« nicht mehr ertragen könnte. Aber Grant hatte nicht aufgegeben. Am Tag von Rachels Auszug hatte er eine Kampagne gestartet, sie zurückzugewinnen. Täglich schickte er Blumen, Pralinen oder leidenschaftliche Liebesbriefe. Er hinterließ Nachrichten an ihrem Wagen, selbst wenn sie abseits ihrer üblichen Route unterwegs war, was den Schluß nahelegte, daß er sie verfolgte. Rachel hatte darauf reagiert, indem sie ihn ignorierte und seine Geschenke wegwarf. Sie fand die ganze Angelegenheit zwar äußerst ärgerlich, glaubte jedoch, daß er der ewigen Zurückweisungen irgendwann müde werden und aufgeben würde. Sie sah keinen Anlaß, sich vor ihm zu fürchten.

Ellie Dann tauchte er eines Tages bei mir auf und flehte mich an, ihm zu helfen. Er wirkte so traurig und verliebt... und ich hatte ihn immer für einen netten Kerl gehalten, bestimmt netter als ein paar der anderen Typen, mit denen Rachel schon zusammengewesen war... und er wollte nur eine Chance zu einem Gespräch mit ihr. Ich sagte ihm, daß sie total genervt sei, weil er sie nicht in Ruhe ließ, aber er schwor, daß er, wenn er nur noch einmal mit ihr reden und sie dann nicht überzeugen könnte, verschwinden und sie nie wieder belästigen würde. Ich dachte, was kann das groß schaden? Also lud ich sie zum Essen ein und erzählte ihr nicht, daß er auch kommen würde.

Wäre Ellie das volle Ausmaß von Grants obsessivem Verhalten bekannt gewesen, hätte sie sich nie darauf eingelassen, dieses Rendezvous zu arrangieren. Aber Rachel hatte keinem aus der Familie erzählt, wie Grant wirklich war.
Viele Zielpersonen zögern, Freunden oder Verwandten das volle Ausmaß des obsessiven Verhaltens ihres Partners zu enthüllen. Manche von ihnen stammen aus Familien, in denen sie wenig Unterstützung und Ermutigung erwarten können, würden sie offen über ihre Gefühle und Erfahrungen reden. Andere haben wie Rachel Angst, für dumm gehalten zu werden, weil sie völlig unangemessenes Verhalten ihres Partners so lange toleriert haben. Möglicherweise ist ihnen die Beziehung peinlich, und es fällt ihnen schwer, zu ihr zu stehen. In Rachels Fall sollte sich die mangelnde Offenheit gegenüber ihrer Schwester als tödlicher Fehler erweisen.

»Wenn ich dich nicht haben kann, soll dich niemand haben«

Nach Rachels Tod erzählte ihre beste Freundin – und einzige Vertraute – Ellie, daß Grant zwar nie körperlich gewalttätig geworden sei, Rachel jedoch bestimmt psychisch mißhandelt hätte. Oft bekam er furchtbare Wutausbrüche, wenn er glaubte, daß sie ihm nicht ihre ganze Aufmerksamkeit widmete, und sprach tagelang kein Wort mit ihr. Ein paarmal hatte er ihre Autoschlüssel versteckt, um zu verhindern, daß sie sich mit Freunden traf. Einmal hatte er ein teures neues Kleid von ihr in den Müll geworfen, weil er es für zu »gewagt« hielt, um es in der Öffentlichkeit zu tragen.

Als Rachel Grant sagte, daß sie ihn verlassen wollte, wurde er sehr wütend und *erklärte ihr, daß er sie umbringen würde, wenn sie ihn verlassen würde.* Sie nahm seine Drohung jedoch nicht ernst. Als ihre Freunde sie drängten, die Polizei einzuschalten, tat sie den Vorschlag verächtlich ab und meinte, Grant hätte bloß wieder eine seiner melodramatischen Anwandlungen. Schließlich hatte er sie nie geschlagen.

Ellie   Wenn sie mir nur von der Drohung erzählt hätte oder von ein paar der anderen Sachen, die er gemacht hatte, als sie noch zusammenlebten, hätte ich mich *nie* darauf eingelassen, ihm zu helfen . . . Also, sie kam zu diesem Abendessen, und da saß er. Ich hatte erwartet, daß sie verärgert reagieren würde, aber sie war völlig außer sich. Sie weigerte sich, auch nur hereinzukommen. Sie sagte, ich hätte kein Recht, so etwas zu tun, und dann ging sie. Das war das letzte Mal, daß ich sie lebend gesehen habe.

An dieser Stelle begann Ellie zu schluchzen. Das Ende der Geschichte mußte sie mir nicht erzählen. Ich hatte es in der Zeitung gelesen. Grant folgte Rachel auf die Straße, sie hatten einen kurzen Streit, er zog eine Waffe und feuerte drei Schüsse auf sie ab. Sie war auf der Stelle tot.

Ellie litt an furchtbaren Schuldgefühlen wegen der Rolle, die sie bei der Vorbereitung der Ereignisse gespielt hatte, die zum Tod ihrer Schwester führten. Aber Ellie war ein leichtes Opfer für Grants Manipulationen gewesen, weil sie unmöglich von seiner Obsession wissen konnte.

Nichts zu tun ist gefährlich

Wie Rachel haben auch die meisten von uns ein tiefes Bedürfnis zu glauben, daß wir uns nie in jemanden verlieben könnten, der fähig wäre, uns zu verletzen. Wir wehren uns gegen die Möglichkeit, einen Partner falsch eingeschätzt zu haben und in einer Liebesbeziehung getäuscht worden zu sein. Wir wollen glauben, daß unsere Menschenkenntnis so ausgeprägt ist, daß wir die Menschen, die uns nahe sind, wirklich durchschauen.

Außerdem ist manchen der Gedanke an physische Gewalt so fremd, daß sie sich nicht vorstellen können, daß ein anderer Mensch, mit dem sie intim gewesen sind, sie tatsächlich angreifen würde. Auch Rachel ging bei Grant von dieser falschen Annahme aus und rationalisierte sein Verhalten als eine »seiner melodramatischen Anwandlungen«.

Ob Rachel etwas hätte tun können, um Grant daran zu hindern, seine Drohung auszuführen, läßt sich im nachhinein nicht sagen, aber sie hätte zumindest seine Chancen reduzieren können, wenn sie seine Drohung ernstgenommen hätte. Sie hätte ihn bei der Polizei anzeigen sollen. Sie hätte ihren Freunden und Familienmitgliedern von seiner Drohung und seinem obsessiven Verhalten erzählen und sie bitten sollen, sie bei der Vermeidung jeglichen Kontakts zu unterstützen. Damit will ich natürlich nicht andeuten, daß Rachel an ihrer Ermordung selbst schuld ist. Auch wenn sie sich entschlossener geschützt hätte, wäre das keine *Garantie* für ihre Sicherheit gewesen. Aber indem sie die Wut ihres zurückgewiesenen Partners unterschätzte, machte sie einen sehr menschlichen Fehler, der sie noch verwundbarer werden ließ, und manchmal sind es Kleinigkeiten, die über Leben und Tod entscheiden.

Gefahr erkannt, Gefahr gebannt

Ich wünschte, ich hätte eine Kristallkugel, die mir sagte, ob Sie von Ihrem obsessiven Partner etwas zu befürchten haben, aber niemand kann das Verhalten von Menschen mit absoluter Sicherheit voraussagen. Es gibt jedoch gewisse Charakterzüge, Verhaltensmuster und Hintergründe, die für eine erhöhte Wahrscheinlichkeit sprechen, daß ein zurückgewiesener Partner physisch gewalttätig wird.

Eine Vorgeschichte von Gewalttätigkeiten

Die Geschichte wiederholt sich, und auch die persönliche Geschichte eines Menschen macht da keine Ausnahme. Bei obsessiven Partnern, die ihre Zielperson im Verlauf der Beziehung geschlagen haben, besteht eine überdurchschnittlich hohe Wahrscheinlichkeit, daß sie auch im Falle einer Zurückweisung zu Gewalt greifen werden, um die Kontrolle zurückzuerlangen oder sich zu rächen. Aber selbst wenn der obsessive Partner sein Liebesobjekt noch nie geschlagen hat, hat er möglicherweise seiner Wut in anderer Weise gewaltsam Luft gemacht. Vielleicht ist er schon des öfteren in Schlägereien geraten, hat Gegenstände geworfen oder zerstört oder mit den Fäusten gegen Wände gehämmert. Solche obsessiven Partner weisen ein Verhaltensmuster auf, bei dem es in Fällen von Wut oder Streß zur gewaltsamen Triebabfuhr kommt. Unter der extremen psychischen Belastung einer Zurückweisung neigen diese Menschen mit besonders hoher Wahrscheinlichkeit zu einem totalen Kontrollverlust und können dann auch den Partner angreifen.

Drogen oder Alkohol

Drogen- oder Alkoholmißbrauch und Gewalt gehen oft Hand in Hand. Die Debatte, ob es sich bei Drogen- und Alkoholmißbrauch um eine physische oder eine psychische Krankheit handelt, geht weiter, aber ungeachtet der Ursache deutet die Tendenz zum Drogen- oder Alkoholmißbrauch auf die Unfähigkeit hin, destruktive Impulse zu kontrollieren und die Konsequenzen des eigenen Verhaltens abzuschätzen.

Außerdem verzerren Alkohol und Drogen die Wahrnehmung und die Urteilsfähigkeit des Konsumenten. Wenn diese Verzerrung zu einer Intensivierung von Wutgefühlen oder einer reduzierten Angst vor den Konsequenzen des eigenen Handelns führt, kommt es häufig zu Gewaltanwendung. Bestimmte Drogen – vor allem Aufputschmittel wie Amphetamine, Kokain und Kokainderivate – verstärken häufig gewalttätige Impulse, indem sie entweder die Hemmschwelle drastisch senken oder irrationale Eifersuchtsgefühle und Verdächtigungen verstärken. Drogen- oder Alkoholkonsumenten neigen in Phasen der Verletztheit und Depression zu verstärktem Suchtverhalten. Dabei kommt es zu einer tragischen Häufung von Gewaltanwendung.

Gewaltandrohung

Viele Menschen stoßen leere Drohungen aus. Aber wie wir in diesem Kapitel gesehen haben, machen obsessive Partner, die Drohungen aussprechen, diese häufig auch wahr. Androhungen von Gewalttätigkeit sollten deshalb immer ernstgenommen werden.

Gewalttätiger familiärer Hintergrund

Es gibt zwei Arten familiärer Gewalt – die Mißhandlung von Ehepartnern und die Mißhandlung von Kindern. Durch beide Arten wird einem Kind vermittelt, daß Gewalt eine wirksame Methode ist, Macht und Kontrolle zu erlangen. Obwohl sehr viele Menschen aus gewalttätigen Elternhäusern entschlossen sind, dieses Verhaltensmuster in ihrem eigenen Leben nicht zu wiederholen, gibt es auch andere, die nie eine andere Art kennengelernt haben, mit Frustration umzugehen. Obsessive Partner, die in gewalttätigen Familien aufgewachsen sind, neigen deshalb häufig selbst zur Gewalt.

Ich möchte noch einmal betonen, daß es sich hierbei um Indikatoren, nicht um Vorhersagen handelt. Aber wenn eine der beschriebenen Charakteristika auf Ihren obsessiven Partner zutrifft, besteht ein erhöhtes Risiko, daß er oder sie als Reaktion auf eine Zurückweisung Gewalt gegen Sie anwenden könnte. Je bewußter Sie sich dieser Gefahr sind, desto effektiver können Sie sich dagegen schützen.

Wie Sie sich schützen

Wir leben in einer Welt voller Unwägbarkeiten. Es gibt keine Möglichkeit, sich gegen jede erdenkliche Gefahr zu schützen, aber man *kann* die Möglichkeit, Opfer eines gewalttätigen obsessiven Partners zu werden, verringern, indem man sich die zur Verfügung stehenden Schutzmaßnahmen zunutze macht.

Ich arbeite seit vielen Jahren mit Opfern von Gewaltverbrechen und bin mir daher der Mängel unseres Rechtssystems nur zu bewußt. Die Strafverfolgungsbehörden können erst tätig werden, wenn ein Gesetzesverstoß vorliegt, und dann ist es häufig schon zu spät. Ich nenne das die »Wenn-er-Sie-umbringt-rufen-Sie-uns-an«-Situation. Es ist allerdings auch richtig, daß die zuständigen Behörden und Einrichtungen zunehmend sensibler auf die Problemlage von Menschen reagieren, die sich in Gefahr wähnen, jedoch noch nicht direkt angegriffen worden sind. Wenn Sie um Ihre persönliche Sicherheit fürchten, kann ich Ihnen nicht dringend genug raten, Ihr örtliches Polizeirevier zu verständigen.

Frauenhäuser, Ihr Anwalt und Rechtsberatungsstellen sind weitere wichtige Kontakte für jeden, der sich vor Gewalttätigkeiten eines Expartners fürchtet. Sie können Ihnen behilflich sein, gerichtlich ein Kontaktverbot gegen Ihren obsessiven Partner zu erwirken.

In Extremfällen haben Patientinnen auch schon den Arbeitsplatz, die Adresse oder sogar den Wohnort geändert, um einem obsessiven Partner zu entfliehen. Aber das sind tiefgreifende Entscheidungen, die jeder nur für sich selbst treffen kann. Aber ich habe auch miterlebt, welche tragischen Konsequenzen es für Männer und Frauen haben kann, diesen Schritt nicht zu tun oder die Hilfe des Rechtssystems nicht in Anspruch zu nehmen, weil sie Angst hatten, übertrieben oder melodramatisch zu reagieren. Zögern Sie bitte nicht, Ihre Ängste gegenüber Ihrer Familie, Ihren Freunden oder den Behörden auszusprechen. Wenn man es mit Gewaltandrohung oder Tätlichkeiten eines obsessiven Partners zu tun hat, ist es stets besser, sich abzusichern.

Es war nicht Ihre Schuld

Glücklicherweise wenden die wenigsten obsessiven Partner tatsächlich Gewalt an. Wenn Sie jedoch zu der bedauernswerten Minderheit der Menschen gehören, die in einer Beziehung mit einem gewalttätigen obsessiven Partner gelandet sind, geben Sie nicht sich die Schuld. Auch wenn Sie das Gefühl haben, die Obsession durch das Aussenden widersprüchlicher Botschaften genährt oder Warnsignale übersehen zu haben, macht Sie das in keiner Weise verantwortlich für die Gewalttätigkeit Ihres obsessiven Partners.

Die Verantwortung für die Gewaltanwendung liegt beim Täter.

Schaden Sie sich nicht zusätzlich selbst, indem Sie sich für die feigen und verbrecherischen Taten eines anderen die Schuld geben.

Wenn Sie das Opfer eines gewalttätigen obsessiven Partners waren, kann dieses Trauma schwerwiegende Auswirkungen auf andere Lebensbereiche haben. Es wird auf jeden Fall Ihre Fähigkeit zur Offenheit in zukünftigen Beziehungen beeinträchtigen. Wenn Sie das Opfer von Gewalt geworden sind, rate ich Ihnen daher dringend zu einer Therapie, die Ihnen helfen kann, einen Teil des verlorenen Vertrauens wieder aufzubauen.

Denn die Opfer einer Zwangsvorstellung müssen genau wie die obsessiv Liebenden selbst von der Obsession befreit werden.

Teil III

Befreiung von der Obsession

8. Bindungszwang –
Die Wurzel obsessiver Liebe

Robert Was soll das heißen, es ist nicht Liebe, die mich so handeln läßt! Wenn es nicht Liebe ist, was zum Teufel ist es dann?

Welche geheimnisvolle Macht treibt obsessiv Liebende dazu, in einer Weise zu fühlen, zu denken und zu handeln, die sie nicht nur aus dem emotionalen Gleichgewicht wirft, sondern auch im krassen Widerspruch zu liebevollem Verhalten und dem gesunden Menschenverstand steht?
Woher kommt die Bedürftigkeit der zwanghaft Liebenden? Woher ihre Wut, ihre Angst und ihre Verwirrung?
Um diese Fragen zu beantworten, müssen wir am Anfang anfangen, dort, wo das obsessive Verhalten erlernt wurde.

Die selige Symbiose

Als Neugeborene sind wir rein emotionale Wesen. Wenn unsere grundlegenden Bedürfnisse nicht befriedigt werden – wenn es kalt oder unbequem ist, wenn wir hungrig oder müde sind oder Schmerzen haben –, reagieren wir verzweifelt und wütend. Aber wenn wir sicher in den Armen der Mutter liegen und unser Hunger mit warmer Milch gestellt wird, erleben wir die reine Glückseligkeit, einen Zustand vollständiger Verbundenheit mit der Mutter, einen Zustand umfassender Sicherheit, Wärme und Erfüllung.

Unser Universum besteht aus einer schlichten Innenwelt von Bedürfnis und Befriedigung, Mangel und Glück. Außerhalb unser selbst erleben wir nichts. Die Mutter ist ein Teil von uns. Wir und die Mutter sind eins.

Unabhängig von Alter und Geschlecht lebt in jedem Menschen unbewußt die Sehnsucht weiter, diese Geborgenheitsgefühle noch einmal zu erleben und in den Zustand des Einsseins zurückzukehren. Es ist natürlich unmöglich, die selige Symbiose wiederzubeleben, aber die Gefühle aus jener Zeit haben sich tief in unsere Psyche eingegraben.

Ablösung

In dem Maße, in dem sich unser Bewußtsein weiterentwickelt, beginnen wir zu spüren, daß wir von der Mutter getrennt sind. Wir beginnen zu spüren, daß die Quelle, von der wir zur Befriedigung unserer Bedürfnisse abhängig sind, *außerhalb* von uns existiert. Unser Gefühl vollständiger Einheit und umfassender Verbundenheit wird erschüttert. All das, worauf wir glaubten uns verlassen zu können, erweist sich als unbeständig. Gerade in dem Moment, in dem wir so etwas wie ein emotionales Gleichgewicht errungen haben, wird uns der Boden unter den Füßen weggezogen. Wir erleben zum ersten Mal die Angst, daß die Mutter vielleicht nicht kommen könnte, wenn wir sie brauchen – wir erfahren die Urangst des Verlassenwerdens.

Das ist der erste Schritt im »Ablösungsprozeß«, und es ist für jeden von uns ein schmerzhafter. Die selige Symbiose läßt sich nicht einfach kappen, so wie der Doktor die Nabelschnur durchtrennt. Und selbst wenn die folgenden Schritte nicht mehr ganz so traumatisierend verlaufen, werden sie auch nicht notwendigerweise einfacher.

Die Abkoppelung von der Mutter ist ein aufwühlender, periodisch aufflammender Konflikt zwischen unserem natürlichen Bedürfnis, eigene von der Mutter getrennte Wesen zu werden, und der Angst, die Sicherheit der seligen Symbiose aufzugeben. Dieser Prozeß setzt sich durch die gesamte Kindheit und Jugend fort und führt in Abständen immer wieder zu quälenden Konflikten. Und für manche geht er auch in ihrem Erwachsenenleben weiter.

Nur wenn unsere Eltern unser Bedürfnis nach Achtung, Liebe, Bestätigung und Schutz weitgehend befriedigt haben, können wir genug Vertrauen in uns und andere aufbringen, um die mit der fortschreitenden Abkoppelung einhergehende Angst und Unsicherheit zu bewältigen.

Fehlentwicklungen im Ablösungsprozeß

Elterliche Liebe ist die einzige Liebe, die letztendlich auf Trennung angelegt ist. Verantwortungsvolle Eltern erziehen ihre Kinder zu Selbstvertrauen, Selbständigkeit und Unabhängigkeit. Aber gleichgültig, wie sehr sich unsere Eltern auch bemüht haben, die Realitäten des Lebens haben oft dazu geführt, daß dieser natürliche Ablösungsprozeß besonders schwierig verlaufen ist. Eine Krankheit in der Familie, die Geburt eines Geschwisters, unvermeidliche Abwesenheit der Eltern infolge beruflicher Verpflichtungen. Der Tod eines Elternteils – all das kann dazu führen, daß selbst Kinder aus fürsorglichen Familien den Übergang von Abhängigkeit zu Selbständigkeit als Verlassenwerden empfinden. Und wenn Kinder das Gefühl haben, verlassen zu werden, verlieren sie meistens jeden Mut zur Trennung, so als hätte man ihnen vor ihrem ersten Schritt auf dem Hochseil das Sicherheitsnetz genommen.

Wenn der Ablösungsprozeß selbst in gesunden Familien so leicht gestört werden kann, ist es vorstellbar, was geschieht, wenn Eltern ihre Kinder regelmäßig ängstigen, verletzen, mißhandeln oder vernachlässigen. Solche Eltern sabotieren den Trennungsprozeß, indem sie das für den Weg in die Unabhängigkeit notwendige

Vertrauen ihrer Kinder in sich und andere beschädigen. In einer gestörten Familiensituation, in der das kindliche Bedürfnis nach Achtung, Liebe, Bestätigung und Schutz grundsätzlich ignoriert oder mit Füßen getreten wird, wird der Ablösungsprozeß nicht nur unterbrochen, sondern es kommt fast immer zu schweren Fehlentwicklungen.

Der Bindungszwang

Wenn ein Mensch aus welchem Grund auch immer einen Rückschlag in seinem Ablösungsprozeß erleidet, vollzieht er eine psychische Kehrtwendung. Nach außen macht er vielleicht den Eindruck wachsender Unabhängigkeit, doch innerlich leidet er unter schrecklicher Angst und dem verzweifelten Bedürfnis, sich wieder an die mittlerweile unerreichbaren Urgefühle von totaler Befriedigung und Sicherheit anzukoppeln. Für obsessiv Liebende ist der Wunsch nach Rückkehr in die selige Symbiose mehr als nur eine Sehnsucht. Er ist ein alles beherrschender Trieb, den ich den »Bindungszwang« nenne.

Um eine bessere Vorstellung von diesem Zwang zu entwickeln, stellen Sie sich ein kleines Kind vor, das sein glückliches Heim in den Wäldern verläßt, um die Welt zu entdecken. Irgendwo unterwegs trifft es auf ein Wesen, das es noch nie zuvor gesehen hat. Verängstigt läuft es nach Hause zurück. Das Kind einer gesunden Familie wird dort Trost und Ermutigung finden. Seine Eltern werden der Sache nachgehen, herausfinden, daß das Wesen harmlos ist, und ihr Kind auffordern, am nächsten Tag erneut zu Erkundungen aufzubrechen.

Aber das Kind aus einer gestörten Familie wird zu Hause ausgesperrt. Panisch klopft es gegen die Tür und fleht um Hilfe vor dem imaginären Ungeheuer, das ihm auf den Fersen ist. Unter der Tür sieht es Licht durchschimmern, ein Hoffnungsstrahl, der es veranlaßt, lauter zu klopfen, aber niemand kommt, um es zu retten.

Obsessiv Liebende klopfen noch immer an diese Tür, nur daß es diesmal die Tür ihres Liebesobjekts und nicht die ihrer Eltern ist. Sie sind überzeugt, daß hinter dieser Tür das Heilmittel gegen ihre Einsamkeit, Verzweiflung und Verlassenheit wartet. Selbst wenn ihnen rational klar ist, daß ihr Liebesobjekt ein neuer Mieter in diesem Haus ist, scheint der Hoffnungsstrahl, der unter der Tür hindurchschimmert, die Erfüllung des sehnlichsten Wunsches ihrer Kindheit zu verheißen – die Wiederankoppelung an die Urgefühle umfassenden Glücks.

Wenn obsessiv Liebende zu spüren glauben, daß diese mystischen und unerreichbar gewähnten Gefühle völliger Verbundenheit in greifbarer Nähe sind, wird alles andere auf der Welt vergleichsweise unbedeutend. Sie haben endlich ihren Heiligen Gral gefunden, und nichts kann sie davon abhalten, ihn zurückzuerringen. Die Urenergien, die durch diese enormen Erwartungen geweckt werden, vermitteln obsessiv Liebenden das Gefühl, so lebendig zu sein wie seit langem nicht mehr, was sie noch nachdrücklicher antreibt, die selige Symbiose zu verfolgen.

Zurückweisung:
Grundstein des Bindungszwangs

Wenn die emotionale Rettung so nahe scheint, ist eine Zurückweisung für obsessiv Liebende der schlimmste Alptraum. Die Zurückweisung bedeutet, daß ihnen die magische Tür für immer vor der Nase zugeworfen wird. Ob sie dabei direkt zurückgewiesen werden oder nur einfach frustriert sind, weil ihre Bedürfnisse scheinbar nie befriedigt werden können, obsessiv Liebende sind in jedem Fall gezwungen, den Schmerz, die Angst und die Verzweiflung ihrer Kindheit noch einmal zu durchleben.

Der Bindungszwang ist die unvermeidliche Reaktion auf die verstörenden Kindheitserfahrungen. Das heißt nicht, daß jeder, der als Kind eine Zurückweisung erfahren hat, notwendigerweise ein obsessiv Liebender wird. Das menschliche Verhalten ist alles andere als klar und logisch. Die Menschen sind nicht einfach wie Puzzles, wo sich ein Teil säuberlich zum anderen fügt. Beim Erwachsenen wird das Verhalten in Liebesbeziehungen von einer Reihe von Faktoren bestimmt. Hier die wichtigsten:

- Genetisch bedingte Charaktereigenschaften;
- biochemische Prozesse, die unsere Stimmung und unser Temperament beeinflussen;
- die Beziehung zu Geschwistern;
- die Beziehung zu gleichaltrigen Bezugspersonen;
- jugendliche Liebeserfahrungen.

Jeder dieser Faktoren kann unsere erwachsene Sicht der Liebe entscheidend mitbestimmen. Jüngste Forschungen haben ergeben, daß die genetische Anlage eines Menschen starken Einfluß auf individuelle Verhaltensmerkmale hat. Wenn das chemische Gleichgewicht unseres Körpers gestört ist, kann das zu Depressionen oder massiven Stimmungsschwankungen führen. Das Verhältnis zu Geschwistern und gleichaltrigen Freunden wirkt sich auf Aggressivität, Eifersucht und Rückzugsverhalten aus. Und eine gescheiterte Jugendliebe kann gerade in einer Zeit, in der unser Selbstbild extrem verwundbar ist, tiefe Narben hinterlassen.
Aber für die meisten von uns ist trotzdem das Verhältnis zu den Eltern der erste und prägende Einfluß auf dem Weg zu unserem Verhalten in Liebesbeziehungen als Erwachsene. Die Eltern sind Rollenmodell für die Interaktion zwischen Mann und Frau, das heißt Modell dafür, wie wir in aller Regel unseren Partner behandeln und wie wir im Gegenzug von ihm behandelt werden wollen. Der Umgang, den unsere Eltern mit uns pflegen, bildet die Grundlage für unser Verständnis von Liebe.

»Niemand hat mich geliebt«

Noras Geschichte ist ein Beispiel für das, was wir »Kindheitszurückweisung« nennen. Nora ist Geschäftsführerin einer Boutique
in Beverly Hills, deren Liebe zu ihrem Partner Tom nach nur
wenigen Treffen zur Obsession geworden war. Nora wuchs in
einer Kleinstadt in Mississippi auf. Ihr Vater kam bei einem Ver-
kehrsunfall ums Leben, als sie noch sehr klein war, und ihre
Mutter heiratete wenig später ein zweites Mal.

Nora Meine Mutter schlug mich ständig mit einem Lederriemen und erklärte mir, wie sehr sie sich wegen mir schämte.
Sie schämte sich wegen meines Südstaatenakzents, sie
schämte sich wegen meiner Noten ... Als ich dreizehn Jahre
war, fing ich an, mit Jungen rumzuziehen. Als meine Mutter
das erfuhr, flippte sie jedesmal aus, wenn ich auch nur in die
Nähe meines Stiefvaters kam. Zu Hause haben sie sich nie
umarmt, also hab' ich ihn auch nie berührt, aber sie warf mir
trotzdem vor, ich würde versuchen, ihn anzumachen, wenn
ich nur in Sportkleidung vor ihm stand und ihn bat, mir beim
Anlegen meiner Kette behilflich zu sein. Als ich mit vierzehn
Jahren schwanger wurde, nannte sie mich eine Hure und
schlug mich so heftig mit einer Verlängerungsschnur, daß
man die Narben noch heute sehen kann. Aber ich trieb mich
trotzdem weiter rum, weil ich so zumindest ein bißchen Zuwendung bekam. Ein Typ mußte mich nur von der Kirche
nach Hause bringen, und schon war ich in ihn verliebt. Wenn
man zu Hause keine Liebe bekommt, holt man sie sich eben,
wo man sie kriegen kann.

Noras Situation war selten eindeutig. Ihre Kindheits- und Jugend-
erfahrungen wurden von einem Gefühl beherrscht, ungewollt und
ungeliebt zu sein. Die Zurückweisung ihrer Mutter war eindeutig

und hart. Es gibt jedoch viele Formen von Zurückweisung, die weniger offenkundig sind.

> **Nora** Mein Daddy starb, als ich vier Jahre alt war. Ich weiß noch, daß ich gedacht habe: »Warum ist er weggegangen, wenn er mich lieb hatte?« Ich hatte keine Ahnung, was Sterben bedeutet. Ich wußte nur, daß er nicht mehr für mich da war.

Wie viele Kinder in ihrer Lage reagierte Nora auf den Tod ihres Vaters wie auf eine persönliche Zurückweisung. Auch auf eine Scheidung oder die berufsbedingte Abwesenheit eines Elternteils reagieren Kinder ganz ähnlich. Sie können etwas als Zurückweisung empfinden, auch ohne daß die Eltern sie offen zurückgewiesen haben.

Selbst die gütigsten Eltern können ihren Kindern hin und wieder das *Gefühl* einer Zurückweisung vermitteln, wenn sie sie beispielsweise aus disziplinarischen Gründen in ihr Zimmer schicken oder schlicht zu beschäftigt sind, um sie zu beachten. Zurückweisung ist immer eine extrem individuelle Erfahrung. Man kann verhindern, daß sich dieses subjektive Erlebnis der Zurückweisung zu einem Bindungszwang entwickelt, indem man Kinder immer wieder tröstet und bestärkt, um ihnen deutlich zu machen, daß sie geliebt werden und eine Zurückweisung nicht beabsichtigt war.

Die Mehrheit der obsessiv Liebenden stammt aus Familien, in denen sie sich *häufig* von ihren Eltern ungeliebt, ungewollt, unbeachtet oder verlassen gefühlt haben. Permanente Zurückweisungserfahrungen wecken in einem Kind verständlicherweise die verzweifelte Sehnsucht nach Liebe, aber es kennt nur eine Quelle, um diese Sehnsucht zu stillen – den zurückweisenden Elternteil. Je mehr das Kind versucht, die elterliche Liebe zurückzugewinnen, desto mehr wird es zurückgewiesen. Je öfter es zurückgewiesen wird, desto verzweifelter wird es. Und je verzweifelter dieser

Bindungszwang wird, desto wahrscheinlicher bleibt er auch im Erwachsenenleben des Kindes wirksam.

»Ich hätte alles getan,
um meinen Vater wiederzuhaben«

Margarets Obsession mit Phil war in vielerlei Hinsicht eine Wiederholung ihres kindlichen Drangs, während und nach der Scheidung ihrer Eltern die Bindung zu ihrem Vater zu erhalten. Margaret ist die rothaarige Rechtsanwaltsgehilfin, die unangekündigt bei ihrem Partner Phil, dem Polizisten, auftauchte und ihn mit einer anderen Frau überraschte.

Margaret Mein Vater hat meine Mutter verlassen, als ich sieben Jahre alt war. Wegen einer anderen Frau, wie ich später erfahren habe, aber das wollte mir damals niemand sagen. Ich konnte nicht begreifen, warum er mich allein ließ. Ich mußte irgend etwas getan haben, um ihn zu vertreiben, aber ich wußte einfach nicht, was. Ich wußte nur, daß er mich nicht mehr liebte. In der einen Minute war er noch da, in der nächsten war er verschwunden. Er zog weg, und ich sah ihn länger als ein Jahr nicht mehr, aber ich träumte fast jede Nacht von ihm. Er hat mich während dieses ersten Jahres nur einmal angerufen, an meinem Geburtstag. Ich weiß noch, daß meine Mom mir ein neues Fahrrad geschenkt hat, aber sein Anruf war das tollste Geschenk von allen. Ich vermißte ihn sehr. Meine Mutter hat sich alle Mühe gegeben, aber gleichgültig, wie sehr sie mich liebte, sie konnte mir doch nicht das Stück meines Herzens wiedergeben, das er mitgenommen hatte. Ich hätte alles getan, um ihn wiederzuhaben.

Margaret trauerte und sehnte sich nach dem Vater, den sie hingebungsvoll liebte, der ihr nach der Trennung jedoch nur wenig

Liebe oder Interesse entgegenbrachte. Wenn er sich Mühe gegeben hätte, irgendeine Art von Beziehung mit Margaret aufrechtzuerhalten, hätte er ihr vielleicht helfen können, seinen Entschluß zu verstehen, damit sie sich nicht einfach nur zurückgewiesen fühlte. Er hätte ihr möglicherweise ebenfalls helfen können, zu begreifen, daß sie nicht dafür verantwortlich war, daß er seine Familie verlassen hatte, ein Mißverständnis, unter dem viele Scheidungskinder leiden. Aber als Margarets Vater sie praktisch aus seinem Leben ausschloß, unterband er auch die Möglichkeit, daß sie Antworten auf die Fragen fand, die sie noch jahrelang verfolgen sollten.

Margarets Vater ließ seine Tochter mit Gefühlen von Schuld, Verletztheit, Ungeliebtsein, Verlassenheit und Demütigung zurück. Es ist nur zu verständlich, daß Margaret auf den Schmerz, den ihr Vater ihr zugefügt hatte, mit Wut reagierte. Weil sie jedoch Angst hatte, daß ihre »negativen« Gefühle ihn noch mehr vertreiben würden, vergrub Margaret ihre Wut im Unterbewußtsein.

Sie war fest davon überzeugt, daß nur ihr Vater ihren Schmerz lindern konnte. Ungeachtet der Leiden, die sie wegen seines Verschwindens ausgestanden hatte, wurde sie von dem Bedürfnis beherrscht, die Bindung mit ihm wiederherzustellen. Und genau dieses Bedürfnis wurde, siebenundzwanzig Jahre später, in ihrer Beziehung mit Phil erneut geweckt.

»Ich kam mir vor, als ob ich unsichtbar wäre«

Margarets Gefühl von Zurückweisung war das Ergebnis einer realen Erfahrung. Aber das kindliche Gefühl, zurückgewiesen zu sein, ist keineswegs vom tatsächlichen Verlust eines Elternteils abhängig. Es kann genauso intensiv sein, wenn sich ein Kind *emotional* vernachlässigt fühlt.

Anne wuchs beispielsweise in einer intakten Familie auf, trägt jedoch genauso viele unverarbeitete Erfahrungen mit sich herum wie Margaret. Anne ist die Friseuse, die mit Selbstmord drohte und alles Glas in ihrer Wohnung zertrümmerte, als ihr Partner John versuchte, die Beziehung zu beenden. Als sie zum ersten Mal in meine Praxis kam, beschrieb sie ihre Kindheit als glücklich und liebevoll. Aber als wir begannen, uns näher mit ihren Erinnerungen auseinanderzusetzen, wurde Anne klar, daß ihre Eltern so beschäftigt mit ihrem älteren Bruder waren, daß sie kaum Zeit hatten, sich um sie zu kümmern.

Anne Mein älterer Bruder war der Goldjunge. Alles, was er anpackte, war perfekt. Jeder liebte ihn, und ich auch. Aber als ich ungefähr acht oder neun Jahre alt war – er war sieben Jahre älter als ich –, geschah irgend etwas, und plötzlich stritt er sich dauernd mit meinen Eltern, und sie schleppten ihn ständig zu irgendwelchen Ärzten, und er hatte Ärger in der Schule und sogar mit der Polizei. Mir wurde erst sehr viel später klar, daß er angefangen hatte, Drogen zu nehmen, aber ich hatte das Gefühl, auf einmal gar nicht mehr zu existieren, und ich wußte nicht, warum. Ständig rief ich: »Hallo! Ich bin hier!« Aber das schien keinen zu interessieren. Sie hatten einfach keine Zeit mehr für mich. Ich hatte das Gefühl, sie hätten aufgehört, mich zu lieben, und beschlossen, mich fortan einfach zu ignorieren. Es war schrecklich.

Vielleicht waren Annes Eltern überaus liebevoll und voller guter Absichten, aber bei ihrer Fixierung auf die Probleme von Annes Bruder kam ihre Tochter zu kurz. Das häusliche Durcheinander, das er durch seinen Drogenkonsum verursachte, vermittelte Anne das Gefühl von Zurückweisung, weil ihr Bedürfnis nach Unterstützung und Ermutigung weitgehend unbeachtet blieb.
Als Kind konnte Anne die Gründe, die für die Abwesenheit der Eltern verantwortlich waren, nicht begreifen; sie wußte nur, daß man sie ignorierte, und das tat weh. Die Eltern finden mich unwichtig, was sie für sich mit ungewollt übersetzte, lautete die

demütigende Botschaft, die bei ihr ankam. Sie brauchte die Liebe und Zuwendung, die jedes Kind verdient, und als ihr beides ohne jede Erklärung entzogen wurde, riß das ein Loch, von dem sie nicht wußte, wie sie es füllen sollte.

Wie Margaret wurde Anne das Opfer einer dramatischen familiären Krise. Niemand verließ einen anderen oder starb, aber das Gefühl emotionaler Verlassenheit, das sie erlebte, war genauso schmerzhaft.

»Was ich auch tat, es war nie gut genug«

Es gibt eine weitere Form der Zurückweisung – manchmal offen, manchmal verdeckt –, auf die ich im familiären Hintergrund von erstaunlich vielen obsessiv Liebenden gestoßen bin. Diese Zurückweisung ist das Ergebnis von übersteigerten Erwartungen auf Seiten der Eltern, die so unrealistisch sind, daß ihr Kind nie eine Chance hat, vor ihnen zu bestehen und Bestätigung zu erfahren. Solche Eltern sind in aller Regel dominant und hochgradig perfektionistisch veranlagt.

Roberts Vater war ein solcher Mensch. Robert ist der Hifi-Verkäufer, der so wütend auf die Zurückweisung seiner Partnerin Sarah reagierte, daß er ihr Auto zertrümmerte. Sein Vater war ein Polizeibeamter mit extrem hohen Ansprüchen.

Robert Was ich auch tat, es war nie gut genug für ihn. Ich war nie gut genug für ihn. Wenn ich ein Buch auf meinem Schreibtisch liegen ließ, hielt er mir einen Vortrag, was für ein schlampiger Kerl ich war. Wenn ich keine Einser nach Hause brachte, hielt er mir einen Vortrag, ich würde nicht hart genug arbeiten. Wenn mir irgendein Mißgeschick unterlief, hielt er mir einen Vortrag, ich würde nicht hart genug arbeiten. Wenn mir irgendein Mißgeschick unterlief, hielt er mir einen Vortrag, ich würde mich nicht genug anstrengen. Wenn ich einmal etwas richtig machte, sagte er nur: »Wurde auch langsam Zeit.« Ich hatte immer das Gefühl, ihn zu enttäuschen, ein Versager zu sein, den er nicht haben wollte, weil das nicht der Sohn war, den er verdiente.

Robert suchte die Schuld, daß er den Ansprüchen seines Vaters nicht gerecht werden konnte, allein bei sich, in seinen Fehlern und Schwächen. Er wäre nie im Traum darauf gekommen, daß die Ansprüche seines Vaters unrealistisch sein könnten. Er versuchte nur immer wieder, ihnen zu entsprechen. Und je verzweifelter er sich mühte, desto demütigender die Erfahrung des unvermeidlichen Scheiterns.

Zurückweisung durch Altersgenossen

Fast alle Kinder, die von ihren Eltern zurückgewiesen werden, erleben diese Zurückweisung als kontinuierliche Demütigung. Diese Erfahrung bewirkt zwangsläufig Persönlichkeitsstörungen, die ihre Kontaktfähigkeit beeinträchtigen. Robert ist ein typisches Beispiel.

> **Robert** In der Schule hatte ich es sehr schwer. Ich war so schüchtern und unsicher, daß mich alle Maus nannten. Ich hab' das gehaßt, aber nie etwas gesagt. Jedesmal wenn ich Leute lachen sah, dachte ich, sie lachen über mich. Vor allem die Mädchen. Ich habe das Ende eines Schultags immer herbeigesehnt.

Die Zurückweisung, die Robert von seinen Altersgenossen erfuhr, kam zu der Zurückweisung durch seinen Vater hinzu und beschädigte sein Selbstwertgefühl weiter, was zur Folge hatte, daß er schüchtern und menschenscheu wurde.
Es ist leider die Regel, daß Kinder, die zu Hause zurückgewiesen

werden, auch das Opfer von Zurückweisung durch ihre Altersgenossen in Schule und Privatleben werden. Viele beginnen sich vor der Interaktion mit anderen Kindern regelrecht zu fürchten, weil sie erwarten, das Opfer von Demütigungen und grausamen Streichen zu werden. Andere werden so launisch, daß sie Probleme haben, überhaupt Freunde zu finden, und ihre Neigung, leicht in Tränen auszubrechen, macht sie zur Zielscheibe weiterer Spotts. Wieder andere versuchen, ihre Unzulänglichkeitsgefühle zu kompensieren, indem sie den Klassenrabauken mimen oder törichte Risiken auf sich nehmen, um Aufmerksamkeit zu erregen.

Dieser Spott oder diese Ausgrenzung durch Altersgenossen intensiviert den Drang des Kindes, an die elterliche Liebe anzuknüpfen, die ihm vorenthalten wurde.

Die Übertragung auf einen symbolischen Elternteil

Kinder wehren sich gegen diese Zurückweisung auf unterschiedliche Weise. Da Kinder in aller Regel nicht ermutigt werden, Ärger, Ängste oder Wut verbal zu äußern, drücken sie diese schmerzhaften Gefühle für gewöhnlich durch ihr Verhalten aus. Manche Kinder treiben sich selbst gnadenlos an, um in der Schule, beim Sport oder kulturellen Aktivitäten oder selbst im Haushalt überdurchschnittliche Leistungen zu erbringen in der Hoffnung, die Anerkennung der Eltern zu erlangen. Andere agieren den Schmerz der Zurückweisung in problemhaftem Verhalten wie Drogen- oder Alkoholmißbrauch, unangepaßtem Sexualverhalten oder Gewalt aus, sei es als ein Ausdruck ihrer Frustration oder als Versuch, Aufmerksamkeit zu erregen. Aber gleichgültig, wie sehr sie sich auch anstrengen, diese Kinder haben nie den Hauch einer Chance, zu gewinnen, was sie jedoch nur um so heftiger anspornt.

Für obsessiv Liebende, die als Erwachsene zurückgewiesen wer-

den, ist das mehr als eine gegenwärtige Erfahrung: Eine Zurückweisung reißt gleichzeitig die Wunden der Kindheit wieder auf.
Für den Obsessiven wird die Liebesbeziehung zur Wiederholung
eines altvertrauten Kampfes, jetzt jedoch, als größerer, stärkerer,
klügerer und hartnäckigerer Erwachsener, scheinen die Chancen,
diesen Kampf nach all den Jahren doch noch zu gewinnen, weit
größer als je zuvor. Das Liebesobjekt bietet ihm unwissentlich
einen berauschenden und wundersamen zweiten Anlauf, die
Chance seines Lebens. Von einem unrealistischen und verhäng-
nisvollen Optimismus gepackt, nehmen obsessiv Liebende den
Spießrutenlauf gegen die Zurückweisung erneut auf.
In manchen Beziehungen weist die Zielperson sie von Anfang an
zurück. Aber in Beziehungen, in denen die Zielperson Liebe und
Akzeptanz erkennen läßt, haben obsessiv Liebende den unbewußten Drang, die Zurückweisung selbst herbeizuführen. Die
Nachahmung der kindlichen Zurückweisung in einer Erwachsenenbeziehung ist ein Grundbedürfnis aller zwanghaft Liebender.
Denn ohne Zurückweisung kein Kampf, und ohne Kampf keine
Chance zu siegen.
Dabei stehen obsessiv Liebende vor einem Dilemma: Wie können
sie den ungelösten Konflikt ihrer Kindheit erfolgreich beenden,
ohne sich dem ursprünglichen Gegner zu stellen – nämlich dem
zurückweisenden Elternteil. Ihnen bleibt nur die Möglichkeit,
ihren Partner in einen »symbolischen Elternteil« zu verwandeln,
als Ersatz für das Original.
Wenn ich obsessiven Patienten die Möglichkeit zu bedenken gebe,
daß sie ihren Partner in eine Ersatz-Mutter oder einen Ersatz-
Vater verwandelt haben, reagieren sie jedesmal ungläubig und
beschämt, so als wollte ich andeuten, sie hätten das Bedürfnis, mit
ihrem Vater oder ihrer Mutter zu schlafen. Ich versichere ihnen
dann, daß ich (trotz Freuds Ödipus-Theorie) der Auffassung bin,
daß der Ersatz-Elternteil eine *emotionale* und keine sexuelle Er-
satzfunktion hat.
Indem sie ihren Partner in einen symbolischen Elternteil verwan-

deln, wollen obsessiv Liebende jedoch keineswegs die üblichen romantischen Kindheitsphantasien von Mommy und Daddy ausagieren, sie wollen vielmehr die Tragödie ihrer Kindheit noch einmal durchleben. Ihre Beziehung wird zur Bühne, auf der sie die Neuauflage eines alten, deprimierenden Stückes mit neuer, aufregender Besetzung inszenieren. Und der einzige Zweck der Aufführung ist es, dem alten Stück ein anderes, ein glückliches Ende zu verpassen – ein Happy End.

Vertraute Erlebnisse, vertraute Gefühle

Als mir Margaret zum ersten Mal erzählte, daß ihr Vater die Familie ganz plötzlich verlassen hatte, wehrte sie sich noch gegen meine Andeutung, daß Phil für sie ein Ersatz-Vater geworden war. Aber dann zeigte ich ihr die offenkundigen Parallelen zwischen den beiden Männern auf:

- Ihr Vater hatte sie ohne Warnung verlassen.
- Phil hatte sie ohne Warnung verlassen.
- Ihr Vater hatte die Familie wegen einer anderen Frau verlassen.
- Phil hatte sie wegen einer anderen Frau verlassen.
- Die sporadischen Anrufe des Vaters hielten ihre Hoffnung wach.
- Phils sporadisches sexuelles Interesse hielt ihre Hoffnung wach.
- Nach Verlassen der Familie zeigte ihr Vater wenig Interesse, eine enge Beziehung aufrechtzuerhalten.
- Nachdem er sie verlassen hatte, zeigte Phil wenig Interesse, eine enge Beziehung aufrechtzuerhalten.

Phil betätigte versehentlich die Hebel, die bei Margaret dieselbe Verzweiflung und Sehnsucht auslösten, die sie empfunden hatte, als der Vater sie verlassen hatte. Sie hatte panische Angst, daß

Phil sie genauso verlassen würde, wie ihr Vater es getan hatte, und sie fürchtete, dieselben Gefühle noch einmal durchleben zu müssen. Deshalb weigerte sie sich, Phils Zurückweisung hinzunehmen, genauso wie sie sich geweigert hatte, die Zurückweisung ihres Vaters zu akzeptieren.

Als kleines Mädchen konnte Margaret ihren Vater nicht verfolgen, aber bei Phil hatte sie die Möglichkeit, ihre frühere Hilflosigkeit zu überwinden. Sie war nicht wie als Kind zur Passivität gezwungen, sondern konnte aktiv gegen Phils Zurückweisungsversuche ankämpfen. Unbewußt glaubte sie, wenn es ihr gelang, Phil zu verändern, schließlich doch noch über die Zurückweisung durch ihren Vater triumphieren zu können. Als ich mit Margaret ihre Gefühle für Phil mit denen für ihren Vater verglich, wurden die Ähnlichkeiten immer offensichtlicher.

Andere Erlebnisse, vertraute Gefühle

Bei Ray waren die Parallelen zwischen seinen Eltern und seinem symbolischen Elternteil nicht so deutlich wie bei Margaret. Ray ist der Kameramann, der so besitzergreifend und unsicher war, daß er bereits in Panik geriet, wenn seine co-obsessive Partnerin Karen nur die Badezimmertür schloß.

Als Kind fühlte sich Ray von seiner Mutter, einer Alkoholikerin, ständig zurückgewiesen. Als Karen ihn als Erwachsenen genauso zurückwies, erlebte er ganz ähnliche Gefühle, obwohl es äußerlich praktisch keine direkten Parallelen zwischen seinen Erfahrungen mit Karen und seinen Kindheitserlebnissen gab.

Ray Meine Mutter hat mich entweder angebrüllt oder war völlig weggetreten. Es war, als hätte sie sich gewünscht, daß es mich nicht gäbe, als ob ich ihr eine Last oder so gewesen wäre. Mein Dad war ständig bei der Arbeit. Ich konnte es ihm nicht verübeln, daß er nicht gern mit ihr zu Hause war, so wie sie sich aufführte, aber damit blieben nur sie und ich übrig. Ich versuchte, alles mögliche für sie zu tun, um ihr zu zeigen, wie sehr ich sie liebte, aber nichts war jemals gut genug.

Rays Zurückweisungserfahrung rührte von der emotionalen Unzugänglichkeit beider Eltern her, vor allem aber von der verbalen und emotionalen Mißhandlung durch seine Mutter. Sie hatte ihn zwar nicht im physischen Sinne allein gelassen oder ihn aus dem Haus geworfen, doch ihr Verhalten ließ ihn emotional verwaisen. Als Erwachsener traf Ray Karen zwar nie betrunken an, wenn er nach Hause kam. Sie mißhandelte ihn weder verbal noch emotional. Im Gegenteil, sie bemühte sich, ihm eine liebevolle Partnerin zu sein. Aber selbst ihr minimales Bedürfnis nach Privatheit im Bad weckte seine frustrierten Wutgefühle und kindlichen Ängste, verlassen zu werden. Obwohl Karens Verhalten in keiner Weise die Erlebnisse seiner Kindheit reflektierte, erlebte er die Beziehung als emotionale Wiederholung seiner frühkindlichen Erfahrungen. Denn ist es nicht eine typische Kleinkindreaktion, Angst zu bekommen, wenn die Mutter hinter einer Badezimmertür verschwindet? Und ist es nicht ebenfalls eine kindische Reaktion, wütend zu werden, wenn sie diese Tür nicht wieder öffnet?
Als Karen Ray schießlich endgültig zurückwies, forderte sie ihn auf, zu gehen – eine Erfahrung, zu der es in Rays Kindheit keine direkte Parallele gab. Trotzdem erlebte Ray durch Karens Verhalten noch einmal die Frustration und Wut, ungenügend und ungeliebt zu sein, erlebte denselben Liebesentzug und dieselben Verlassenheitsgefühle. Genauso verzweifelt, wie er als Kind um die Zuwendung der Mutter gekämpft hatte, kämpfte er jetzt darum, Karen zurückzugewinnen.
Trotz der unterschiedlichen *Erlebnisse* in seinen Beziehungen mit seiner Mutter und mit Karen, machte Ray dieselben alten Kindheits*gefühle* durch. Indem er Karen in seine symbolische Mutter verwandelte, hatte er den Kampf um deren Anerkennung wieder aufgenommen.

Wie kann sie ein Er sein?

Genausowenig wie es paralleler Erlebnisse bedarf, um den Partner in einen symbolischen Elternteil zu verwandeln, müssen physische Übereinstimmungen vorliegen. Viele meiner Patienten wenden ein, daß ihr Partner sie weder in seinem Aussehen, noch in seinem Gebaren, noch in seiner Art zu reden, noch sonstwie an ihre Eltern erinnert, aber solche Äußerlichkeiten sind irrelevant. Roberts Fall ist dafür ein besonders prägnantes, jedoch keineswegs ungewöhnliches Beispiel.

> **Robert** Als ich ungefähr vierzehn war, hatte mein Vater ein Verhältnis. Er hat meine Mutter dann schließlich auch verlassen. Es war schrecklich. Ich war einfach – also, dieses Gefühl von *Er kann nicht einfach gehen, er kann nicht einfach gehen, er kann nicht einfach gehen* kreiste mir die ganze Zeit im Kopf herum. *Es muß eine Möglichkeit geben, wie ich all das kontrollieren kann.* Ich glaubte wirklich, unser ganzes Leben würde auseinanderbrechen, also hatte ich keine andere Wahl, als eine Möglichkeit zu finden, ihn aufzuhalten. Ich weiß noch, daß ich mich einmal auf der Ladefläche seines Lasters versteckt habe und ihn dann bei einem Treffen mit dieser Frau überrascht habe. Er wurde fuchsteufelswild, aber ich habe ihn nur wieder und wieder angefleht, er solle doch nach Hause kommen. Er brüllte die ganze Zeit, ich solle den Mund halten, aber ich hab' immer weitergejammert. Da ist er einfach weggefahren und hat mich dort stehenlassen.

Als Sarah Robert mehr als fündundzwanzig Jahre später erneut zurückwies, wurde er wieder von dem Gefühl gepackt, das alle seine übrigen Empfindungen überschattete – trotz der Vielfalt der dazwischenliegenden Lebenserfahrungen –, derselbe Schmerz, den er empfunden hatte, als sein Vater ihn allein gelassen hatte.

Seine Weigerung, Sarah aufzugeben, entsprang demselben Grund-
gefühl wie seine Weigerung, seinen Vater gehen zu lassen. Daß sein
Ersatz-Vater eine Frau war, war unerheblich. Emotional kauerte
er noch immer auf der Ladefläche dieses Lasters, entschlossen, den
Lauf der Dinge aufzuhalten. Und wieder waren seine Anstrengungen nicht gut genug. Wieder war sein psychisches Überleben von
einem Verlust bedroht, den er nicht akzeptieren konnte. Wieder
wurde er gedemütigt. In der Wiederholung seines Kindheitstraumas genügten die Gefühle, die Sarah in ihm auslöste, als Parallele
völlig aus, um für ihn die Rolle seines Vaters einzunehmen.
Aber obwohl Sarah bei ihm dieselben emotionalen Hebel betätigt
hatte wie einst sein Vater, war es für Robert verständlicherweise
schwer, zu akzeptieren, daß er in seiner Vorstellung eine Frau zu
seinem symbolischen Vater gemacht hatte.

> **Robert**   Also, er ist ein Mann, und sie ist eine Frau, wie kann
> ich das durcheinanderbringen? Ich meine, ich bin vielleicht
> ein bißchen verdreht, aber den Unterschied zwischen Män-
> nern und Frauen kenne ich noch ganz gut.

Tatsache ist, daß bei der Wahl eines symbolischen Elternteils das
Geschlecht keine Rolle spielt. Männer können an die Stelle der
Mütter treten, Frauen an die Stelle von Vätern. Manchmal kann
ein Partner sogar beide Eltern eines obsessiv Liebenden symboli-
sieren.
Während manche zwanghaft Liebende jeden Partner in einen
symbolischen Elternteil verwandeln können, reagieren andere
offenbar auf bestimmte Charakterzüge und psychische Resonanzen bei ihrem Partner. Diese Charakterzüge und Resonanzen sind
extrem individuell und subjektiv und oft tief im Unbewußten des
obsessiv Liebenden vergraben. Es gibt nur eines, was alle symbolischen Eltern gemeinsam haben: die geheimnisvolle Macht, bei
ihrem Partner einen starken Bindungszwang auszulösen, der tief
in seinem Innern geschlummert hatte.

Die Wurzeln des Erlöserkomplexes

Erlöser nehmen unter den obsessiv Liebenden eine Sonderstellung ein, weil sie einen bestimmten Typus von Zielperson brauchen, um ihr obsessives Drama auszuagieren. Ihr Bedürfnis, einen von schweren Problemen heimgesuchten Partner zu retten, begründet sich fast ausnahmslos in einem ganz bestimmten Kindheitskonflikt.

Erlöser stammen meistens aus einem Elternhaus, in dem zumindest ein Elternteil alkohol- oder drogenabhängig, chronisch krank, schwer depressiv oder physisch oder mental beeinträchtigt war. Wegen des Ausmaßes der häuslichen Probleme haben solche Eltern typischerweise nur sehr wenig Ressourcen zur Verfügung, die eigenen oder die emotionalen Bedürfnisse der Kinder zu befriedigen. Deshalb leiden die Kinder an einem chronischen Entzugsgefühl, und wie wir in diesem Kapitel gesehen haben, erleben sie diesen emotionalen Entzug unweigerlich als Zurückweisung. Die kindliche Erfahrung der Zurückweisung, die die meisten Erlöser machen, wird durch einen häufig damit einhergehenden, verwirrenden Rollentausch noch intensiviert. Die Kinder versuchen ihr Gefühl von Zurückweisung zu überwinden, indem sie die von den Eltern vernachlässigten Verantwortlichkeiten übernehmen und hoffen, so deren Zuwendung und Bestätigung zu gewinnen. Im Grunde übernehmen diese Kinder eine Elternrolle für ihre Eltern.

Eine ähnliche Form des Rollentauschs tritt bisweilen in Familien auf, die durch Scheidung oder Tod auseinandergerissen werden und in denen der verbleibende Elternteil das Kind als Ersatzpartner mißbraucht. Die Last der Verantwortung, den verlassenen Elternteil glücklich zu machen, wäre selbst für einen Erwachsenen nur schwer zu tragen, ganz zu schweigen von einem Kind.

Alle diese Kinder sind völlig darauf fixiert, den Rollentausch erfolgreich zu bewältigen, sie werden sowohl aus Notwendigkeit als auch aus Angst vor der Zurückweisung die Sorgenden in ihrer Familie.

Als Erwachsene wiederholen sie diesen Konflikt, indem sie versuchen, ihre Ersatz-Eltern zu retten. Bei ihrem Partner setzt sich das umsorgende Verhalten fort, das sie als Kinder gelernt haben, in der Hoffnung, endlich eine Rettung zu bewirken und die Bestätigung zu erlangen, nach der sie sich immer gesehnt haben.

»Diesmal mache ich es richtig«

Natalie hat ihre Erlöserrolle früh und gründlich gelernt. Sie ist die Englischlehrerin, die ihre gesamten Ersparnisse aufwendete, um ihrem Partner Rick aus seinen nie endenden Finanznöten zu helfen.

Natalie Mein Vater war Alkoholiker. Wenn er nüchtern war, war er ein witziger, liebevoller und toller Mensch, aber wenn er betrunken war, starrte er wie ein Zombie an die Wand. Mom hatte zwei Jobs, weil er nicht mal einen schaffte, also mußte ich jeden Tag direkt von der Schule nach Hause kommen, um den Haushalt zu machen und das Essen vorzubereiten. Ich weiß noch, daß ich immer auf einem Stuhl stand, weil ich zu klein war, um an die Töpfe auf dem Herd heranzukommen. Morgens machte ich meinem Vater, wenn ich mir mein Schulbrot strich, ein Sandwich zum Mittagessen, und betete, daß er es auch wirklich essen würde. Es war einfach schrecklich, wenn ich nach Hause kam und das unberührte Sandwich im Kühlschrank liegen sah, und mein Vater saß drei Meter daneben, klammerte sich an der Flasche fest und starrte ins Nichts. Ich hatte das Gefühl, es wieder nicht richtig gemacht zu haben. Abends führte ich regelrechte kleine Theaterstücke auf, um ihn aus seiner Lethargie zu reißen, aber meistens verfiel er nach einer Weile wieder in stumpfsinniges Starren, und ich hatte das Gefühl, nicht witzig genug gewesen zu sein. Ich liebte ihn sehr, und ich wollte ihm sein Leben schöner machen, damit er fröhlicher werden und mit dem Trinken aufhören konnte. Dann könnte er auch einen Job finden, und Mom bräuchte nicht mehr so hart zu arbeiten. Dann könnten wir eine glückliche und liebevolle Familie sein wie die Familien im Fernsehen. Aber nichts, was ich tat, hat je funktioniert. Er hat sich nie geändert.

Über das bloße Pflichtpensum hinaus versuchte Natalie alles, damit ihr geliebter Vater sich besser fühlte, aber keiner bemühte sich in gleicher Weise um sie. Die Mutter kam wegen ihrer Arbeit erst spät nach Hause, so daß Natalie sie nur beim Frühstück und an den Wochenenden sah, und selbst dann beanspruchte die Alkoholsucht ihres Vaters den Großteil der Aufmerksamkeit ihrer Mutter. Und ihr Vater war natürlich nicht in der Lage, ihr irgendeine Form von emotionaler Unterstützung zu bieten.

Obwohl sich Natalie wegen ihrer Verantwortung auch wichtig und ernstgenommen vorkam, litt sie gleichzeitig unter ihrer Einsamkeit und dem Gefühl, ungeliebt zu sein. Je intensiver dieses Gefühl wurde, desto angestrengter bemühte sie sich, ihre Zurückweisungsängste zu überwinden, indem sie dafür zu sorgen suchte, daß es ihrem Vater gutging. Wenn ihr das gelang, würde das Leben für alle besser werden, und sie würde, davon war sie überzeugt, zur Belohnung geliebt werden. Natalie spielte ein Spiel, in dem die Karten von vornherein zu ihren Ungunsten verteilt waren. Nicht nur, daß sie in einem Alter die Verantwortlichkeiten einer Erwachsenen übernahm, in dem sie in keiner Weise darauf vorbereitet war, sie versuchte auch das Unmögliche, indem sie einen Erwachsenen »in Ordnung bringen« wollte, der gar nicht gewillt war, sich selbst zu helfen oder helfen zu lassen.

Ihre Unfähigkeit, die Probleme des Vaters zu lösen, führten zu tiefen Schuldgefühlen. Und wie in den meisten Fällen nahm sie diese kindlichen Schuldgefühle in ihr Erwachsenenleben mit.

Als ihr Jahre später das Geld ausging, um Rick zu helfen, und er ihr vorwarf, sie würde sich nicht genug um ihn kümmern, weckte er diese massiven Schuldgefühle. Sein Vorwurf wirkte für sie wie eine Zurückweisung, und sie ging damit um, wie sie es seit ihrer Kindheit getan hatte, indem sie sich noch angestrengter bemühte und zusätzliche Opfer brachte.

»Warum suche ich mir immer Partnerinnen mit so vielen Problemen?«

Im Lauf der Therapie erfuhr ich, daß Rick nicht der erste problemgeplagte Partner war, den Natalie retten zu müssen glaubte. Ihr Exmann war Alkoholiker gewesen. Und ein anderer Mann, den sie auf dem College fast geheiratet hätte, litt an manisch-depressiven Schüben. Als sie ihre Beziehungen Revue passieren ließ, begann sie ein Muster zu erkennen: Sie fühlte sich unweigerlich zu Männern hingezogen, in deren Leben vieles in Ordnung gebracht werden mußte.

Auch Kirk fühlte sich zu Partnerinnen mit Problemen hingezogen. Kirk ist der »trockene« Alkoholiker, der von seiner drogensüchtigen Partnerin Loretta periodisch verlassen wurde und sie immer wieder bei sich aufnahm, wenn sie Geld oder eine Unterkunft brauchte. Seine Beziehung mit Loretta spiegelte ein Muster wider, das sich durch praktisch alle seine Beziehungen zog. Wie Natalie entdeckte er, daß dieses Muster seinen Ursprung in seiner Kindheit hatte.

Kirk Schon als kleiner Junge wußte ich, daß meine Mutter nicht war wie andere Menschen. Sie führte Selbstgespräche, bekam furchtbare Wutanfälle, bei denen sie mit Gegenständen warf, sie beschuldigte die Leute, sie bestohlen zu haben. Und sie sah überall diese »Feinde« lauern. Sie kam von einer Klinik in die nächste, aber es war reine Zeitverschwendung.

Mit ihr ging es immer weiter bergab. Das mit anzusehen, war wirklich schlimm. Manchmal tauchen in meinem Kopf Erinnerungsfetzen auf, wie sie mir, als ich noch klein war, Lieder vorgesungen hat . . . und ich weiß noch, daß wir viel gelacht haben. Aber als ich zehn Jahre war, lebte sie praktisch schon in einer anderen Welt. Ich mußte mit ansehen, wie sie den Punkt erreichte, an dem sie sich nicht einmal mehr selbst versorgen konnte. Mein Vater engagierte eine Krankenschwester für wochentags, aber an den Wochenenden war es mein Job. Er ging in sein Arbeitszimmer, um zu arbeiten oder was weiß ich, und ich saß da mit meiner Mutter und versuchte, sie zum Essen zu bewegen. Ich hab' ihre Medikamente immer in das Essen gemischt, weil sie sonst glaubte, es wäre Gift. Manchmal warf sie ihren Teller nach mir, und ich mußte hinterher saubermachen. Das Schwierigste war, sie ruhig zu halten. Manchmal entwickelte sie diese Paranoia, daß Feinde ins Haus kommen könnten, und ich mußte dann zigmal alle Türen und Fenster kontrollieren. Ich beteuerte ihr, daß niemand eindringen könnte, aber zehn Minuten später geriet sie erneut in Panik. Ich habe alles Erdenkliche versucht, sie zu beruhigen, aber sie wurde immer aufgeregter. Es war so verdammt frustrierend.

Indem er – zumindest teilweise – die Pflege seiner schwer gestörten Mutter übernahm, lernte Kirk nicht nur seine Erlöserrolle, er entwickelte auch ein hohes Maß an Toleranz für chaotisches und unangemessenes Verhalten. Seine frühesten Erfahrungen von Liebe gingen einher mit massiven Angstgefühlen. Er begann, Liebe mit innerem und äußerem Aufruhr zu assoziieren.
Als Lorettas selbstzerstörerisches und impulsives Verhalten Kirks ohnehin instabiles Leben in ein völliges Chaos stürzte, weckte das viele altvertraute Gefühle, die er unbewußt mit Liebe assoziierte. Dies, sowie die Tatsache, daß Loretta vor einer scheinbar unendlichen Folge von Problemen gerettet werden mußte, erwiesen sich

für Kirk als unwiderstehlich. Durch Loretta konnte er ein für allemal einen symbolischen Sieg über die ungewollte, aber gleichwohl sehr schmerzhafte Zurückweisung durch seine Mutter erringen.
Vor Loretta hatte Kirk denselben Kampf bereits in anderen Beziehungen ausgefochten.

> **Kirk** Loretta war bestimmt nicht die erste. Ich hatte schon Beziehungen mit drei anderen Frauen durchgestanden oder sie mit mir, wie man das auch sehen will. Es war immer das gleiche – totale Nieten. Ich hab es geschafft, nicht ins Gefängnis oder in eine Anstalt zu kommen, und ich hab' mich auch nicht umgebracht. Durch die Suchttherapie hab' ich es sogar geschafft, mein Leben einigermaßen in Ordnung zu bringen. Aber irgendwie krieg ich diese Vorstellung nicht aus meinem Kopf, ich müßte Beziehungen mit Frauen eingehen, die völlig selbstzerstörerisch leben wollen. Jetzt ist es eben Loretta. Ich weiß, daß sie nicht gut für mich ist, aber ich kann sie einfach nicht aufgeben.

In all diesen Beziehungen versuchte Kirk, seine Mutter symbolisch zu retten. Unbewußt glaubte er, wenn er die Probleme einer Partnerin überwand, auch das Gefühl von Hilflosigkeit loszuwerden, das er seit seiner Kindheit mit sich herumschleppte, als er versucht hatte, den Wahnsinn seiner Mutter aufzuhalten.
Bei Erlösern wie Kirk und Natalie verfestigt sich in der Kindheit die Überzeugung, daß die Probleme ihrer Eltern zwischen ihnen und der Liebe stehen, die sie so dringend brauchen. Als Erwachsene versuchen sie, den Kampf um die Überwindung der Probleme der Eltern symbolisch nachzustellen: Sie fühlen sich hingezogen zu Partnern mit persönlichen Problemen. Ein anderer Partner würde die Voraussetzungen als symbolischer Vater oder symbolische Mutter eines Erlösers nicht erfüllen.
Die Konstellation, in der Erlöser die Konflikte ihrer Kindheit

noch einmal durchleben, ist eine ganz spezielle, ihre Motivation ist jedoch die gleiche, die alle obsessiv Liebenden antreibt: der Schmerz über eine Zurückweisung. Sie alle handeln unter dem gleichen Bindungszwang.

Die Sucht nach Dramatik

Obsessiv Liebende, die aus chaotischen Familienverhältnissen stammen – und das sind die meisten –, lernen Liebe mit »Dramatik« zu assoziieren. Mit »Dramatik« bezeichne ich ein emotionales Klima, in dem Streß, Chaos, Instabilität, Erregung, Wut und Liebe auf verwirrende Weise zusammengehören. Wenn obsessiv Liebende, die in einer solchen Atmosphäre aufgewachsen sind, ihre Kindheitskonflikte in einer Erwachsenenbeziehung neu inszenieren, erschaffen sie in aller Regel auch das vertraute Klima ihrer kindlichen Angstneurose neu.

Margaret Wenn ich an all die verrückten Sachen denke, die ich angestellt habe, kommt mir das Ganze sehr melodramatisch vor. Aber genauso hat sich meine Mutter immer meinem Vater gegenüber verhalten. Sie haben dauernd gestritten, es war eine permanent geladene Atmosphäre. Mit diesem Bild im Kopf bin ich also aufgewachsen. Alles war immer sehr dramatisch. Jede Menge Brüllen und Schreien und Streiten und Versöhnen. Mit mir war sie genauso. Und ich war genauso mit Phil. Das hat die Spannung zwischen uns erhalten. Daß er sich mit einer anderen Frau traf, hat mich wirklich verletzt, aber selbst der Schmerz war irgendwie aufregend, weil er Teil der leidenschaftlichen Liebe war, die ich für ihn empfand. Als es gut zwischen uns lief, war es absolut super. Und als es dann nicht mehr klappte, war es die Hölle auf Erden. Aber eines war es nie: langweilig.

In ihrer Obsession mit Phil erlebte Margaret genau dasselbe Gefühl wie als Kind: Sie lebte ein Leben am Rande des Abgrunds. Die heimlichen mitternächtlichen Beobachtungsfahrten, die demütigenden Anrufe, die Spannung unangekündigter Besuche, die pulsierende Hitze ihrer sexuellen Begegnungen, der Schmerz, ihn mit einer anderen Frau zu erwischen – die reinste Seifenoper! Das *mußte* einfach die wahre Liebe sein, was sonst auf der Welt könnte so explosiv sein?

Wenn obsessiv Liebende in ihren Erwachsenenbeziehungen nicht dieselbe neurotische Angst wie in ihren Kindheitsbeziehungen erleben, haben sie das Gefühl, man hätte ihnen emotional die Luft herausgelassen, ihre Liebe sei leidenschaftslos und fade geworden.

Diese neurotische Angst ist die Quelle intensivierter Dramatik. Während das den meisten Menschen unbehaglich ist, erleben obsessiv Liebende diese Angst geradezu lustvoll, die emotionale Bedrohung wird aufregend wie eine Achterbahnfahrt.

Warum es nur eine Traumfrau oder einen Märchenprinzen gibt

Der machtvolle Trieb, die eigenen Kindheitskonflikte auszuagieren, verleiht obsessiv Liebenden einen emotionalen Tunnelblick. Weil ihr Partner zum symbolischen Vater oder zur symbolischen Mutter wird, können sie sich keine Alternative vorstellen.

Margaret war überzeugt, daß ihr psychisches Überleben davon abhing, daß es ihr gelang, die Beziehung mit Phil und nur mit Phil zu retten. Selbst nach dem demütigenden Erlebnis, ihn mit einer Frau erwischt zu haben, konnte sie sich nicht dazu durchringen, ihn aufzugeben.

> **Margaret** Ich hatte das Gefühl, daß ich mit den Fingerspitzen an einer Klippe hing. Wie hätte ich da loslassen sollen?

Entweder ich klammerte mich an Phil oder ich würde abstürzen.

Als ein Mitglied aus Margarets Therapiegruppe fragte, warum sie nicht versucht hatte, jemand anderen kennenzulernen, sagte Margaret, sie hätte nicht einmal die Möglichkeit in Erwägung ziehen können. Das überraschte mich nicht. Schließlich war Phil ihr Ersatz-Vater geworden. Die Vorstellung, Phil zu ersetzen, wäre genauso undenkbar gewesen, wie siebenundzwanzig Jahre zuvor die Vorstellung, ihren Vater zu ersetzen.

Wenn man ein Liebesobjekt in einen symbolischen Elternteil verwandelt, kämpft man noch immer den verzweifelten Kampf gegen die Zurückweisung, die man als Kind erlebt hat. Wie das kleine Mädchen im Wald, das an die Tür ihrer Eltern klopft, wird das eigene Leben von der Vorstellung dominiert, man müsse die eine und einzig glückhafte, ideale Liebe zurückgewinnen, nach der man sich immer so verzweifelt gesehnt hat. Aber mit dem Streben, die innere Leere zu füllen, ist man zum Gefangenen des eigenen Bindungszwangs geworden.

Glauben Sie mir, man *kann* sich davon befreien. Und in den folgenden Kapiteln werde ich aufzeigen, wie.

9. Schritte zur Neuorientierung

Wenn ich mit obsessiven Patienten zu tun habe, stoße ich immer auf die tragische Ironie, daß sie die Emotionen, die ihnen soviel Leid bereiten, für Liebe halten. Sie berichten mir, daß sie das Gefühl haben, unterzugehen oder sich aufzulösen. Sie berichten mir, daß sie nicht mehr klar denken können, daß sie sich selbst und ihr Verhalten hassen und sich verloren fühlen. Sie fürchten ihre eigenen Tränen- und Wutausbrüche. Sie glauben, verrückt zu werden, und haben Angst, nie wieder normal zu empfinden.

So fühlt sich nicht die Liebe an. So fühlt sich eine Obsession an. Die Patienten beschreiben nicht die Symptome der Liebe, sie beschreiben eine akute emotionale Krise.

Aber eine Krise kann etwas sehr Nützliches sein. Das chinesische Wort für »Krise« lautet *wei chi* und ist damit perfekter Ausdruck für das, was ich aufzeigen will. *Wei chi* ist eine Kombination zweier Grundgefühle, deren eines für »Gefahr« und deren anderes für »Chance« steht. In diesem Verständnis von Krise liegt eine tiefe Weisheit, eine Weisheit, die auch eine obsessive Liebe in anderem Licht erscheinen läßt. Eine Obsession stellt eine klare Gefährdung des seelischen (und manchmal auch körperlichen) Wohlbefindens dar. Aber diese Gefährdung ist oft das einzige Alarmsignal, das bis in unser Bewußtsein durchdringt, um uns auf die Notwendigkeit einer Veränderung aufmerksam zu machen, ein Alarmsignal, das uns die Chance bietet, Schritte einzuleiten, die zur Befreiung führen.

Eine heilsame Reise

Obsession *ist* ein behandelbarer Zustand. Gleichgültig, ob Sie die Trauer über eine beendete Beziehung nicht überwinden können, noch immer einen Partner verfolgen, der Sie nicht will, oder versuchen, eine Beziehung zu retten, von der Sie vermuten, daß sie durch Ihre Obsession längst zerstört ist. Der Weg der Heilung ist beschwerlich, aber ich kann Ihnen versprechen, daß der Wille, ihn mit mir zu beschreiten, Ihnen helfen wird, Ihre Schmerzen abklingen zu lassen und Ihr Leben in ruhigere Bahnen zu lenken.

Ich möchte mich mit Ihnen gemeinsam auf eine Reise machen, eine Reise, in deren Verlauf wir alte Muster aufbrechen und alte Geister austreiben wollen. Unterwegs werde ich Sie mit einer Reihe von spezifischen Übungen und Techniken vertraut machen, die Ihnen helfen sollen, sich von Ihrer Obsession zu befreien oder sie doch zumindest einigermaßen unter Kontrolle zu bekommen. Zunächst wollen wir Ihre obsessiven Gedanken, Gefühle und Verhaltensweisen isolieren und begreifen, damit Sie verstehen, wie sie wirken. Im nächsten Schritt können wir dann daran arbeiten, diese Gedanken, Gefühle und Verhaltensweisen tatsächlich zu kontrollieren. Wenn sie im wesentlichen unter Kontrolle sind, werden wir uns mit einigen Ihrer Kindheitskonflikte auseinandersetzen, um die Obsession an der Wurzel auszurotten. Und zu guter Letzt werden wir neue Möglichkeiten erkunden, wie Sie ohne Obsession leben und lieben können.

Das wird natürlich Zeit brauchen; Kraft, Mut, Entschlossenheit und Ausdauer sind vonnöten, um die Dämonen obsessiver Liebe auszutreiben. Aber diese Übungen und Techniken haben sich bei meinen Patienten als erfolgreich erwiesen, und ich weiß, daß sie das auch für Sie sein können.

Bevor wir beginnen

Ich werde häufig gefragt, ob der therapeutische Teil meiner Bücher auch ohne professionelle Hilfe angewendet werden könne. Sicherlich können die dargestellten Verhaltens- und Kommunikationsstrategien auch autodidaktisch erlernt werden. Für viele kann das bereits ausreichen, eigene obsessive Tendenzen zu überwinden.

Wenn Sie es jedoch mit Problemen wie chronischen Depressionen, massiven Angstzuständen, Selbstmordtendenzen, Eß-, Schlaf- oder psychisch bedingten Körperstörungen oder gewalttätigen Ausbrüchen zu tun haben, ist es entscheidend, daß Sie dieses Buch im Rahmen einer Therapie oder unter ärztlicher Aufsicht durcharbeiten.

Viele obsessiv Liebende neigen überdies auch zu zwanghaftem Verhalten in anderen Lebensbereichen. Wenn Sie Alkohol oder Drogen nehmen, um Ihre Gefühle abzutöten, müssen Sie sich zunächst mit diesem Zwangsverhalten auseinandersetzen, bevor Sie versuchen, diesen Teil des Buches durchzuarbeiten. Alkohol und Drogen beeinträchtigen das Urteilsvermögen und die Wahrnehmung, was wiederum Ihre Fähigkeit verringert, sich ernsthaft mit Ihren obsessiven Verhaltensmustern und Gedanken auseinanderzusetzen. Wenn Sie also Probleme mit Drogen haben, rate ich Ihnen dringend, keine Zeit zu verlieren und sich um die Unterstützung und Hilfe zu bemühen, die Ihnen in ausgezeichneten Suchtprogrammen, wie beispielsweise dem der Anonymen Alkoholiker, angeboten werden.

Möglicherweise ertappen Sie sich bei persönlichen Widerständen gegen einige der Dinge, die zu tun ich Sie in den folgenden Kapiteln auffordern möchte. Manches mag Ihnen lästig oder zeitraubend erscheinen. Manches mag Gefühle wecken, die Ihnen unangenehm sind. Ich kann nur vermuten, daß Sie, wenn Sie bis hierhin gelesen haben, ernsthaft gewillt sind, etwas gegen Ihre autodestruktiven Verhaltensmuster zu unternehmen. Es gibt keine Garantie dafür, daß Sie damit Ihre Beziehung retten, aber es wird Ihnen helfen, *sich selbst* zu retten.

Ein neuer Blickwinkel

Die meisten obsessiv Liebenden kommen in der Hoffnung zu mir, ich könnte ihnen helfen, ihren Partner zurückzugewinnen. Sie wollen, daß ich sie »in Ordnung bringe«, damit sie für ihre Traumfrau oder ihren Märchenprinzen liebens- und begehrenswert werden. Leider laufen sie damit in die völlig verkehrte Richtung. Es kann nicht Ziel meiner Arbeit sein, den Partner zurückzugewinnen, es geht vielmehr darum, *die eigene Persönlichkeit* zurückzugewinnen.

Wenn Sie sich von der quälenden Obsession befreien wollen, müssen Sie Ihre Perspektive ändern, um nicht den Partner, sondern sich selbst ins Blickfeld zu rücken.

Bisher haben Sie die Verantwortung für Ihr psychisches Wohlbefinden an Ihren Partner delegiert. Wenn er oder sie Sie akzeptiert, sind Sie im siebten Himmel; wenn er oder sie Sie zurückweist, ist es die Hölle auf Erden. Diese fehlgeleitete Verantwortlichkeit ist ungerecht, nicht nur gegenüber dem Partner, sondern auch gegenüber sich selbst. Indem Sie sich auf sich selbst konzentrieren, fangen Sie an, die Verantwortung für Ihr eigenes psychisches Wohlbefinden wieder in die eigenen Hände zu nehmen.

Haben Sie keine Angst vor dieser Ich-Fixierung. Dieses eine Mal lohnt sich die Obsession. Ich möchte, daß es für Sie zur Obsession wird, die eigene verlorengegangene Würde wiederzufinden, Ihr Selbstvertrauen und Ihre Fähigkeit, auf gesunde und produktive Art zu lieben, neu zu entdecken.

Noch einmal, beginnen Sie diese Übungen nicht mit dem Irrglauben, Sie täten all das, um den Partner zurückzuerobern. Wenn Ihr Partner zu Ihnen zurückkehrt, nachdem Sie einige wichtige Veränderungen in Ihrem Leben in Angriff genommen haben, ist das schön. Wenn nicht, wird Ihnen die geleistete Arbeit helfen, mit sich im Einklang zu leben, entweder mit einem neuen Partner oder allein. Der wichtigste Erfolg ist die Wiederentdeckung des eigenen Ich.

Immer schön langsam

In den ersten beiden Wochen des Heilungsprozesses werde ich Sie nicht auffordern, Ihren Partner nicht mehr zu treffen oder auch nur aufzuhören, an ihn oder sie zu denken. Ich werde Sie nicht einmal auffordern, Ihr obsessives Verhalten zu ändern.

Ich weiß, wie beängstigend der Gedanke sein kann, von einer Obsession abzulassen. Viele von Ihnen werden befürchten, daß Sie mit der Obsession auch die Liebe selbst aufgeben. Liebe und Obsession sind in der Vorstellung der meisten obsessiv Liebenden so untrennbar verbunden, daß sie sich das eine nicht ohne das andere vorstellen können. Wir wollen also vermeiden, zu viele Schritte auf einmal zu tun. Statt dessen werden wir uns langsam, behutsam und relativ schmerzfrei auf den Weg machen.

Das Logbuch Ihrer Obsession

Bevor Sie mit der eigentlichen Arbeit an der Befreiung von den Gedanken, Gefühlen und Verhaltensweisen einer obsessiven Liebe beginnen können, müssen Sie sich über deren genaue Wirkungsweise klarwerden. Der erste Schritt zu einem solchen Bewußtsein ist die Aufzeichnung Ihrer obsessiven Verhaltensmuster.

Schiffskapitäne wissen seit jeher um die Wichtigkeit eines Log-

buchs, in dem sie Gezeitenwechsel, Beobachtungen der Himmels-
körper, Kompaßanzeigen, Kurswechsel, Wetteränderungen und
das Verhalten der Mannschaft festhalten – also alle Faktoren, mit
deren Hilfe sie für den Fall, daß sie vom Kurs abkommen, genau
bestimmen können, wo sie die geplante Route verlassen haben.
Damit Sie feststellen können, wo Ihr Leben vom Kurs abgekom-
men ist, möchte ich Sie bitten, einige Wochen lang eine Art
Logbuch Ihrer Obsession zu führen. Mit Hilfe dieser schriftlichen
Aufzeichnungen werden Sie in der Lage sein, einen Teil der
Mechanismen zu erkennen, mit denen Ihre Psyche Ihre Persönlichkeit sabotiert.

Ein Logbuch zwingt Sie, sich selbst mit sehr viel mehr Objektivität
zu betrachten, als Sie das gewohnt sind. Es macht Sie zum Beobachter Ihres eigenen Lebens und hilft Ihnen, Distanz zu Ihrer
Obsession zu gewinnen. So können Sie von dem Chaos Ihres
Lebens einen Schritt zurücktreten und spüren, daß Ihre Obsession
nicht zwangsläufig Ihre sämtliche Energie in Beschlag nehmen
muß. Es *gibt* ein Leben jenseits des Sturms.

Wie Sie Ihr Logbuch führen

Die Struktur Ihres Logbuchs ist denkbar einfach. Ihr obsessives
Verhalten wird – gleichgültig, ob Sie dabei mit Ihrem Partner in
direkten Kontakt treten oder nicht – ausgelöst von starken Gefühlen und Gedanken über sie oder ihn. Ich möchte deshalb, daß Sie
jedesmal, wenn es zu einer gedanklichen Fixierung auf oder einer
direkten Interaktion mit Ihrem Partner kommt, einen Eintrag
machen.

Wenn Sie nur flüchtig an den Partner denken, müssen Sie das nicht
unbedingt eintragen. Aber wenn sich ein Gedanke festsetzt und
Angst auslöst, ist es wichtig, ihn in Ihrem Logbuch festzuhalten.
Jeder Eintrag wird mit Datum und Uhrzeit versehen sowie mit der
Antwort auf folgende sechs Fragen:

1. Was hat die Gedanken ausgelöst?
2. Was habe ich gedacht?
3. Wie habe ich mich gefühlt?
4. Was wollte ich tun?
5. Was habe ich getan?
6. Mit welchem Ergebnis?

Es ist unwesentlich, ob Ihre Antwort auf eine Frage mehrere Seiten oder nur eine halbe Zeile lang ist. Wichtig ist, daß Sie Ihre Gedanken, Gefühle und Verhaltensweisen festhalten, damit Sie sich später detailliert daran erinnern können.

Manche Menschen tragen ständig ein Notizbuch mit sich herum und machen ihre Eintragungen sofort. Andere setzen sich jeden Abend eine halbe Stunde lang hin und führen ihr Logbuch anhand von kleinen Notizen, die sie sich den Tag über gemacht haben. Gleichgültig für welche Art Sie sich entscheiden, es muß nur sorgfältig und regelmäßig geschehen.

Für viele hört sich das nach einer Menge Arbeit an, vor allem wenn Ihr Partner Ihre Vorstellungs- und Gedankenwelt dermaßen dominiert, daß Sie glauben, Bände füllen zu können. Außerdem ist es schwer, die Energie für eine solche Tätigkeit aufzubringen, wenn man deprimiert ist und eigentlich nur noch ins Bett kriechen und sich die Decke über den Kopf ziehen will.

Aber Sie werden feststellen, daß Sie sich mit dem Führen eines Logbuches *besser fühlen*. Wenn Sie Ihr Leben aus dem zwanghaften Muster der Obsession befreien wollen, müssen Sie um Ihrer selbst willen die Kraft aufbringen, diese Anstrengung auf sich zu nehmen.

Die Fragen

Jede der Logbuch-Fragen bezieht sich auf einen anderen Aspekt Ihrer Obsession und die Konsequenzen, die sie in Ihrem Leben nach sich zieht. Weil die verschiedenen Aspekte eng zusammenhängen, fällt es uns schwer, sie voneinander getrennt wahrzunehmen. Durch Ihr Logbuch werden Sie lernen, die Gedanken, Gefühle und Verhaltensweisen Ihrer Obsession zu differenzieren. Diese Differenzierung wird Ihnen bei einem besseren Verständnis der eigenen Befindlichkeit helfen, das Sie brauchen, wenn Sie damit anfangen, Ihre obsessiven Verhaltensmuster in den Griff zu bekommen.

Wenn Sie die Fragen in Ihrem Logbuch beantworten, sollten Sie folgendes bedenken:

1. Was hat die Gedanken ausgelöst? Um diese Frage zu beantworten, müssen Sie sich Ihrer individuellen »Auslöser« bewußt werden – ein bestimmter Anblick, ein Geräusch, ein Geruch, ein Geschmack, eine andere Sinneswahrnehmung, ein Ort oder ein Gegenstand, der bei Ihnen die Gedanken an Ihre Zielperson auslöst. Das kann ein Liebeslied sein, der Geruch eines Parfüms, ein Lieblingsrestaurant, eine bestimmte Tageszeit, ein romantischer Film, das Läuten einer Türglocke, ein beziehungsreiches Datum, ein Foto, sexuelle Sehnsüchte, ein Geschenk, das Ihnen der Partner gemacht hat . . . eben alles, was Sie an Ihren Partner denken läßt.

2. Was habe ich gedacht? Diese Frage klingt einfacher, als sie ist, denn wenn Sie anfangen, über Ihren Partner nachzudenken, können Stunden vergehen. Der Schlüssel liegt darin, Ihre komplexen Gedanken in ein paar Sätze zu komprimieren, gleichgültig, ob es sich dabei um Erinnerungen, Phantasien, Wünsche oder Ideen handelt. Dieser Eintrag kann so speziell (»Ich erinnere mich daran, wie sie Champagner aus einer Kaffeetasse getrunken hat«) oder so allgemein (»Ich frage mich, was er wohl gerade macht«) sein, wie Sie wollen!

3. Wie habe ich mich gefühlt? Gefühle lassen sich immer in ein oder zwei Worten beschreiben – glücklich, traurig, wütend, schuldig, verliebt, eifersüchtig, sexy, ängstlich, euphorisch, feige, gedemütigt –, um nur einige zu nennen. Aber empfundene Emotionen sind nicht immer so eindeutig. Man kann beispielsweise eine Reihe von Gefühlen gleichzeitig empfinden. Versuchen Sie, sich der ganzen Bandbreite Ihrer Emotionen bewußt zu werden, wenn Sie diese Frage beantworten.

4. Was wollte ich tun? Wenn man an den Partner denkt, will man zwangsläufig auch immer irgend etwas tun. Vielleicht wollten Sie sie oder ihn treffen. Vielleicht wollten Sie sich betrinken oder es Ihrem Partner heimzahlen. Was auch immer, schreiben Sie es auf. Vielleicht ist Ihnen die Frage peinlich, weil Sie etwas Irrationales oder Beschämendes tun wollten. Lassen Sie sich davon bitte nicht abhalten, ehrlich zu antworten.

5. Was habe ich getan? Wenn Sie diese Frage beantworten, denken Sie daran, daß sie sich nicht nur auf das direkte Verfolgungsverhalten bezieht. Es geht um jegliches Verhalten, das durch Gefühle oder Gedanken an Ihren Partner ausgelöst wird. Das kann alles sein – vom Verzehr einer Riesenportion Eiscreme, einer Fahrt zu seinem Haus, dem Besuch eines romantischen Kinofilms bis zum Vergraben in Arbeit oder dem stundenlangen Anstarren von leeren Wänden. Sie sollten festhalten, welche Handlungen Ihre obsessiven Gefühle und Gedanken nach sich gezogen haben.

6. Mit welchem Ergebnis? Diese Antwort besteht in aller Regel aus mehreren Teilen. Wenn Sie Kontakt mit Ihrer Zielperson hatten, gibt es Ihre und seine Reaktion. Hat er oder sie aufgelegt, angefangen zu weinen, die Polizei gerufen? Dann gibt es die konkrete Auswirkung: ein zertrümmertes Auto, ein »Kater«, vernachlässigte Aufträge oder vergessene Termine etc. Und schließlich Ihre Gefühle angesichts der Konsequenzen Ihres Handelns: Trauer, Demütigung, Erleichterung, Wut – was auch immer. Jedes Verhalten hat stets sowohl konkret materielle als auch emotionale Konsequenzen, die Sie beide beachten sollten.

Eine wichtige Unterscheidung

Fast alle meine Patienten haben Schwierigkeiten, wenn sie zum ersten Mal versuchen, die Fragen zu beantworten, weil sie – wie die meisten von uns – bisweilen Probleme haben, Gefühle und Gedanken zu unterscheiden.

In unserem Bewußtsein sind emotionale und rationale Informationen so eng miteinander verbunden, daß ihre Unterscheidung oft unklar wird. Es gibt jedoch eine ganz einfache Methode, sie auseinanderzuhalten. Das mag sich wie eine intellektuelle Spitzfindigkeit anhören, aber meines Erachtens kommt dem Verhältnis von Fühlen und Denken – wie diejenigen von Ihnen wissen werden, die bereits eines meiner anderen Bücher gelesen haben – eine zentrale Rolle bei Verhaltensänderungen zu.

Die meisten von uns machen den verbreiteten Fehler, ihre Gedanken so auszudrücken, als würde es sich um Gefühle handeln. Dauernd sagen wir Sätze wie:»Ich hatte das Gefühl, der Film war zu lang.« Ein derartiges Gefühl existiert jedoch nicht. »Der Film ist zu lang«, ist kein Gefühl, sondern ein Gedanke. Die *Gefühle*, die der Kinogänger möglicherweise ausdrücken wollte, waren Unruhe, Langeweile oder Enttäuschung.

Gedanken lassen sich im Gegensatz zu Gefühlen meist nur in ganzen Sätzen ausdrücken. Sie verkörpern Ideen, Wahrnehmungen und Meinungen. Um diesen Punkt deutlich zu machen, wollen wir uns einige beispielhafte Aussagen obsessiver Patienten ansehen:

»Ich hab' das Gefühl, daß mein Partner das, was er sagt, nicht ehrlich meint.«
Gedanke: Mein Partner meint das, was er sagt, nicht ehrlich.
Gefühle: Angst, Unsicherheit.

»Ich hab' das Gefühl, daß wir den Rest unseres Lebens zusammen verbringen werden.«
Gedanke: Wir werden den Rest unseres Lebens zusammen verbringen.
Gefühle: Hoffnung, Aufregung, Freude, Liebe.

»Ich hab' das Gefühl, daß sich mein Partner mit einer/einem anderen trifft.«
Gedanke: Mein Partner trifft eine/einen anderen.
Gefühle: Angst, Eifersucht, Wut, Demütigung.

In der Alltagssprache ist die Unterscheidung zwischen Gedanken und Gefühlen nicht besonders wichtig. Aber wenn Ihre Gedanken und Gefühle Teil eines obsessiven Verhaltensmusters sind, das Sie in den Griff bekommen wollen, ist diese Unterscheidung und Gegenüberstellung von wesentlicher Bedeutung.

Die Verhaltenskomponente

Wenn Sie Schwierigkeiten haben, die Frage »Was habe ich getan?« zu beantworten, kann das daran liegen, daß Sie eher passiv als aktiv reagieren. Es gibt obsessive Verhaltensweisen, die ganz offensichtlich aktiv sind – wie beispielsweise ständige Anrufe, Beobachtungsfahrten, Belauern. Es gibt andere Reaktionen, die zwar auf den ersten Blick nicht offensichtlich, jedoch bei näherem Hinsehen genauso aktiv sind – wie beispielsweise Freßattacken und Drogen- oder Alkoholmißbrauch.
Passives Verhalten läßt eher etwas über sich *ergehen*, als selber

etwas zu *begehen*, es ist gekennzeichnet von dem, was man *nicht* getan hat, und nicht von dem, was man tut. Passiv-obsessiv Liebende bleiben oft den ganzen Tag im Bett, vernachlässigen ihre Freunde, fehlen in der Arbeit und mißachten ihre persönlichen Bedürfnisse. Zwanghaft Liebende, die zu passivem Verhalten neigen, ziehen sich im Lauf der Obsession immer weiter in die Depression zurück.

Oft sind solche passiven Reaktionen nicht als Verhalten erkennbar, aber seien Sie versichert, sie sind es sehr wohl. Eine Wand anzustarren, ist genauso eine Art des Verhaltens wie ständige Telefonanrufe, und beides kann gleichermaßen destruktiv für ihre Psyche sein.

Wenn Ihre Obsession sich in eher passivem Verhalten ausdrückt, übersehen Sie nicht, was Sie wirklich getan haben, selbst wenn Sie notieren: »Ich habe den ganzen Tag geschlafen.« Sie werden entdecken, daß auch Ihr passives Verhalten für Sie immer deutlicher wahrnehmbar wird, wenn Sie sich darauf konzentrieren, so daß das Führen Ihres Logbuches mit jedem Eintrag leichter wird.

Einige Beispiele

Die meisten meiner Patienten finden die Vorstellung, ein Logbuch zu führen, zunächst eher abschreckend, vor allem bevor sie ihren ersten Eintrag gemacht haben. Nora ist hierfür ein gutes Beispiel.

Nora Ich hab' Schreiben schon in der High School gehaßt, und ich mag es bis heute nicht. Mein Arbeitstag ist zu anstrengend, um hinterher auch noch Hausaufgaben zu machen. Ich bin deprimiert und erschöpft. Wenn ich zu Hause ankomme, würde ich am liebsten zusammenbrechen. Für solchen Mist hab' ich einfach keine Energie mehr.

Wie viele Menschen kam Nora in meine Therapie, weil sie hoffte, ich hätte eine Art Zauberstab, mit dem ich ihre Probleme auflösen kann. Die Wahrheit ist jedoch, daß niemand mit ein oder zwei Stunden Einsatz pro Woche ein gravierendes persönliches Problem lösen kann. Selbst wenn wir uns täglich getroffen hätten, hätte sie noch immer ihr Leben außerhalb meiner Praxis gehabt. Wenn Nora eine wirkliche Veränderung wollte, mußte sie die Erkenntnisse der Therapie in ihr Leben integrieren.

Es überraschte mich nicht, daß sie sich zu erschöpft fühlte, an ihrem Logbuch zu arbeiten – ihre Obsession mit Tom war überaus kraftraubend. Aber ich versprach ihr, daß wir einen Teil dieser verschwendeten Kräfte in positive Energie zur Veränderung ihres Lebens umändern könnten, wenn sie dem Logbuch eine Chance geben würde.

Ich erinnerte sie daran, daß sie nicht jeden kleinen Gedanken und jede Handlung eintragen mußte. Die Einträge meiner Patienten unterscheiden sich in Anzahl und Detailfreude erheblich. Sie mußte ihr Logbuch nur so vollständig führen, daß wir binnen weniger Wochen in der Lage sein würden, uns ein objektiveres Bild ihrer obsessiven Verhaltensmuster zu machen. Nach einigen weiteren Klagen willigte sie schließlich ein, es zumindest zu versuchen. In der nächsten Woche kam sie mit einer Loseblattsammlung wieder in meine Praxis. Dies sind einige ihrer Einträge:

Montag, 8.20 Uhr
Was hat die Gedanken ausgelöst? Telefonklingeln.
Was habe ich gedacht? Vielleicht ist er es.
Wie habe ich mich gefühlt? Aufgeregt, nervös.
Was wollte ich tun? Mit ihm reden.
Was habe ich getan? Das Telefon abgenommen.
Mit welchem Ergebnis: Es war meine Mutter und nicht er – ich bin völlig grundlos wütend auf sie gewesen.

Montag, 8.30 Uhr (zehn Minuten nach dem letzten Eintrag)
Was hat die Gedanken ausgelöst? Er war es nicht.
Was habe ich gedacht? Ich muß seine Stimme hören.
Wie habe ich mich gefühlt? Enttäuscht.
Was wollte ich tun? Mit ihm reden.
Was habe ich getan? Ihn angerufen.
Mit welchem Ergebnis? Ich wußte, daß er sauer sein würde, also hab' ich aufgelegt, als er dranging, und kam mir vor wie ein Idiot.

Montag, 8.30 – 11.00 Uhr
Was hat die Gedanken ausgelöst? Nachdem ich erst einmal angefangen hatte, an ihn zu denken, konnte ich nicht wieder aufhören.
Was habe ich gedacht? Er weiß, daß ich ihn angerufen habe, und er haßt mich, weil ich ihm auf die Nerven gehe.
Wie habe ich mich gefühlt? Gedemütigt, traurig, hoffnungslos.
Was wollte ich tun? Wieder ins Bett kriechen und heulen.
Was habe ich getan? Eiscreme zum Frühstück gegessen.
Mit welchem Ergebnis? Ich mußte den ganzen Vormittag an ihn denken – selbst bei der Arbeit.

Vielleicht ist Ihnen ein signifikanter Unterschied zwischen den ersten beiden und dem dritten Eintrag aufgefallen. Die beiden ersten beziehen sich auf ein ganz spezielles Ereignis: das Telefonat, das ihre Erwartungen weckte, und ihr anschließender Anruf. Der dritte Eintrag war sehr viel allgemeiner und bezog sich auf einen Zeitabschnitt, in dem ihr so viele Gedanken über ihren früheren Partner durch den Kopf gingen, daß sie sie unmöglich genauer benennen konnte.
Nora erzählte mir, daß sie ein schlechtes Gewissen plagte wegen ihrer Antwort »Nachdem ich erst einmal angefangen hatte, an ihn zu denken, konnte ich nicht wieder aufhören« auf die Frage »Was hat die Gedanken ausgelöst?«. Sie glaubte, sie hätte die Frage nicht richtig beantwortet. Ich erklärte ihr, was ich allen

meinen Patienten erkläre: Es gibt kein richtig oder falsch. Ihr Logbuch sollte Ihnen keine Angst machen, niemand will Sie beurteilen.

Auf den Stil kommt es nicht an

Noras Eintragungen waren sehr sparsam. Ray, der Kameramann, neigte zu längeren Ausführungen. Trotz seines langen Arbeitstages freute er sich regelrecht darauf, sein Logbuch zu führen, weil es ihm das Gefühl vermittelte, etwas gegen die obsessiven Tendenzen zu tun, die seine Beziehung zu Karen untergruben.

Als Ray und Karen zu ihrem Beratungstermin kamen, lebten sie seit zwei Wochen getrennt. Obwohl sie eine Paartherapie wollten, zog ich es vor, zunächst einige Monate mit Ray allein zu arbeiten, weil er derjenige war, dessen obsessive Verhaltensmuster außer Kontrolle geraten waren. Für dieselbe Zeit verwies ich Karen an eine Frauenselbsthilfegruppe, die sich darauf konzentrierte, zu lernen, wie man eigene Grenzen setzt, klar kommuniziert und entschlossen handelt. Ich versicherte ihnen, daß eine Paartherapie sehr viel konstruktiver sein würde, wenn sie sich zunächst beide die Zeit nähmen, an ihren individuellen Themen zu arbeiten.

Ray war hochmotiviert und begann mit Feuereifer sein Logbuch zu führen. Hier ein Beispiel:

Sonntag, Frühstückszeit
Was hat die Gedanken ausgelöst? Der Kaffeegeruch erinnert mich immer an Karen, weil sie einen Mokka macht, der nicht von dieser Welt ist.
Was habe ich gedacht? Ich denke, wieviel glücklicher ich doch wäre, wenn Karen jetzt bei mir wäre. Der Kaffee würde besser schmecken, ich hätte jemanden, mit dem ich reden könnte, vielleicht würden wir später miteinander schlafen. Früher haben wir immer zusammen die Sonntagszeitungen gelesen. Ich vermisse sie

sehr. Ich frage mich, was sie wohl gerade macht. Ich habe Angst, daß sie mit einem anderen Mann zusammen ist. Sie ist so schön, daß keiner sich eine solche Chance entgehen lassen würde. Wenn sie mit einem anderen Kerl zusammen wäre, würde ich ihm am liebsten den Hals umdrehen. Ich wünschte, sie wäre hier.

Wie habe ich mich gefühlt? Ich fühle mich einsam und frustriert, weil ich im Moment nichts daran ändern kann. Ich bin wütend auf mich selbst, weil ich meine Eifersucht und meine Launen nicht besser im Griff habe. Ich bin wütend auf sie, weil sie mich rausgeschmissen hat. Ich bin deprimiert.

Was wollte ich tun? Ich will bei ihr vorbeigehen und sie sehen, mich vergewissern, daß sie allein ist, und sie leidenschaftlich lieben.

Was habe ich getan? Ich bin bei ihrem Haus vorbeigefahren und habe gesehen, daß ihr Wagen nicht da war.

Mit welchem Ergebnis? Ich war zu deprimiert, um wie üblich ins Fitneßstudio zu gehen. Statt dessen hab' ich zu Hause rumgehangen, mir im Fernsehen Football angesehen und mich selbst bemitleidet.

Etwas so Unbedeutendes wie der Duft von frischem Kaffee reichte aus, um intensivste Erinnerungen und Wünsche auszulösen, die Ray schließlich veranlaßten, bei Karens Haus vorbeizufahren, und letztendlich dazu führten, daß er den ganzen Tag deprimiert war. Vielleicht haben Sie bemerkt, daß die ersten vier Fragen im Präsens beantwortet sind, die beiden letzten jedoch in der Vergangenheitsform. Während Ray seinen Sonntagmorgenkaffee trank, schrieb er seine Gedanken und Gefühle nieder. Aber als er sich dann getrieben fühlte, bei Karens Haus vorbeizufahren, ließ er sein Logbuch zurück. Später hat er die Eintragung dann vervollständigt. Gegen diese Unterbrechung zwischen zwei Einträgen ist nichts einzuwenden, solange Sie alle Informationen festhalten.

Ray traf sich auch weiterhin mit Karen. Das heißt, er hatte im Gegensatz zu Nora auch Eintragungen über seine Interaktion mit seiner Partnerin zu machen. Hier ein Beispiel:

Donnerstag, abend

Was hat die Gedanken ausgelöst? Wir gehen heute abend zusammen essen. Ich kann seit dem Aufwachen an nichts anderes mehr denken.

Was habe ich gedacht? Ich hab' mich ängstlich gefragt, was für eine Laune sie wohl hat. Habe ungefähr zwanzig Minuten gebraucht, ein Hemd auszuwählen. Ich bin völlig nervös wegen meines Aussehens.

Als wir beim Essen waren, hab' ich die ganze Zeit gedacht, sie hat ein Auge auf einen anderen Typ geworfen, der auch in dem Restaurant war. Ich hab' bloß Small talk gemacht. Eigentlich wollte ich sie die ganze Zeit nur fragen, ob sie nach dem Essen mit zu mir kommt, aber das hab' ich nicht getan, weil sie wütend wird, wenn ich sie unter Druck setze. Ich wußte nicht genau, wie ich mich verhalten sollte, weil wir jetzt beide eine Therapie machen und ich nicht sicher bin, wie die Regeln lauten. Sie machte den Eindruck, als hätte sie nicht die geringste Lust, mit mir zusammenzusein. Nach dem Essen bat sie mich, sie nach Hause zu bringen, und ich konnte immer nur denken, daß sie nicht mehr mit mir schlafen will, weil sie mich nicht mehr liebt.

Wie habe ich mich gefühlt? Ich bin total nervös und unsicher, weil sich alles ändert und ich nicht sicher bin, ob es sich zum Guten ändert. Ich habe Angst, sie zu verlieren, und komme mir vor wie ein Schlappschwanz, weil ich offensichtlich unfähig bin, etwas dagegen zu tun.

Was wollte ich tun? Ich wollte sie überreden, mit zu mir zu kommen.

Was habe ich getan? Ich habe versucht, sie zu überreden, mit zu mir zu kommen.

Mit welchem Ergebnis? Sie wurde wütend, und ich kam mir vor wie ein Idiot.

Wie Sie gesehen haben, hat Ray einen ganzen Abend in einer einzigen Eintragung verarbeitet (wobei er wieder einen zuvor begonnenen Eintrag zu einem späteren Zeitpunkt komplettierte). Nora hingegen nahm ein einziges Erlebnis und machte daraus drei verschiedene Eintragungen. Schreiben Sie Ihre Einträge in der Art, wie Sie sich am wohlsten fühlen. Es gibt nur zwei wesentliche Gesichtspunkte, die Sie beim Führen Ihres Logbuchs beachten sollten.

1. Bemühen Sie sich, Ihre Gedanken, Gefühle und Verhaltensweisen zu isolieren und zu benennen.
2. Haben Sie den Mut, Ihr Verhalten zu beschreiben, gleichgültig, wie peinlich es Ihnen sein mag.

Versuchen Sie bitte jetzt noch nicht, Ihre Eintragungen zu analysieren oder zu interpretieren. Dafür haben wir später noch reichlich Zeit. Es ist wichtig, daß Sie sich frei genug fühlen, die Eintragungen ohne Hintergedanken zu schreiben, was sie möglicherweise bedeuten oder über Ihre Person aussagen. Je weniger Sie versuchen, Ihre Aufzeichnungen zu analysieren, desto geringer ist die Gefahr, daß Sie sie bewußt oder unbewußt zensieren.

Das Logbuch ist nur für Ihre eigene Lektüre bestimmt (oder für die Arbeit mit Ihrer Therapeutin oder Ihrem Therapeuten), es gibt also keinen Grund, nicht völlig ehrlich zu sein. Wenn Sie Ihre ersten Widerstände überwunden haben, werden Sie feststellen, daß Ihre Aufzeichnungen wie eine Blaupause für den Teil Ihres Lebens sind, der der Veränderung bedarf. Und je genauer diese Blaupause ist, desto leichter wird es später, die notwendigen Korrekturen vorzunehmen.

10. Die Demontage
des obsessiven Systems

Es gibt nur eine Möglichkeit, dem Teufelskreis obsessiver Liebe zu entkommen: Man muß das »obsessive System« stillegen. Dieses System besteht aus drei Komponenten – aus obsessiven Gedanken, obsessiven Gefühlen und obsessivem Verhalten. Die drei Komponenten greifen ineinander wie Zahnräder einer Maschine. Wenn man ein Rädchen verlangsamt, bremst man zwangsläufig auch die anderen.

Die miteinander verbundenen und interdependenten Teile des obsessiven Systems wirken vorhersagbar und permanent aufeinander ein.

GEDANKEN LÖSEN GEFÜHLE AUS

die

VERHALTENSWEISEN BEWIRKEN

die

WEITERE GEDANKEN AUSLÖSEN

wodurch

DER KREISLAUF VON NEUEM BEGINNT

Um das Funktionieren Ihres obsessiven Systems zu unterbrechen, werden wir uns zunächst auf Gedanken und Verhalten konzentrieren. Sie mögen sich fragen, warum ich zum jetzigen Zeitpunkt nicht direkt mit der Arbeit an Ihren Gefühlen beginne. Es liegt mir fern, die Bedeutung von Emotionen herunterzuspielen, aber ich habe im Lauf der Jahre einfach zu viele Patienten gehabt, die glaubten, sie könnten diesen Prozeß erst beginnen, wenn sie sich allgemein stärker und weniger ängstlich fühlten. Mit anderen Worten, sie führten ihre Gefühle als Entschuldigung dafür an, daß sie die notwendige Arbeit an den eigenen Problemen hinauszögerten.

Tatsache ist jedoch, daß gerade diese Arbeit Ihnen ein Gefühl neuer Stärke vermitteln und Sie beruhigen wird. Wenn Sie an der Veränderung Ihrer Gedanken und Verhaltensweisen arbeiten, müssen sich die Gefühle zwangsläufig ändern. Es besteht also kein Grund, länger zu warten. Im elften und zwölften Kapitel bleibt reichlich Zeit, uns eingehend mit Ihren Gefühlen auseinanderzusetzen.

Die Zeit, die Sie in den letzten vierzehn Tagen mit den Einträgen in Ihr Logbuch verbracht haben, wird sich jetzt auszahlen, denn Ihre Eintragungen werden Ihnen helfen, ein besseres Verständnis Ihres persönlichen obsessiven Systems zu entwickeln. Setzen Sie sich also in Ruhe hin, und lesen Sie Ihr Logbuch.

Achten Sie besonders darauf, wie die Antworten auf die Frage »Was habe ich gedacht?« die Gefühle ausgelöst haben, die Sie in Ihrer Antwort auf die Frage »Wie habe ich mich gefühlt?« beschrieben haben.

Dann betrachten Sie, wie diese Gefühle Sie zur Wiederholung von obsessiven Verhaltensweisen getrieben haben, die Sie in der Antwort auf die Frage »Was habe ich getan?« protokolliert haben.

Zum Schluß überlegen Sie, welche Probleme diese Verhaltensweisen in Ihrem Leben nach sich gezogen haben, indem Sie noch einmal die Antworten auf die Frage »Mit welchem Ergebnis?« durchsehen. Obsessive Verhaltensmuster existieren nicht in einem Vakuum; sie ziehen Konsequenzen nach sich, die in aller Regel schmerzhaft sowohl für den obsessiv Liebenden wie auch für seine Zielperson sind.

Wenn Ihr Logbuch Ihnen erst einmal einen Zugang zu den inneren Funktionsmechanismen Ihres obsessiven Systems eröffnet hat, können Sie mit seiner Demontage beginnen.

Urlaub für Ihre Gefühle?

Obsessive Verhaltensmuster wirken desorientierend wie ein nie nachlassender seelischer Sandsturm. Wenn man sein emotionales Gleichgewicht zurückgewinnen will, muß man aus dem Sturm heraus. Deshalb möchte ich Sie zu einem mutigen Schritt auffordern: Gönnen Sie sich eine Pause von Ihren obsessiven Verhaltensweisen und Gedanken. Ich nenne das einen »Urlaub für Ihre Gefühle«, in dem Sie Abstand von Ihrem Partner und/oder Ihren Verfolgungstaktiken gewinnen. In dieser Zeit sollen Sie sich nur auf sich selbst konzentrieren, einige Techniken zur Kontrolle Ihrer obsessiven Verhaltensmuster erlernen und eine realistischere Perspektive auf Ihre eigene Situation gewinnen.

Wenn Sie in einer Beziehung leben, wird Sie der Gedanke, eine Zeitlang ohne den Partner zu sein, erschrecken – deshalb schlage ich auch lediglich eine Zeitspanne von zwei Wochen vor. Außerdem werde ich Ihnen eine Menge konstruktiver emotionaler und kognitiver Arbeit mitgeben, damit Sie genügend Kraft finden, die innere Leere zu füllen, die Sie wahrscheinlich empfinden werden. Erwarten Sie nicht, in Ihrem Leben in nur zwei Wochen dramatische Veränderungen zu bewirken. Aber indem Sie Ihre selbstdestruktiven Muster für nur zwei Wochen unterbrechen, machen Sie den ersten Schritt in einer Reihe von kleinen, langsam fortschreitenden Veränderungen, mit deren Hilfe Sie aus dem Labyrinth Ihrer Obsession herausfinden können.

»Alles, nur das nicht!«

Die Vorstellung, einen Partner oder die Verfolgung eines früheren Partners auch nur für kurze Zeit aufzugeben, ist für die meisten meiner obsessiven Patienten schlicht undenkbar. Es ist so, als würde man sie bitten, mit dem Atmen aufzuhören.

Das erinnerte mich an einen Alkoholiker, der mich vor vielen Jahren um Hilfe bat. Er beklagte, daß seine Frau ihn verlassen und seine Kinder jeden Kontakt zu ihm abgebrochen hatten, daß er seine Ersparnisse durchgebracht und seine Leber ruiniert hatte. Als ich sagte, daß er als allererstes mit dem Trinken aufhören müßte, antwortete er: »Alles, nur das nicht.«

»Alles, nur das nicht.« Im Laufe der Jahre habe ich diese Worte Hunderte von Malen gehört, wenn ich obsessiv Liebende aufforderte, einen Urlaub für ihre Gefühle zu nehmen.

Bei Margaret löste der Gedanke, zwei Wochen lang die Stimme ihres Partners nicht zu hören, sein Gesicht nicht zu sehen und nicht zu wissen, was er gerade tat, schiere Panik aus. Margaret ist die Frau, deren Beziehung zu ihrem Partner Phil längst nur noch auf rein sexueller Basis funktioniert.

Margaret Ich tue alles, was Sie wollen, solange ich ihn weiterhin sehen kann. Ich spüre, daß er mir schon jetzt entgleitet. Ich habe Angst, daß er nach diesem »Urlaub« nicht mehr da ist. Das würde ich nicht ertragen.

Susan Ich bin mir nicht sicher, daß es in Ihrer Beziehung mit Phil etwas zu retten gibt. Aber wenn, besteht Ihre einzige Chance darin, sich aus Ihrer Obsession zu lösen. Wenn Ihre Beziehung nicht einmal eine zweiwöchige Unterbrechung überlebt, ist sie sowieso zum Scheitern verurteilt. Und wenn das der Fall ist, müssen Sie Ihre Obsession loslassen, um emotional zu überleben. So oder so haben Sie außer Ihrem Schmerz nichts zu verlieren.

Am Ende der Sitzung war es mir gelungen, Margarets Widerstände weitgehend abzubauen. Ihr »Urlaub« sollte für sie ein entscheidender Wendepunkt werden.

Das Dilemma der Erlöser

Erlöser sehen sich bei der Planung einer solchen Phase des Abstands vor ein zusätzliches Problem gestellt, weil ihre Partner so abhängig von ihnen geworden sind. Kirk hatte Angst, seine Partnerin Loretta zwei Wochen allein zu lassen, weil er befürchtete, sie würde nicht überleben.

Kirk Was ist, wenn ich nach Hause komme und sie ist tot? Wie fühle ich mich dann? Ich meine, ich bin der einzige, der zwischen ihr und der Gosse steht.

Susan Dann sollten Sie sich an den Gedanken gewöhnen, für den Rest Ihres Lebens bereit zu sein, weil Sie ihr nämlich nicht helfen, sondern ihr nur ermöglichen, Ihre Probleme weiter mit sich herumzutragen. Sie verfügt über dieselben Kräfte wie Sie, als *Sie* sich entschieden haben, aus der Sucht auszusteigen. Sie können Loretta nicht helfen, solange sie nicht bereit ist, sich selbst zu helfen. Sie müssen Verantwortung für Ihr eigenes Leben übernehmen und Loretta dasselben tun lassen. So einfach ist das.

Kirk Aber ich kann nicht.

Susan Dann weiß ich nicht, wie ich Ihnen helfen soll.

Die Endgültigkeit meiner Aussage überraschte Kirk. Wie alle Erlöser hoffte er, daß ich ihm bei seinen Problemen helfen und ihm gleichzeitig die Erlaubnis erteilen würde, weiterhin den Retter zu spielen. Aber ich war nicht bereit, mich für sein und Lorettas selbstzerstörerisches Verhalten einspannen zu lassen. Wenn er seine Probleme lösen wollte, mußte er die Verhaltensmuster aufbrechen, die sie verursachten. Und sein Hauptproblem war, daß

266

er sich zusätzlich zu seinen eigenen auch noch Lorettas Probleme aufbürdete – Probleme, die er unmöglich lösen konnte.

Kirk begriff, was ich sagen wollte. Auch bei seinen AA-Treffen hatte er dreimal die Woche die gleiche Botschaft gehört. Aber in der Realität macht die Erkenntnis der Wahrheit konsequentes Handeln nicht unbedingt leichter.

Kirk stimmte dem Urlaub für seine Gefühle schließlich erst zu, als er eine Möglichkeit gefunden hatte, die Zuständigkeit für Loretta für den betreffenden Zeitraum zu delegieren, so daß er seine Verantwortungsgefühle nicht völlig aufgeben mußte. Sein Kompromiß bestand darin, Loretta zu einem zweiwöchigen Besuch bei ihrer Mutter zu überreden. Obwohl er noch nicht vollständig bereit war, seine Rolle als Hüter aufzugeben, erlaubte ihm diese Lösung zumindest vorübergehend den notwendigen Abstand, der für unsere Arbeit in diesem frühen Stadium wichtig und notwendig war.

Wie Sie den Urlaub für Ihre Gefühle vorbereiten

Die Vorkehrungen, die Sie für den Urlaub für Ihre Gefühle treffen müssen, hängen von der Intensität Ihres Kontakts zu Ihrem Partner oder Expartner ab.

Wenn Sie mit Ihrem Partner zusammenleben oder mit ihm verheiratet sind, ist es natürlich schwieriger, sich zwei Wochen von ihm zu trennen. Aber es ist trotzdem wichtig, daß Sie Ihrem Partner erklären, daß Sie eine Beziehungspause brauchen, und Möglichkeiten finden, sich diese auch zu nehmen. Manche Menschen fahren zu Verwandten oder Freunden. Andere ziehen in ein Hotel oder gehen sogar auf Reisen. Wichtig ist, daß Sie dabei Zeit finden, die Arbeit, die ich Ihnen mitgeben möchte, zu erledigen. Wenn Ihr Partner in Ihrem Haus oder Ihrer Wohnung wohnt, können Sie ihn auch bitten, für zwei Wochen auszuziehen, anstatt selbst wegzufahren. Das bleibt ganz Ihnen überlassen. Entscheidend ist, daß es in Ihrer Verantwortung liegt, räumliche Distanz zwischen sich und Ihrem Partner zu schaffen.

Gleichgültig, ob Sie mit Ihrem Partner zusammenleben, ihn regelmäßig oder nur sporadisch treffen, Sie müssen ihm knapp, aber entschieden drei Dinge mitteilen:

1. Ihnen ist klargeworden, daß die Beziehung nicht funktioniert.
2. Sie brauchen zwei Wochen Abstand, um den Kopf frei zu bekommen und einige Entscheidungen zu treffen.
3. Sie bitten Ihren Partner die Tatsache zu respektieren, daß Ihnen dieser Abstand sehr wichtig ist und er deswegen in diesen zwei Wochen nicht in Kontakt mit Ihnen treten soll.

Das können Sie Ihrem Partner persönlich, telefonisch oder schriftlich mitteilen – Hauptsache, die Botschaft kommt an. Dann müssen Sie für zwei Wochen auf kalten Entzug gehen – keinen, wie auch immer gearteten Kontakt aufnehmen.

Man tappt leicht in die Falle, zu glauben, daß ein zweiwöchiger Rückzug das Interesse des Partners neu wecken wird. Aber dieser Urlaub ist nicht dazu gedacht, sich rar zu machen. Sein Zweck besteht vielmehr darin, daß Sie sich für zwei Wochen auf Ihre persönliche Entwicklung und Veränderung konzentrieren. Wenn Ihre Gedanken von Phantasien beherrscht werden, daß Ihr Partner einsam sein und Sie verzweifelt zurückwünschen wird, sind Sie nicht in der Lage, sich auf die vor Ihnen liegende Arbeit zu konzentrieren.

Doch in Wahrheit werden viele Zielpersonen regelrecht erleichtert sein. Einige werden ermutigend reagieren, andere gleichgültig, wieder andere (vor allem die Zielpersonen von Erlösern) vielleicht sogar feindselig. Aber gleichgültig, wie Ihr Partner reagiert, lassen Sie sich nicht von Ihrem Vorsatz abbringen. Selbst wenn er versucht, Ihnen die Sache auszureden, indem er Ihnen versichert, daß Sie beide gemeinsam das Problem schon lösen würden, müssen Sie standhaft bleiben. Diese Arbeit an und für sich können Sie nur allein erledigen.

Es gibt Lebenssituationen, in denen eine zweiwöchige räumliche Trennung schlicht unmöglich ist – sei es, weil Kinder da sind oder finanzielle Beschränkungen vorliegen, sei es wegen medizinischer Komplikationen. Wenn eine räumliche Trennung absolut unmöglich ist, *können* Sie die Aufgabe, die ich Ihnen in diesem Kapitel stellen möchte, trotzdem effektiv bewältigen. Aber es wird erheblich schwieriger werden und deutlich mehr Zeit in Anspruch nehmen. Es ist extrem schwer, sich emotional aus den Fesseln einer Obsession zu lösen, wenn Sie physisch immer noch mit dem Liebesobjekt verbunden sind. Anstelle von Klarheit haben Sie es mit einem veritablen Durcheinander zu tun, weil die physische Präsenz Ihres Liebesobjekts genau die Obsession nährt, die Sie auszuhungern versuchen.

Wenn eine räumliche Trennung unmöglich ist, wird eine professionelle Begleitung praktisch unumgänglich sein. Aber betrachten Sie Ihre Lebenssituation genau, und überprüfen Sie, ob Sie tatsächlich ein Opfer von Umständen und nicht Ihrer eigenen Vorwände sind.

Wenn Ihre Zielperson Ihnen, wie bei zahlreichen zitierten Patienten der Fall, ohnehin erklärt hat, daß er oder sie Sie nicht mehr sehen will oder einfach verschwunden ist, haben Sie einen kleinen Vorsprung – Sie müssen Ihren Partner nicht mehr von Ihrer zweiwöchigen Trennung unterrichten. Aber die Tatsache, daß Sie bereits in räumlicher Trennung von Ihrem Partner leben, heißt nicht, daß Ihnen auch die emotionale Trennung bereits geglückt wäre. Auch Sie brauchen diesen Urlaub für Ihre Gefühle, um die überhitzte Maschinerie Ihres obsessiven Systems abzukühlen.

Das erste Zahnrad wird blockiert:
Verhalten

Obsessive Gedanken lassen sich nicht willkürlich stoppen, aber es *ist* möglich, mit genügend Willenskraft vorübergehend aus seinen obsessiven Verhaltensmustern auszusteigen. So können Sie sich selbst den emotionalen Freiraum schaffen, den Sie brauchen, um mit der Arbeit an Ihren Gedanken und Gefühlen zu beginnen.

Ich glaube fest daran, daß es am sinnvollsten ist, verhaltenstherapeutisch anzusetzen, weil Verhalten äußerlich, offensichtlich und benennbar ist. Von allen drei Komponenten des obsessiven Systems ist es am leichtesten zu identifizieren. Obsessive *Gedanken* lassen sich ableugnen, aber es ist schwer, sich über *Verhaltensweisen* wie Fahrten zum Haus Ihres Partners oder ständige unerwünschte Anrufe etwas vorzumachen.

Bevor Sie Ihr obsessives Verhalten einstellen können, müssen Sie sich klar darüber werden, wie es im einzelnen aussieht. Benutzen Sie dazu die Eintragungen, die Sie in Ihrem Logbuch unter der Frage »Was habe ich getan?« gemacht haben. Erstellen Sie eine Liste, und notieren Sie auch Ihre Verfolgungstaktiken und Racheaktionen.

In der jetzigen Phase werden Sie all diese Verhaltensweisen mit einem zweiwöchigen Moratorium belegen:

KEINE unangekündigten Besuche
KEINE Anrufe
KEIN Nachspionieren
KEINE Beobachtungsfahrten
KEINE Briefe
KEINE Geschenke
NICHTS

Wenn sich Ihre Obsession eher passiv ausdrückt, glauben Sie vielleicht, daß es keine zu unterbindenden Verhaltensmuster gibt. Sie müssen sich auf die Vermeidung von autodestruktivem Verhalten konzentrieren. Wenn Sie den Schmerz einer Zurückweisung mit Essen, Drogen oder Alkohol betäuben, ist dies genau der richtige Zeitpunkt, ein Ausstiegsprogramm, eine Selbsthilfegruppe oder einen Therapeuten zu konsultieren.

Um welche Verhaltensmuster es auch gehen mag, wenn Sie erst einmal die Erfahrung machen, daß Sie die Wahl haben, etwas bisher scheinbar Unwiderstehliches *nicht* zu tun, wird Ihnen das ein Gefühl von neuer Stärke vermitteln. Sie *haben* die Wahl, sich für nicht-obsessives Verhalten zu entscheiden, wenn Sie es wirklich wollen. Das ist nicht immer leicht und steht häufig im direkten Widerspruch zu Ihren Wünschen, aber wenn Sie diese zusätzliche Anstrengung auf sich nehmen, werden Sie überrascht sein, wieviel stärker und gelassener Sie sich fühlen.

Der Trugschluß jeder Obsession: »Ich kann mir nicht selbst helfen«

Im Grunde ist Ihr obsessives Verhalten nicht außerhalb Ihrer Kontrolle, es fühlt sich nur so an. Die Überzeugung, daß Sie sich nicht selbst helfen können, ist eine besonders verlockende Variante der Verleugnung, die es Ihnen bisher erlaubt hat, selbst keine Verantwortung für Ihr Verhalten zu übernehmen. Dafür haben Sie mit dem Verlust von Selbstwertgefühl, Glück, Würde und vielleicht sogar der Möglichkeit einer gesunden Beziehung bezahlt. Der Schlüssel zur Kontrolle des eigenen obsessiven Verhaltens liegt in der Erkenntnis, daß es sich dabei nicht um etwas handelt, das Ihnen geschieht, sondern um etwas, das Sie sich *ausgesucht* haben.

Die Vorstellung, obsessives Verhalten sei selbstgewählt, ist für viele zwanghaft Liebende schwer zu akzeptieren. Die meisten meiner Patienten beschreiben ihr obsessives Verhalten mit Worten wie:

> »Bevor ich wußte, wie mir geschah, hatte ich es schon getan.«
> »Ich hatte das Gefühl, einen Fremden zu beobachten.«
> »Ich habe versucht, es zu lassen, aber ich konnte nicht.«
> »Irgend etwas hat die Kontrolle über mich ergriffen.«
> »Ich konnte nichts dagegen tun.«

Das Leitmotiv dieser Äußerungen ist die Behauptung, der obsessiv Liebende hätte keine Wahl gehabt, er hätte rein instinktiv oder wie in einem anderen Bewußtseinszustand gehandelt. Der überwiegende Teil obsessiven Verhaltens ist jedoch keineswegs impulsiv. Wenn jemand wütend wird und einen Teller zerschlägt, ist das impulsiv. Wenn jemand, der eine strenge Diät halten muß, gedankenverloren einen Keks von einem Tablett nimmt und ißt, ist das impulsiv. Spontanes Verhalten geschieht plötzlich, mit wenig oder gar keinen Überlegungen zwischen Impuls und Handlung.

Der Großteil obsessiven Verhaltens ist hingegen das Ergebnis längeren Nachdenkens. Der ursprüngliche Impuls bleibt normalerweise in einer obsessiven Fixierung stecken, bevor er zu einer Handlung führt. Das ist ein wesentlicher Unterschied, denn wenn man über etwas nachdenkt, bevor man es tut, handelt man nicht impulsiv, sondern überlegt, das heißt, man handelt aus freier Wahl. Zu einer Handlung, die nach längerem Nachdenken erfolgt, gibt es immer mindestens eine Alternative, sogar wenn Sie selbst das Gefühl hatten, keine Wahl gehabt zu haben.

Nora beispielsweise, die sich verschiedene Autos mietete, damit ihr Partner Tom ihren Wagen nicht erkannte, wenn sie sein Haus beobachtete. Als ich ihr erklärte, daß es ihre Wahl gewesen war, so zu handeln, wie sie gehandelt hatte, wollte sie mir nicht glauben.

Nora Ich hab' nicht darüber nachgedacht. Ich kam mir vor wie eine Marionette, bei der ein Fremder die Fäden zieht.

Susan So haben Sie die Situation empfunden, aber lassen Sie uns Ihr Verhalten einmal genau betrachten. Wenn Sie ganz impulsiv bei ihm vorbeigefahren wären, hätten Sie das in dem Augenblick getan, in dem Sie den Wunsch verspürten. Statt dessen haben Sie über Ihre möglichen Gefühle nachgedacht, falls Tom Sie erkennen würde. Sie haben sich *bewußt* entschieden, nicht in Ihrem Wagen zu seinem Haus zu fahren. Sie haben sich *bewußt* entschieden, zu einer Autovermietung zu fahren. Sie haben *bewußt* entschieden, Geld für einen Mietwagen auszugeben. Sie haben *bewußt* entschieden, das Anmeldeformular auszufüllen. Sie haben *bewußt* entschieden, mit dem Mietwagen zu seinem Haus zu fahren. Und später haben Sie dann *bewußt* entschieden, noch mehrere Male dort vorbeizufahren. Sie hatten jedesmal die Wahl, und Sie hatten auch jederzeit die Wahl aufzuhören – und das ist etwas, was Sie bei impulsiven Handlungen nicht können. Jedesmal, wenn Sie darüber nachdenken, etwas zu tun, haben Sie automatisch die Alternative, es nicht zu tun.

Wie alle obsessiv Liebenden mußte Nora aufhören, sich hinter dem Irrglauben zu verstecken, daß sie gegenüber ihrer Obsession hilflos wäre. Und in dem Maße, in dem sie sich ihrer eigenen Entscheidungen bewußter wurde, wurden die Entscheidungen gesünder und sinnvoller.

Wie Sie Ihr Verhalten ändern

Wenn Sie sich der Tatsache bewußt werden, daß Sie die Wahl haben, fangen Sie an, dem obsessiven System die Kontrolle über Ihr Verhalten zu entreißen. Um diesen Prozeß zu unterstützen, werde ich Ihnen Techniken vorstellen, mit denen Sie viele Ihrer obsessiven Verhaltensmuster unterbrechen können. Wenn Sie diese Techniken jeden Tag üben, können Sie ein sehr effektives Mittel sein bei dem Bemühen, wieder selbst zu entscheiden, wohin Ihr Leben steuert.

Eine Abmahnung an Ihr Verhalten

Ihr Verhalten ist wie ein schwieriges Kind – es will gewarnt werden, daß Sie keine weiteren Ungehorsamkeiten mehr hinnehmen und klare Grenzen gesetzt bekommen. Haben Sie keine Angst, Ihrem Verhalten die Leviten zu lesen, bei all dem Ärger, den es Ihnen bereitet hat. Ich möchte, daß Sie Ihrem Verhalten eine Strafpredigt halten, wie einem ungezogenen Kind, und daß Sie dabei genau aufzeigen, was Sie frustriert und wo Ihre Grenzen und Erwartungen liegen.

Dafür sollten Sie sich ein ruhiges Plätzchen suchen, Ihr Telefon eine Weile abstellen und vor sich einen leeren Stuhl stellen. Stellen Sie sich vor, Ihr Verhalten wäre ein unartiges Kind, das auf dem Stuhl sitzt. Stellen Sie sich weiterhin vor, Sie wären die liebevolle, aber strenge Mutter oder der Vater des Kindes. Das Kind hat Ihnen nichts als Ärger bereitet, und Ihre Geduld ist erschöpft. Was würden Sie diesem Kind sagen?

Den Tag, an dem ich Anne bat, diese Übung zu machen, werde ich nie vergessen. Sie ist die Friseuse, die ihre eigene Wohnung verwüstet hat, um ihren Partner John davon abzuhalten, sie zu verlassen. Als John später jeden Kontakt zu ihr abbrach, schluckte sie eine ganze Flasche Schmerztabletten und rief John an, um ihm mitzuteilen, was sie getan hatte. Sie hoffte, daß er zu ihrer Rettung herbeigeeilt kommen würde, aber er alarmierte statt dessen den Notarzt.

Als ich Anne zum ersten Mal aufforderte, mit ihrem Verhalten zu sprechen, hatte sie wie viele meiner Patienten Probleme, den leeren Stuhl ernst zu nehmen. Aber beim Reden wurde sie immer engagierter und schimpfte mit ihrem Verhalten wegen allem, was es ihr angetan hatte. Als sie zu dem Selbstmordversuch kam, war sie aufgesprungen und zeigte wie ein plädierender Staatsanwalt anklagend mit dem Finger auf den Stuhl.

Anne Du hast mich fast umgebracht, weißt du das? Ich konnte es gar nicht fassen. Ich wachte im Krankenhaus auf und hatte keine Ahnung, wie ich dorthin gekommen war ... hinter Gittern, festgeschnallt ... ich war entsetzt. Meine Freundin kam mich besuchen und sagte nur, John hätte sie angerufen, weil er mit so etwas absolut nichts zu tun haben wollte. Diese Demütigung war niederschmetternd, und das ist alles deine Schuld. Aber damit ist jetzt Schluß. Ich werde mich nicht länger von dir kontrollieren und erniedrigen lassen. Von jetzt an bestimme *ich*, was passiert. Du wirst mir nicht mehr weh tun und keine Einrichtungsgegenstände mehr zertrümmern. Und in den nächsten zwei Wochen wirst du auch nicht zum Telefon greifen und John anrufen. Du wirst dich nicht ins Auto setzen und bei ihm vorbeifahren. Du wirst nicht einmal seine Freunde anrufen, um zu erfahren, wie es ihm geht. Hast du mich verstanden?

Anne war so überzeugend, daß ich fast erwartete, der leere Stuhl würde ihr antworten. Ich zollte ihrer Überzeugungskraft Beifall und versicherte ihr, daß ihre Gefühle, auch wenn sie sich selbst jetzt nicht so stark fühlte, wie sie klang, binnen zwei Wochen gegenüber ihren Worten aufgeholt haben würden. Als sie zwei Wochen später wieder in meine Praxis kam, erzählte sie mir, daß sie sich jeden Tag, nachdem sie ihrem »ungezogenen Kind« auf dem Stuhl die neuen Regeln gepredigt hatte, ein wenig stärker gefühlt hatte.
Ich kann Ihnen nur dringend raten, diese Übung jeden Tag zu machen. Sie brauchen dafür nicht viel Zeit, und es wird Ihnen

helfen, sich in Ihrer Selbstverpflichtung zu bestärken. Es ist wichtig, daß Sie Ihrem Verhalten täglich zu *hören* geben, was Sie nicht länger zu tolerieren bereit sind. Wenn Sie die Worte laut aussprechen, werden die Ziele, für die sie stehen, einen viel größeren Eindruck auf Ihr Innenleben machen, als wenn Sie sich nur still etwas wünschen.

Vom Impuls zur Option

Wie wir gesehen haben, macht der Akt des *Nachdenkens* über eine Handlung aus einem Impuls eine bewußte Wahl. Es ist, als ob Sie einen Ein/Aus-Schalter zwischen den Impuls und Ihr Verhalten legen würden. Im Idealfall sollte dieser Schalter auch noch eine Alarmglocke haben, die jedesmal ertönt, wenn Sie den Impuls spüren, obsessiv zu handeln. Einen solchen Alarm gibt es natürlich leider nicht, aber Sie *können* visuelle Hilfen benutzen, die die Funktion dieses Alarms übernehmen.

In unserer Kultur ist eines der stärksten Zeichen der Einschränkung ein einfaches Stoppschild. Die meisten von uns sind darauf programmiert, an Stoppschildern anzuhalten. Im Autoverkehr üben wir dieses Verhalten täglich neu ein. In den nächsten zwei Wochen sollen Sie sich diese Programmierung zunutze machen, indem Sie sich mit zahlreichen kleinen Stoppschildern umgeben, die als visueller Alarm dienen für den Fall, daß Sie den Drang zu obsessivem Verhalten verspüren.

Meine Patienten haben die Erfahrung gemacht, daß diese Stoppschilder für die Unterbrechung obsessiver Impulse sehr effektiv sind. Schreiben Sie sie mit rotem Stift oder Kreide auf selbstklebende Notizzettel, die Sie überall dort ankleben, wo Sie Ihr obsessives Verhalten möglicherweise ausagieren könnten. Das wird in aller Regel Ihr Telefon sein, das Steuerrad Ihres Wagens und die Innenseite Ihrer Wohnungstür. Vielleicht bringen Sie weitere Notizen an Ihrem Badezimmerspiegel, auf Ihrer Geldbörse, auf Ihrem Kühlschrank, auf Ihrem Kopfkissen und auf Ihrem Schreibtisch am Arbeitsplatz an. Wenn Sie in den folgenden zwei Wochen eines dieser Schilder sehen, sollte es Sie daran erinnern, daß Sie sich verpflichtet haben, Ihr obsessives Verhalten zu unterbinden, und Sie zum Nachdenken über Ihr momentanes Verhalten veranlassen. Das hört sich für Sie möglicherweise sehr primitiv an, aber eine Vielzahl von Forschungen über das Unbewußte haben ergeben, daß visuelle Symbole häufig sehr viel wirksamer sind, als das gesprochene Wort. Diese Stoppschilder werden Ihnen helfen, Ihre Impulse in Optionen zu verwandeln, und Sie daran erinnern, daß es in Ihrer Macht liegt, Ihr obsessives Verhaltensmuster zu unterbrechen.

Ein emotionaler Anker: die Bezugsperson

Zwölf-Punkte-Programme wie das der Anonymen Alkoholiker stellen dem Ausstiegswilligen eine »Bezugsperson« zur Seite, die ihm bei Bedarf Unterstützung und Ermutigung geben kann. Wenn AA-Mitglieder das Gefühl haben, die Schlacht zu verlieren, ist ihre Bezugsperson wie die Kavallerie, die im letzten Moment zur Rettung herbeireitet. Diese Technik kann auch bei der Bekämpfung einer Obsession sehr wirksam sein.
Wenn Sie einen engen Freund, eine Freundin oder jemanden aus der Familie haben, mit dem Sie sich sicher genug fühlen, um ihm oder ihr die Einzelheiten Ihrer Situation anzuvertrauen, nehmen Sie in der Zwei-Wochen-Phase Kontakt mit ihm oder ihr auf. Bitten Sie diese Person, Ihnen ein Anker zu sein, ein emotionaler Anlegeplatz, der Ihnen hilft, nicht ins offene Meer der Probleme davonzutreiben.
(ACHTUNG: Wenn Sie bereits in einem Suchtprogramm mitarbeiten, wird Ihre Bezugsperson bereits als Ihr Anker fungieren. Vielleicht möchten Sie Ihre Bezugsperson fragen, ob er oder sie es vorziehen würde, wenn Sie sich speziell für die Arbeit an Ihrer

Obsession eine andere Bezugsperson suchen. Häufiger jedoch werden sich die beiden Rollen gar nicht exakt voneinander trennen lassen.)

Die Hauptaufgabe Ihrer Bezugsperson besteht darin, für Gespräche mit Ihnen zur Verfügung zu stehen, entweder persönlich oder telefonisch, für den Fall, daß Sie sich stark gefährdet fühlen, in Ihr obsessives Verhalten zurückzufallen. Ich weiß, wie schwer es ist, nicht in obsessive Verhaltensmuster zurückzufallen, wenn Sie keine andere Möglichkeit sehen, einen Teil des unerträglichen Drucks abzulassen, der sich in Ihnen aufgebaut hat, aber wenn Sie den Teufelskreis durchbrechen wollen, müssen Sie Ihr autodestruktives Verhalten einstellen. Wenn Ihre Willenskraft erlahmt, rufen Sie Ihre Bezugsperson an.

Wenn Sie etwas aussprechen,
verringern Sie die Chance, es ausagieren zu müssen.

Vielleicht fällt es Ihnen schwer, eine Freundin oder einen Freund zu bitten, sich so stark für Sie zu verpflichten. Vielleicht erscheint es Ihnen zuviel verlangt, je nachdem, wieviel Unterstützung Sie brauchen. Aber eine überraschend große Zahl von Freunden und Verwandten wird Ihnen sicherlich gern helfen. Schließlich haben die meisten von ihnen mitbekommen, wie sehr Sie an Ihrer Obsession leiden, und werden erfreut auf die Möglichkeit reagieren, Sie bei deren Überwindung zu unterstützen.

Vor allem für Männer ist es oft schwer, eine Bezugsperson zu finden, weil die meisten Männer dahingehend sozialisiert sind, ihre Gefühle für sich zu behalten. Männer glauben oft, es sei ein Zeichen von Schwäche, um Hilfe zu bitten. Viele meiner männlichen Patienten sehen sich schließlich gezwungen, die Arbeit der Abstandsphase *ohne* Bezugsperson zu leisten. Eine Bezugsperson ist bestimmt keine unabdingbare Voraussetzung, aber die Unterstützung einer liebevollen Freundin oder eines Freundes macht es unendlich leichter, obsessive Verhaltensmuster zurückzuweisen.

Ihre Bezugsperson ist jedoch nicht nur zum Zuhören da, sie sollte auch ihr Bestes geben, Sie von jeglichen obsessiven Handlungen abzuhalten. Dafür müssen Sie Ihrer Bezugsperson erzählen, wie Ihr obsessives Verhalten im einzelnen ausgesehen hat und wie Sie versuchen, es im Verlauf Ihrer Abstandsphase zu unterbrechen. Machen Sie Ihre Befürchtung deutlich, daß Sie in den kommenden zwei Wochen versucht sein könnten, in obsessive Verhaltensmuster zurückzufallen, und fordern Sie Ihre Bezugsperson auf, alles zu tun, um Ihnen durch diese Phase der Verletzlichkeit zu helfen.

Nora hatte große Probleme, ihre beste Freundin Anita um Hilfe zu bitten, weil ihr die Absurdität ihres Verhaltens angesichts der Tatsache, daß sie sich nur ein paarmal mit Tom getroffen hatte, peinlich war.

Nora Ich war bisher zu Anita nicht völlig ehrlich bezüglich meiner Gefühle gewesen, weil ich wußte, daß sie sie bloß für lächerlich gehalten hätte, so daß es schwer für mich war, sie zu bitten, meine Bezugsperson zu sein. Aber als ich ihr schließlich die ganze Wahrheit beichtete, war sie kein bißchen überrascht. Vermutlich hat sie weit besser gewußt, was ich durchmachte, als ich ahnte. Aber ich weiß wirklich nicht, wie ich die zwei Wochen ohne sie hätte überstehen sollen. Ich erinnere mich noch, wie ich am ersten Samstagabend absolut verzweifelt bei seinem Haus vorbeifahren wollte, um zu wissen, wo er war. Also hab' ich Anita angerufen, und sie hat eine Weile auf mich eingeredet, aber das hat auch nicht viel genutzt, so daß sie schließlich vorbeigekommen ist und bis Mitternacht mit mir ferngesehen und geredet hat. Als sie aufbrach, fragte sie mich, ob sie über Nacht meine Autoschlüssel mitnehmen sollte, aber ich hatte ganz ehrlich nicht das Gefühl, daß das noch notwendig war. Das viele Reden hat das Feuer irgendwie gelöscht.

Indem sie einen Abend mit ihrer Bezugsperson verbrachte, anstatt bei Tom vorbeizufahren, machte Nora erstmals die Erfahrung, sich ihren Impulsen widersetzt zu haben. Außerdem stellte sie fest, daß der Impuls, nachdem sie sich entschieden hatte, sich zu widersetzen, tatsächlich schwächer wurde. Vor der emotionalen Abstandsphase war Nora überzeugt gewesen, es sei völlig zwecklos, sich ihrer Obsession zu widersetzen. Jetzt erkannte sie, daß sie tatsächlich die Wahl hatte.

Nora befürchtete allerdings, daß sie dadurch, daß sie ihre Freundin als »Stopschild« benutzte, nicht lernen würde, ihr Verhalten selbst zu ändern. Ich versicherte ihr, daß es völlig in Ordnung sei, in der zweiwöchigen Abstandsphase eine Hilfe zu benutzen. Wie eine Krücke einem über die erste Phase eines Heilungsprozesses hinweghilft, so kann die Bezugsperson Ihnen durch Ihre Abstandsphase und darüber hinaus helfen, bis Sie stark genug sind, auf eigenen Füßen zu stehen.

Wege aus der Isolation

Eine Obsession ist ein einsamer und isolierter Zustand. Wenn obsessiv Liebende sich auf einen Partner fixieren, entfremden sie sich häufig von Freunden, Verwandten und Kollegen. Das geschieht oft dadurch, daß obsessiv Liebende diese Menschen vernachlässigen, ihnen das Gefühl vermitteln, unerwünscht zu sein, Verabredungen nicht einhalten oder permanent unerreichbar sind. Viele obsessiv Liebende belasten oder langweilen ihre Mitmenschen auch mit endlosen Monologen über ihren Partner, ihr Leiden und ihre Frustration.

In der Abstandsphase werden wir diesen Trend umkehren. Laden Sie alte Freunde zu einem Essen, einem Konzert oder einem Film ein. Erneuern Sie alte Bekanntschaften mit einem freundlichen Anruf. Besuchen Sie die von Ihnen vernachlässigten Verwandten. Wenn Ihre Freunde oder Verwandte Bedenken haben, sich mit

Ihnen zu treffen, weil Sie in den letzten Wochen, Monaten oder Jahren geklungen haben wie eine Platte, die einen Sprung hat, versichern Sie ihnen, daß Sie nicht über Ihren Partner reden wollen – im Gegenteil, Sie wollen es ausdrücklich vermeiden, weil Sie versuchen, andere Interessen wiederzuentdecken.

Beginnen Sie mit Ihrem wöchentlichen Tennismatch, Ihrem Yogakurs, Ihrer ehrenamtlichen Arbeit oder der Bridge-Runde, die Sie im Lauf Ihrer obsessiven Beziehung möglicherweise vernachlässigt haben.

Betrachten sie diese Aktivitäten dabei nicht als vorübergehenden Zeitvertreib, weil Sie Ihren Partner nicht treffen können. Aktivitäten und Freunde außerhalb Ihrer Beziehung sind für Ihr emotionales Wohlbefinden von entscheidender Bedeutung. In einer gesunden Beziehung gibt es Raum sowohl für Ihre Partnerschaft als auch für ein eigenes Leben. Nur eine obsessive Liebe verlangt die Art von Fixierung, die Sie vom Rest Ihres Lebens abschneidet.

Wenn Ihre Obsession sich hauptsächlich in passivem Verhalten ausgedrückt hat, neigen Sie möglicherweise dazu, auch in anderen Lebensbereichen eher passiv zu reagieren. Sich von der Welt zurückzuziehen, um Ihre Beziehung zu betrauern, erscheint Ihnen viel verlockender als die Vorstellung, sich in neue Aktivitäten zu stürzen. Aber so tröstlich ein solcher Rückzug auch sein mag, man kann die eigene Isolation und Einsamkeit nur bekämpfen, indem man sich zwingt, aus dem Haus zu gehen und Zeit mit anderen Menschen zu verbringen.

Möglicherweise werden Sie überrascht feststellen, daß man sich auch ohne den Partner amüsieren kann, wenn man bereit ist, aus dem Kokon der Obsession herauszukommen. Es gibt viele Möglichkeiten, sich selbst etwas Gutes zu tun. Schenken Sie sich Blumen, fahren Sie an den Strand, kaufen Sie sich etwas Neues zum Anziehen, gehen Sie mit einem Freund zu einem Sportereignis, belegen Sie einen Kurs, fangen Sie mit einem neuen Hobby an – tun Sie, was immer Ihnen Spaß macht. Versuchen Sie an

Erinnerungen und Gefühle anzuknüpfen, die Ihnen Freude bereitet haben, bevor die Beziehung Ihr Leben zu beherrschen begann.

Strategien gegen zwanghaftes Verhalten

Wenn Sie der Drang quält, etwas Obsessives zu tun, ist es oft
hilfreich, eine Strategie parat zu haben, diese emotionale Energie
in sinnvollere Aktivitäten umzulenken. Wenn Sie sich beispielsweise vornehmen, jedesmal Sport zu treiben, wenn Sie den Impuls
haben, bei Ihrem Partner vorbeizufahren oder ihn zu kontaktie-
ren, können Sie einen Großteil Ihrer obsessiven Energie in Aktivitäten umlenken, die Ihnen nicht nur körperlich guttun, sondern
auch Ihr psychisches Wohlbefinden verbessern werden.

Wenn Sie sich körperlich verausgaben, sondert das Gehirn chemische Stoffe ab, die man Endorphine nennt. Diese Stoffe sind Teil
des körpereigenen Systems zur Schmerzbekämpfung und wirken
wie viele chemische Schmerztabletten auch stimulierend. Aber im
Gegensatz zu den künstlichen Schmerzmitteln haben Endorphine
keine Nebenwirkungen – sie vermitteln Wohlgefühl, ohne daß
man sich beim Abklingen der Wirkung deprimiert fühlt.

Setzen Sie sich fünf Minuten hin, und schreiben Sie alle körperlichen Aktivitäten auf, die Ihnen Spaß machen (oder die Sie zumindest um Ihrer Fitneß willen ertragen können). Das kann alles
mögliche sein von Squash über Aerobic und Joggen bis zum Ge-
wichtheben – mein Lieblingsausgleichsport ist Steppen. Viele meiner Patienten haben wie ich eine Abneigung gegen jede Form von
organisiertem Sport, machen aber trotzdem gerne Fahrradtouren,
Wanderungen oder gehen Tanzen. Hauptsache, Sie kommen ins
Schwitzen.

Wenn Sie Ihre Lieblingssportarten aufgelistet haben, machen Sie
einen Vertrag mit sich selbst, daß sie einmal am Tag, wenn Sie den
Impuls verspüren, etwas Obsessives zu tun, diese Energie in irgendeine sportliche Aktivität umleiten. Anstatt Ihren Partner

anzurufen, gehen Sie schwimmen. Anstatt bei ihm vorbeizufahren, springen Sie Seil. Bringen Sie mindestens einmal am Tag Ihren Körper zum Schwitzen, anstatt Ihre Bezugsperson anzurufen oder sich mit einer der kognitiven Techniken zu beschäftigen, die ich Ihnen im weiteren Verlauf dieses Kapitels zeigen will. Damit aktivieren Sie nicht nur Ihre Endorphine, sondern erlernen gleichzeitig eine weitere Methode, Ihre obsessiven Impulse zu bekämpfen. Am Ende dieser zwei Wochen werden Sie davon bereits ein ganz beachtliches Repertoire zur Verfügung haben.

Wie Sie Ihre obsessiven Gedanken kontrollieren

Wenn Sie Ihre obsessiven Gedanken verändern können, können Sie Ihr ganzes Leben ändern. Sie haben diesen Prozeß bereits in Gang gesetzt, indem Sie Ihr obsessives Verhalten reduziert haben. Indem Sie dieses Zahnrad Ihres obsessiven Systems verlangsamen, lösen Sie auch weniger obsessive Gedanken aus. Je weniger obsessive Gedanken Sie haben, desto leichter ist es, sie zu kontrollieren. Je größer Ihre Kontrolle, desto leichter ist es, sie in nichtobsessive Gedanken zu transformieren. Und je mehr Ihnen das gelingt, desto weniger zwanghaft verhalten und desto weniger verzweifelt fühlen Sie sich.

Die Vermeidung von »Auslösern«

Die einfachste Methode, die eigenen obsessiven Gedanken zu reduzieren, besteht darin, so viele auslösende Momente zu vermeiden wie möglich. In Ihrer Antwort auf die Frage »Was hat die Gedanken ausgelöst?« haben Sie diese »Auslöser« benannt. Nehmen Sie sich ein paar Minuten Zeit, und erstellen Sie eine Liste dieser Auslöser. Verstecken oder vernichten Sie dann mit

Hilfe der Liste so viele von ihnen wie möglich. Das können Fotos von Ihnen und Ihrem Partner sein, Geschenke, Cassetten und Schallplatten, die Sie gerne gemeinsam gehört haben, ein Parfüm oder Rasierwasser, das Sie Ihrem Partner zuliebe benutzt haben – alles, was Sie mit Ihrem Partner assoziieren. Meiden Sie Restaurants oder andere Örtlichkeiten, die Sie häufig gemeinsam aufgesucht haben. Sehen Sie sich keine Liebesfilme an. Hören Sie sich keine Liebeslieder an. Und räumen Sie alle Nahrungsmittel aus dem Kühlschrank, die Sie für Ihren Partner vorrätig haben. Räumen Sie alle Ihre persönlichen »Auslöser«, soweit Sie vernünftigerweise auf sie verzichten können, aus Ihrem Blickfeld.

Die bisher betrachteten Auslöser waren äußerlich, aber es gibt auch Auslöser in uns selbst. Wenn man etwa traurig ist, kann das Gedanken an den Partner auslösen, weil man sich wünscht, er wäre hier, um einen zu trösten. Wenn man wütend ist, denkt man möglicherweise daran, den Partner anzubrüllen. Wenn man sexuelle Lust verspürt, wünscht man sich vielleicht, er oder sie wäre da, um sie zu befriedigen.

Auch unvermeidliche Alltagssituationen können als Auslöser fungieren. Nichts wäre geeigneter, den starken Wunsch nach der Umarmung des Partners auszulösen, als ein Streit mit der Mutter, eine völlig ruiniert aus der Reinigung zurückgekommene Lieblingsbluse oder ein Wutanfall des Chefs.

Man kann nicht sämtliche externen Auslöser in seinem Leben ausschalten. Und gegen die internen Auslöser kann man sich genausowenig schützen wie gegen die Tücken des Alltags. Aber gleichgültig, wie unentrinnbar einige Auslöser auch sein mögen, sie sind nur so mächtig, wie die Gedanken, die sie hervorrufen, und gegen *die können* Sie etwas unternehmen.

Die Identifikation obsessiver Gedanken

Bevor Sie Ihre obsessiven Gedanken kontrollieren können, müssen Sie sich im klaren darüber sein, um welche Gedanken es sich handelt. Auch hier kann Ihr Logbuch Ihnen wieder helfen. Lesen Sie sich Ihre Antworten auf die Frage »Was habe ich gedacht?« durch, und versuchen Sie, Ihre obsessiven Gedanken drei Kategorien zuzuordnen:

1. Erinnerungen
2. Phantasien
3. Innere Monologe

Eine Erinnerung ist jeder Gedanke an die Vergangenheit, in der auch Ihr Partner vorkommt, gleichgültig, ob er angenehm oder schmerzhaft ist. Das kann alles sein, von einer besonders erregenden sexuellen Erfahrung bis zu einer besonders schmerzhaften Zurückweisung.

Eine Phantasie ist ein inneres Bild einer Örtlichkeit und eines Zeitpunkts (in Vergangenheit, Gegenwart oder Zukunft), bei dem Sie sich ein Zusammensein mit Ihrem Partner vorstellen. Obsessive Phantasien beziehen sich zum Beispiel häufig auf lange, imaginierte Gespräche mit Ihrem Partner, in denen Sie sich Ihre Gefühle und Gedanken von der Seele reden. Oder es handelt sich um geschönte Erinnerungen gemeinsamer unerfreulicher Erlebnisse, diesmal mit Happy-End, oder schlicht Träume romantischer Eintracht. Manchmal phantasiert man auch Rachegedanken.

Ein innerer Monolog ist ein Gespräch mit sich selbst, das Sie entweder still in Ihrem Kopf oder laut führen. Themen können Wünsche für Ihre Beziehung sein, Selbstbezichtigungen, Verfolgungs- oder sogar Rachegedanken. Solche Monologe beginnen oft mit Sätzen wie:

»Wenn er nur . . .«
»Warum habe ich nicht . . .«
»Eines Tages wird er erkennen . . .«
»Warum begreift sie nicht . . .«
»Sie weiß nicht, was sie will . . .«
»Das kann er mir nicht antun . . .«

Innere Monologe zeigen sich oft als Einsichten in die eigene Lage, aber in Wirklichkeit handelt es sich meistens nur um Gedankenspielereien – Ausreden, Rechtfertigungen oder Rationalisierungen, mit deren Hilfe Sie es vermeiden wollen, Ihrer Obsession ins Auge zu sehen.

Eine andere Form des inneren Monologs wird durch den Impuls zu einer Handlung ausgelöst. Diesen Gedankentypus finden Sie in Ihren Antworten auf die Frage »Was wollte ich tun?« Hier einige Beispiele:

»Ich muß sie sehen.«
»Ich werde ihn anrufen.«
»Vielleicht fahre ich einfach bei ihr vorbei.«
»Das wird er mir büßen.«

Welcher Natur Ihre obsessiven Gedanken auch sein mögen, Sie müssen lernen, sie unter Kontrolle zu bekommen, wenn Sie nicht von ihnen kontrolliert werden wollen.

Techniken, mit denen Sie Ihre Gedanken stoppen oder verändern können, sind keine Alles-oder-nichts-Methoden. Viele meiner Patienten glauben, sie müßten ihre Gedanken wie geistige Gladiatoren restlos niederkämpfen. Aber die Vorstellung, diesen Prozeß zu beginnen, ist weit weniger erschreckend, wenn Sie ihn Schritt für Schritt angehen. Erwarten Sie bei den folgenden Übungen nicht, daß sich unmittelbarer Erfolg einstellt. Sie werden mit fortschreitender Übung immer effektiver.

Die Kennzeichnung obsessiver Gedanken

Wenn Ihr Arzt Ihnen sagt, daß Eiscreme zu Arterienverstopfung führen kann, werden Sie nie wieder eine Portion essen können, ohne sich der potentiellen Gefahr bewußt zu sein. Wenn Sie erst einmal gelernt haben, Eiscreme mit anderen Augen zu betrachten, werden Sie es im Kopf anders kennzeichnen. Was Sie einst ohne Angst vor Konsequenzen genossen haben, wird für Sie fortan stets als »schädlich« stigmatisiert sein. Diese Kennzeichnung kann Ihnen genauso helfen, Ihre obsessiven Gedanken zu stigmatisieren.

Wenn Sie Ihre obsessiven Gedanken identifiziert haben, belegen Sie sie fortan jedesmal mit der Kennzeichnung »obsessiv«. Wenn Sie beispielsweise daran denken, wie dringend Sie die Stimme Ihres Partners hören wollen oder wie glücklich Sie sein könnten, wenn er Sie nur lieben würde, sagen Sie sich einfach: »Das ist obsessiv.«

Nachdem Sie jetzt die Tatsache akzeptiert haben, daß obsessive Gedanken Ihren Interessen zuwiderlaufen, wird die Kennzeichnung »obsessiv« solche Gedanken weniger verlockend machen. Sie werden sie nie wieder denken können, ohne gleichzeitig daran erinnert zu werden, daß sie für Ihre Selbstzerstörung stehen. Die Kennzeichnung ist eine erstaunlich leichte Möglichkeit, obsessive Gedanken abzuschrecken.

Ein Zeitlimit

Wenn ich meinen Patienten gegenüber zum ersten Mal die Idee erwähne, obsessive Gedanken zu stoppen, beschweren sie sich unweigerlich, daß sie einen Gedanken, wenn er erst in ihrem Kopf aufgetaucht sei, nicht mit bloßer Willenskraft aus der Welt schaffen könnten. Normalerweise reagieren sie überrascht, wenn sie erfahren, daß ich das nicht von ihnen erwarte. Statt dessen mache ich sie mit der Methode des »Zeitlimits« bekannt.

Das »Zeitlimit« ist eine einfache Technik, bei der man es sich selbst erlaubt, sich einmal am Tag seinen obsessiven Gedanken hinzugeben – allerdings nur für eine begrenzte Zeit.

Wählen Sie für diese Übung eine ruhige Stunde des Tages – ich empfehle meinen Patienten in aller Regel, sie vor dem Schlafengehen zu trainieren. Legen Sie sich einfach hin, lassen Sie Ihren obsessiven Gedanken ihren Lauf. Dabei sollten Sie eine Stoppuhr, eine Uhr oder einen Wecker zur Hand haben, damit Sie die Zeit genau im Auge behalten können. Wenn die Zeit abgelaufen ist, fordern Sie Ihre Gedanken laut auf zu verschwinden. Die meisten meiner Patienten entwickeln im Lauf der Zeit einen kleinen Monolog, um das zu tun. Anne nannte das ihr Mantra:

Anne   »Okay, eure Zeit ist abgelaufen. Macht, daß ihr verschwindet. Wir treffen uns morgen abend wieder. Ich weiß, daß ihr nicht gut für mich seid, und ich will meine Zeit jetzt nicht mehr mit euch vergeuden. Wenn ihr unbedingt zurückkommen wollt, müßt ihr bis morgen warten, weil ich heute keine Lust mehr habe, euch nachzuhängen.«

Als Anne mit der Übung des Zeitlimits begann, hielt sie sie für primitiv und albern. Sie betonte, daß sie tagsüber trotzdem andere obsessive Gedanken hätte, gleichgültig, wie sehr sie vor dem Schlafengehen ihr »Zeitlimit« trainiert hätte. Ich versicherte ihr, daß es nicht Sinn der Übung sei, sämtliche obsessiven Gedanken für immer zu verhindern, daß sie jedoch im Lauf der zwei Wochen in ihrer Dauer und Häufigkeit deutlich reduziert werden würden. Am ersten Tag Ihres Urlaubs sollten Sie Ihren Gedanken vierzehn Minuten einräumen, am zweiten Tag dreizehn, am dritten Tag zwölf und so weiter. Sie werden überrascht sein, wie gut Sie Ihre zügellose obsessive Fixierung nach den zwei Wochen gebändigt haben werden.

Strategien gegen zwanghafte Gedanken

Genauso wie Sie gelernt haben, Ihr Verhalten abzulenken, wenn in Ihnen der Drang aufkam, etwas Obsessives zu tun, können Sie auch Ihre obsessiven Gedanken ablenken, indem Sie sich in Aktivitäten vertiefen, die Ihre volle Konzentration erfordern. Wenn es je eine Zeit gab, eine Fremdsprache zu lernen, die Wohnung zu streichen, Ihr Adreßbuch umzuorganisieren oder Kreuzworträtsel zu lösen, dann jetzt.

Wenn Sie einen obsessiven Gedanken haben, zwingen Sie sich, etwas zu tun, das Ihre Aufmerksamkeit ablenkt. Sorgen Sie dafür, daß Sie diese Ablenkungsstrategien schnell einsetzen können, wenn Sie sie brauchen. Wenn Sie angefangen haben zu malen, lassen Sie die Staffelei stehen. Wenn Sie sich in Videospiele vertieft haben, lassen Sie Ihr System eingeschaltet. Wenn Sie Schach mögen, laden Sie sich einen Freund ein, mit dem Sie spielen können, oder kaufen Sie einen Schachcomputer.

Wofür Sie sich auch entscheiden, wenn es Sie zur Konzentration zwingt, wird es Ihnen helfen, obsessive Gedanken aus Ihrem Kopf zu vertreiben. Das Konzept ist denkbar einfach, aber sehr wirksam.

Das Zerschlagen obsessiver Gedanken

In der Psychologie kann ein gutes Bild genau wie im Journalismus mehr wert sein als tausend Worte. Die letzte Technik, die ich Ihnen zur Kontrolle Ihrer obsessiven Gedanken vermitteln will, ist eine Visualisierungsübung, in der Sie sich vorstellen sollen, diese Gedanken regelrecht zu zerstören.

Eine solche Visualisierung ist eine machtvolle Methode, emotionale Distanz zu Ihrer Obsession zu gewinnen. Sie gibt Ihnen die Möglichkeit, Ihre obsessiven Gedanken als eine Einheit außerhalb Ihrer selbst zu sehen. Obwohl sie die persönliche Verantwortung für Ihre Obsession anerkennen müssen, gehört sie doch nicht zum Kern Ihres Wesens. Ihre obsessiven Gedanken sind kein Teil von Ihnen – sie sind lediglich eine Last, sie sind Ihre Feinde. Obwohl diese Übung nur wenige Minuten dauert, sollten Sie sich dafür viel Ruhe nehmen und darauf achten, daß Sie bequem sitzen, damit Sie sowenig wie möglich abgelenkt sind. Atmen Sie zur Entspannung ein paarmal tief ein und aus, und schließen Sie dann Ihre Augen . . .

Stellen Sie sich vor, Ihre obsessiven Gedanken wären ein großer Felsbrocken, der schwer auf Ihren gebeugten Schultern lastet. Jetzt stellen Sie sich vor, daß Sie sich aufrichten, um die Last abzuwerfen. Beobachten Sie, wie Ihr Felsbrocken mit einem ohrenbetäubenden Krachen zu Boden stürzt. Spüren Sie die Erleichterung, dehnen Sie Ihre Muskeln, und genießen Sie das Gefühl der Leichtigkeit ohne den Felsbrocken.

Schauen Sie sich diesen Brocken genau an, und spüren Sie die Wut, wenn Ihnen klar wird, wie sehr er Sie zu Boden gedrückt und Ihnen Schmerzen bereitet hat. Stellen Sie sich vor, daß Sie Ihren Felsbrocken mit einem riesigen Vorschlaghammer in Stücke schlagen. Mit jedem Schlag lassen Sie ein wenig mehr Wut ab.

Wenn Sie Ihren Felsbrocken in kleine Steinchen zertrümmert haben, sammeln Sie sie in einem Eimer. Nehmen Sie den Eimer mit den Steinchen mit auf eine tropische Insel. Spazieren Sie barfuß am Ufer entlang, und werfen Sie die Überreste Ihrer obsessiven Gedanken ins Meer. Sehen Sie zu, wie sie versinken und sich langsam in Sand auflösen.

Spüren Sie die Brandung, die an Ihren Füßen leckt, und die Sonne auf Ihrer Haut, riechen Sie die salzige Luft, hören Sie das Geschrei der Möwen, und genießen Sie das Gefühl von Triumph, Erleichterung und Freiheit. Sie haben Ihren persönlichen Tyrannen gestürzt.

Jedesmal wenn der Felsbrocken Ihrer Obsession Sie zu Boden zu drücken droht, können Sie in dieser Visualisierungsübung Entspannung und Erleichterung finden. Je öfter Sie diese Übung anwenden, desto wirksamer wird sie die obsessiven Gedanken aus Ihrem Kopf vertreiben.

Ich verwende diese spezielle Visualisierung schon seit Jahren bei meiner Arbeit mit Patienten. Doch das bedeutet nicht, daß sie sie Wort für Wort übernehmen müssen. Vielleicht möchten Sie Ihre obsessiven Gedanken lieber von einem hohen Berg stürzen, in einen prasselnden Scheiterhaufen stoßen oder sie in einem Sarg begraben. Fühlen Sie sich frei, die Bilder zu benutzen, die für Sie am wirksamsten sind.

Sie werden feststellen, daß einige in diesem Kapitel beschriebene Techniken für Sie besser funktionieren als andere. Probieren Sie sie alle aus, und arbeiten Sie mit denjenigen, mit denen Sie am weitesten kommen. Es ist völlig gleichgültig, ob Sie sich mit Stopschildern umgeben, sich auf Ihre Bezugsperson verlassen, ein Kreuzworträtselexperte werden oder eine Knoblauchknolle um den Hals tragen – solange es Ihnen gelingt, Ihr obsessives System zu blockieren. Wenn Sie für sich wirksame Methoden gefunden haben, Ihre obsessiven Gedanken und Verhaltensweisen abzuwehren, werden sich Ihre obsessiven Verhaltensmuster insgesamt verändern, und Sie werden sich selbst bewiesen haben, daß Sie es nicht mit den übermächtigen Dämonen zu tun haben, als die sie Ihnen immer erschienen sind.

Ich weiß, daß ich Ihnen für Ihren zweiwöchigen Urlaub eine Menge Stoff zum Nachdenken mit auf den Weg gegeben habe, aber die Überwindung einer Obsession erfordert harte Arbeit und Hingabe. Wenn Sie sich überlastet fühlen, können Sie diese Phase des Abstandnehmens auch ein oder zwei Wochen ausdehnen, um die beschriebenen Techniken besser beherrschen zu lernen. Und wenn Sie hin und wieder in alte Verhaltensmuster zurückfallen, seien Sie nicht zu streng mit sich. Eine Obsession ist eine starke

Macht, und wenn Sie es schaffen, für jeden Schritt zurück zwei nach vorn zu gehen, kommen Sie auch voran. Wenn es Ihnen gelingt, den Würgegriff, in dem Ihre Obsession Sie gefangenhält, nur ein wenig zu lockern, werden diese Wochen für Sie erfolgreich verlaufen.

11. Die Wahrheit über die Beziehung und wie man damit umgeht

Als nächstes wollen wir eine Brücke bauen zwischen den Erfahrungen Ihrer emotionalen Abstandsphase und Ihrem übrigen Leben. Damit diese Brücke Sie auch sicher über die tiefe Schlucht Ihrer obsessiven Liebe trägt, müssen Sie bereit sein, Ihre Beziehung oder den Mangel derselben ehrlich zu betrachten und sich offen mit den Konsequenzen auseinandersetzen.

Ich weiß, daß diese Vorstellung Ihnen angst machen kann. Ich weiß, wie wichtig es bisweilen ist, sich an den dünnsten Strohhalm der Hoffnung zu klammern, um sich zu überzeugen, daß es eine gemeinsame Zukunft mit dem Partner gibt. Aber diese Hoffnung trügt nur zu oft, und falsche Hoffnung ist eine Falle, die Sie daran hindert, in Ihrem Leben weiterzukommen.

Der vierzehnte Tag

Der letzte Tag Ihres »Urlaubs« ist ein Tag des Bilanzierens. Wenn möglich, sollten Sie Ihren »Urlaub« so planen, daß Sie an diesem Tag nicht arbeiten müssen. Verabreden Sie sich nicht, sondern stellen Sie sich darauf ein, den Tag allein zu verbringen. Vor Ihnen liegt eine Menge Nachdenken über das wahre Wesen Ihrer Beziehung.

Wenn es Ihnen so geht wie den meisten obsessiv Liebenden, ist eine schonungslose Betrachtung Ihrer Beziehung so ziemlich das letzte, was Sie wollen, weil Sie im Grunde Ihres Herzens wissen, daß dies ein paar schmerzhafte Enthüllungen nach sich ziehen wird.

Viele von Ihnen haben den Partner bereits verloren. Andere leben in einer Beziehung, die hoffnungslos zum Scheitern verurteilt scheint. Und einige haben eine Beziehung, die möglicherweise eine Überlebenschance hat, wenn Sie das obsessive Verhalten überwinden können, das Ihren Partner vertreibt. Nachdem Sie jetzt zwei Wochen Zeit hatten, ein wenig Distanz zwischen sich und Ihre Obsession zu legen, sind Sie bereit, eine realistische Perspektive zu gewinnen und sich darüber klarzuwerden, welche der folgenden Beschreibungen Ihre Situation trifft.

Beziehungsbilanz

Um Ihnen zu helfen, eine klare Perspektive zu gewinnen, habe ich die folgende Checkliste für Ihre Beziehungsbilanz erstellt. Obwohl einige der aufgeführten Punkte scheinbar selbstverständlich sind, habe ich in meinem Leben unzählige obsessiv Liebende kennengelernt, deren Abwehrmachanismen so ausgeprägt waren, daß sie selbst die offensichtlichsten Anzeichen ableugneten. Achten Sie darauf, daß Ihnen das nicht passiert.

Ihre Beziehung ist bereits beendet, wenn...

1. Ihr Partner jeden Kontakt zu Ihnen abgebrochen hat.

Ihre Beziehung kann nicht weitergehen wie bisher, wenn...

1. Sie praktisch jedes Treffen mit Ihrem Partner initiieren müssen.
2. Ihr Partner nur selten Ihre Anrufe erwidert.
3. Ihr Partner nach einer monogamen Beziehung mit Ihnen begonnen hat oder beginnen will, auch noch andere Partnerinnen oder Partner zu treffen.
4. Sie Ihren Partner nur dazu bewegen können, Zeit mit Ihnen zu verbringen, wenn Sie ihm oder ihr Schuldgefühle vermitteln.

5. Ihre Eifersucht, Ihre Besitzansprüche oder gewalttätiges oder verfolgendes Verhalten Ihren Partner wiederholt wütend oder ängstlich macht.
6. Sexualität das einzige ist, was Ihnen und Ihrem Partner gemeinsam Spaß macht oder Sie überhaupt noch verbindet.
7. Ihr Partner verheiratet ist und trotz gegenteiliger Versprechungen keine Anstalten macht, sich zu trennen oder scheiden zu lassen.
8. Ihr Partner in Geldfragen völlig unverantwortlich handelt und von Ihnen erwartet, daß Sie ihm wiederholt finanziell aus der Klemme helfen.
9. Ihr Partner Alkohol- oder Drogenprobleme hat, spielsüchtig ist oder andere Zwangsverhalten an den Tag legt, ohne bereit zu sein, die Verantwortung für diese Probleme zu übernehmen.

Die erste Liste hat nur einen Punkt, der keiner weiteren Erklärung bedarf. Wenn diese Beschreibung auf Ihre Beziehung zutrifft, Sie aber die Vorstellung haben, daß Sie noch immer eine Beziehung mit Ihrem Partner haben, sollten Sie der Wahrheit ins Auge sehen. Gleichgültig, wie schmerzhaft das sein mag, es wird im Endeffekt weniger weh tun als der Schmerz und die Demütigung, die Sie erleiden, weil Sie einen Partner weiterhin verfolgen, der Sie zurückweist.
Wenn nur eine der Beschreibungen auf der zweiten Liste auf Ihre Beziehung zutrifft, müssen Sie bereit sein, die Beziehung *in ihrer jetzigen Form* aufzugeben, selbst wenn das bedeutet, daß Sie den Partner für immer verlieren. Die einzige Chance für eine gesunde Beziehung besteht in Ihrer Bereitschaft, Ihr obsessives Verhalten zu ändern, *und* in der Bereitschaft Ihres Partners, Ihnen Raum und Zeit für diese Veränderungen zu lassen.
Wenn Sie sich bei einer »Ja, aber«-Antwort ertappt haben, aber gleichzeitig irgendeine Verteidigung des Status quo anführen, versuchen Sie lediglich zu rationalisieren. Vielleicht haben Sie beispielsweise die Frage, ob Sie die meisten Treffen mit Ihrem

Partner initiieren müssen, mit Ja beantwortet und etwas in der Richtung hinzugefügt wie: »*Aber* ich weiß, wie beschäftigt er ist.« Wenn dem so ist, weigern Sie sich, der schmerzhafteren, aber naheliegenderen Erklärung ins Auge zu sehen, nämlich daß Ihr Partner schlicht keine Zeit mit Ihnen verbringen will.

Bitte lassen Sie sich durch Rationalisierungen – oder andere Varianten des Leugnens – nicht davon abhalten, völlig ehrlich mit sich zu sein. Leugnen steht Ihnen nur im Weg.

Nach Ihrer zweiwöchigen Abstandsphase sind Sie jetzt in der Lage, Ihre Beziehung objektiver denn je zu betrachten. Mit Ihrem Logbuch, dem zeitlichen Abstand von Ihrer Obsession und Ihrer Beziehungsbilanz sollten Sie einen sehr viel klareren Blick auf den Zustand, wenn nicht die Zukunft Ihrer Beziehung haben. Aus diesem Blickwinkel sollten Sie auch bereit sein, mit dem Verlust einer Beziehung umzugehen, falls Sie keine mehr haben, oder die Beziehung unter anderen Bedingungen zu erneuern, wenn das noch möglich ist.

Ihr Urlaub für die Gefühle ist zu Ende: Was nun?

Sie haben jetzt zwei Wochen in einem Zustand emotionalen Erregungsaufschubs gelebt, indem Sie eine künstliche Trennung von Ihrem Liebesobjekt und Ihren obsessiven Verhaltensmustern herbeigeführt haben. In dieser Zeit haben Sie verschiedene Techniken zur Kontrolle der Gedanken, Gefühle und Verhaltensweisen gelernt, die Ihr obsessives System ausmachen. Ich weiß, daß viele von Ihnen in diesen zwei Wochen zwischendurch auch einmal schwach geworden sind, aber selbst wenn, Sie haben Fortschritte gemacht, zu denen Sie sich beglückwünschen dürfen. Aber bis jetzt sind diese Veränderungen nur vorübergehender Natur.

Nun müssen wir mit dem Prozeß einer dauerhaften Heilung beginnen – keine kleinen Trostpflästerchen mehr. Wenn Ihre Beziehung beendet ist, möchte ich Ihnen helfen, diese schmerzhafte Wahrheit zu verarbeiten und die Kontrolle über Ihre obsessiven Tendenzen zu perfektionieren. Wenn Sie in eine bestehende Beziehung zurückkehren, möchte ich Ihnen helfen, die Kontrolle über Ihre Obsession auch in Gegenwart Ihres Partners aufrechtzuerhalten – ihrem unwiderstehlichsten Auslöser.

Heute ist der fünfzehnte Tag. Der Urlaub für Ihre Gefühle, die Phase des Erregungsaufschubs ist vorbei. Es wird Zeit, daß Sie das, was Sie über Ihre Situation und Ihr obsessives Verhalten gelernt haben, *akzeptieren* und beginnen, das Gelernte *in Ihren Alltag zu integrieren*.

Wenn Ihre Beziehung beendet ist

Wenn Ihre Beziehungsbilanz ergeben hat, daß Ihre Beziehung beendet ist, endet Ihr »Urlaub« sehr traurig. Die gute Nachricht jedoch ist, daß das Durcheinander, die Zweifel und Spekulationen, die Sie verrückt gemacht haben, jetzt vorüber sind. Mit dieser neuen Klarheit können Sie langsam dem Teufelskreis Ihrer Obsession entrinnen und ein Gefühl von Stabilität und Kontinuität in Ihrem Leben entwickeln.

Ich weiß, daß Partner gelegentlich nach langen Jahren der Trennung wieder zueinanderfinden, aber für das Ziel unserer Arbeit ist es wichtig, daß Sie sich nicht an dieses Fünkchen Hoffnung klammern. Sie wären überrascht, wie viele meiner Patienten fest davon überzeugt sind, eine Beziehung zu führen, obwohl sie keine haben.

Die Hoffnung, daß Ihr Partner sich als der eine unter Millionen erweisen wird, der nach einer endgültigen Trennung zu Ihnen zurückkehrt, kann nur dazu führen, daß Sie im Sumpf Ihrer obsessiven Gedanken steckenbleiben. Es wird auch Ihre Genesung von dem emotionalen Schmerz, den ein solcher Verlust unweigerlich nach sich zieht, verzögern.

Trauer um eine verlorene Beziehung

Das Ende einer Liebesbeziehung ist immer auch ein Tod. Es ist – zumindest für eine Weile – der Tod von Hoffnungen, Erwartungen, Leidenschaften, Träumen und manchmal auch der der Liebe. Das Aufgeben einer obsessiven Beziehung ist außergewöhnlich schmerzhaft. Das Gefühl von Verlust kann selbst bei kurzen oder zutiefst unglücklichen Beziehungen enorm sein. Aber das Ende einer Beziehung läßt sich – genau wie der Tod eines Menschen – mit Hilfe des starken Heilungsprozesses der Trauer verarbeiten. Nora hatte besonders große Schwierigkeiten, von ihren Träumen über Tom abzulassen, obwohl sie bei ihrer Beziehungsbilanz schon nach Punkt eins der Checkliste Klarheit hatte. Sie hatte seit über zwei Monaten nichts von Tom gehört, was sie jedoch nicht davon abhielt, noch immer zu hoffen, daß er sie anrufen würde, um ihr zu erklären, wie sehr er sie vermißt hätte und daß er noch einmal ganz von vorn anfangen wollte.

Nora und ich gingen ihr Logbuch gemeinsam durch, und ich machte sie darauf aufmerksam, daß jeder Eintrag über Tom entweder den Gedanken widerspiegelte, daß sie nichts von ihm gehört hatte, oder ihren unerfüllten Wunsch, mit ihm zusammenzusein. Es war offenkundig, daß die Beziehung nichts weiter als eine Phantasie war, die von der Erinnerung an ein paar aufregende Abende lebendig gehalten wurde.

Als Nora die Tatsache, daß Tom sie wahrscheinlich nicht mehr anrufen würde, endlich akzeptierte, wurde sie sehr aufgeregt.

Nora Ich hab' keine Beziehung, keinen Tom ... Ich hab' nur den Schmerz. Was soll ich denn machen?

Susan Wenn wir die Beziehung, Tom und Ihren Schmerz betrachten – ist Ihr Schmerz das einzige, woran Sie aus eigener Kraft etwas ändern können. Eine Beziehung läßt sich nicht herbeizaubern. Und Sie können Tom auch nicht zwingen, Sie zu mögen, wenn er kein Interesse hat. Aber Sie *können* an Ihrem Schmerz arbeiten.

Um Nora zu helfen, forderte ich sie auf, das zu tun, was Menschen seit Tausenden von Jahren machen, wenn sie die Endgültigkeit eines Verlusts akzeptieren müssen: Eine zeremonielle Beerdigung feiern.

Ein Nachruf auf Ihre Beziehung

Oft bitte ich meine Patienten, ihre Trauer auszudrücken, indem sie einen Nachruf auf ihre Beziehung und die dazugehörigen Phantasien und Träume halten. In jahrelanger therapeutischer Arbeit hat sich dieses Ritual als extrem wirksam erwiesen.
Wenn Sie wie Nora zu der Einsicht gekommen sind, daß Sie keine Beziehung mehr haben, nehmen Sie sich ein paar Minuten Zeit, setzen Sie sich mit Stift und Papier hin, und erinnern Sie sich daran, was Ihnen diese Beziehung bedeutet hat und wie ihr Tod Sie betreffen wird. Lesen Sie sich Ihren Nachruf laut vor, und stellen Sie sich vor, wie Ihre Beziehung ins Grab hinabgelassen wird.
Als ich diese Übung mit Nora machte, inszenierten wir einen kleinen Gedenkgottesdienst in meinem Büro, wobei mein Stuhl als Kanzel diente. Zunächst wirkte Nora ein wenig verlegen, wie sie so hinter dem Stuhl stand, aber als sie ihren improvisierten Nachruf beendet hatte, war sie überrascht, wieviel sie zu sagen gehabt hatte. Hier ein Auszug:

> **Nora** Ich hab' geglaubt, Tom wäre die Antwort auf alle meine Gebete, aber heute bin ich hierhergekommen, um all das zu begraben. All die Liebe, die ich für ihn empfunden habe, all die Träume, die ich für uns geträumt habe, die

schönen Zeiten, die wir gemeinsam verbracht haben ... all das ist vorbei, und ich muß lernen, das zu akzeptieren. Ich habe wirklich geglaubt, es gäbe eine gemeinsame Zukunft für uns, aber heute trage ich diese Zukunft zu Grabe, weil sie diesem Mistkerl scheißegal war. Wahrscheinlich habe ich zu schnell zuviel erwartet, aber jetzt ... muß ich mich von diesen Erwartungen für immer verabschieden. Ich dachte, es wäre die große Liebe, aber es war nur eine kurze Romanze ... sie starb, bevor sie richtig angefangen hatte, und das macht mich sehr traurig. Aber jetzt ist es Zeit, nach vorn zu schauen und an die Lebenden zu denken, das heißt an mich. Ich bin stark, und ich kann darüber hinwegkommen. Ich muß diese Beziehung nur zur letzten Ruhe betten.

Am Ende ihrer Trauerrede weinte Nora. Sie sagte, daß es mehr benötigen würde als nur ein paar Worte, bis sie über Tom hinwegkommen würde, daß sie sich jetzt jedoch viel besser fühlen würde. Ich erklärte ihr, daß das genau der Zweck dieses Nachrufs war. Das Ritual bot ihr eine Möglichkeit, Trauer, Wut und Enttäuschung zu externalisieren. Indem sie die Gefühle und Gedanken, die sie belasteten, symbolisch zu Grabe trug, bestärkte sie ihre Selbstverpflichtung, sie zu überwinden. Es handelte sich also nicht um eine magische Beschwörungsformel – es war lediglich Ausdruck ihrer selbstgesteckten Ziele.

Sie sind möglicherweise skeptisch, aber Sie sollten den Wert symbolischer Rituale nicht unterschätzen. Das Ausleben und -sprechen von Trauergefühlen hat eine starke Wirkung auf das Unbewußte, und solche Rituale können dabei sehr hilfreich sein. Der Nachruf auf Ihre Beziehung kann ein entscheidender Schritt in Ihrem Heilungsprozeß sein.

Trauer kennt keine Regeln

Es gibt keine Regel, wie oder wie lange man trauert. Im Gegensatz zu populären Theorien über universelle Stadien des »Trauerprozesses« haben jüngste Studien gezeigt, daß Trauerarbeit ein völlig individueller Vorgang ist. Allgemeingültig läßt sich *nur* feststellen, daß Trauer erkannt und in irgendeiner Weise direkt ausgesprochen werden muß, sonst gräbt sie sich im Unterbewußtsein ein und kommt als Depression, Wut, Krankheit oder selbstdestruktives Verhalten wieder an die Oberfläche.

Ich erklärte Nora, daß sie in den nächsten Wochen wahrscheinlich viel weinen müßte, daß diese Traurigkeit jedoch ein Ziel und eine Richtung hatte und daß diese Trauer weit produktiver sei, als wenn sich ihr Schmerz in Magenbeschwerden, Depressionen oder Eß- oder Alkoholproblemen ausdrücken würde. Die Traurigkeit, die sie jetzt erlebte, hatte wie jede aktive Trauerarbeit ein absehbares Ende.

Nachdem sie diese Trauerarbeit mit ihrem Nachruf begonnen hatte, lag es nun an Nora, diesen Prozeß fortzusetzen. Nora machte die Erfahrung, daß es für sie das beste war, das Ende der Beziehung mit Freundinnen zu besprechen. Jedesmal, wenn sie darüber sprach, wurde der Verlust ein wenig realer für sie.

Manche Menschen müssen über ihre Gefühle reden. Andere brauchen eine Schulter, an der sie sich ausweinen können, bis ihr Schmerz nachläßt. Wieder andere trauern still für sich, indem sie ihren Schmerz durch das Schreiben eines Tagebuchs, mit Hilfe von Kunst oder Musik oder durch kraftraubende körperliche Betätigung verarbeiten. Manche Menschen sind schnell mit ihrer Trauer fertig, andere brauchen länger. Am Ende kommt es nicht darauf an, wie Sie trauern – solange Sie überhaupt trauern und sich diesem notwendigen Prozeß nicht entziehen.

Wenn Ihre Beziehung in der gelebten Form gescheitert ist

Mir ist durchaus bewußt, daß viele von Ihnen nach dem zweiwöchigen »Urlaub« direkt zu Ihrem Partner zurückkehren werden, selbst wenn Ihre Beziehung nur noch ein Schatten ihrer selbst ist. Aber wenn Sie nur eine Frage der zweiten Beziehungsbilanz-Checkliste mit Ja beantwortet haben, können Sie Ihre Beziehung nicht weiterführen, als sei nichts geschehen.

Wenn Sie erkannt haben, daß die Beziehung in der aktuell gelebten Form gescheitert ist, müssen Sie die Verantwortung übernehmen, Veränderungen vorzunehmen. Möglicherweise geht es Ihnen wie den meisten obsessiv Liebenden, und Sie haben längst erkannt, daß sich Ihre Beziehung ändern muß. Nur haben Sie das bisher versucht, indem Sie Ihren Partner gedrängt haben, sich zu verändern. Tatsache ist jedoch, daß Sie nicht Ihren Partner, sondern nur sich selbst ändern können. Und indem Sie sich selbst ändern, verändern Sie auch die Beziehung. Entweder sie wird besser, oder Sie werden stark genug, sie hinter sich zu lassen.

Erneute Kontaktaufnahme

Ob Sie mit Ihrem Partner zusammenleben, ihn ein- oder zweimal die Woche oder nur sporadisch treffen – die Rückkehr in Ihre Beziehung ist ein prekärer Moment.

Nach zwei Wochen ohne Ihr obsessives Verhalten – oder fast ohne –, werden Sie sich vorkommen wie jemand, der nach einer strengen Diät ins normale Leben zurückkehrt. Jetzt, nach dem Ende der Diät, fühlen Sie sich von Versuchungen umgeben und glauben möglicherweise sogar, daß Sie es sich nach Ihren tugendhaften Anstrengungen leisten können, die Zügel etwas zu lockern. Aber wie bei einer Diät müssen Sie die erfolgreich begonnene

Arbeit fortführen und gegen die Versuchung wachsam bleiben, in altvertraute Verhaltensmuster zurückzufallen.

Ihr Partner hat allen Grund, hinsichtlich Ihrer massiv bedrängenden und obsessiven Taktiken in der Vergangenheit mißtrauisch zu sein. Sie haben schließlich auf seine Auslöser in vorhersagbar obsessiver Weise reagiert. Wenn Sie jetzt in Ihre Beziehung zurückkehren, wird Ihr Leben wieder voller Auslöser sein. Obwohl Sie in den vergangenen zwei Wochen an Ihrem Verhalten gearbeitet haben, besteht doch die Möglichkeit, daß Ihr Partner genau da weitermacht, wo er aufgehört hat. Wenn er Sie zuvor zurückgewiesen und widersprüchliche Botschaften ausgesandt hat oder emotional unerreichbar für Sie war, wird sich das wahrscheinlich kaum geändert haben.

Als Sie während Ihrer emotionalen Abstandsphase gelernt haben, Ihr Verhalten zu kontrollieren, war das, als ob Sie im flachen Bereich eines Wasserbeckens gelernt haben zu schwimmen. Jetzt springen Sie ins offene Meer. Die erlernten Techniken werden Sie über Wasser halten, aber Wellen und Strömungen arbeiten gegen Sie und machen das Schwimmen sehr viel schwieriger.

Margaret und Phil

Als Margaret den Kontakt zu ihrem Partner, dem Polizisten, wieder aufnahm, war ihr klar, daß es eine recht rudimentäre Beziehung war, in die sie zurückkehrte. Sie hatte fünf der neun Aussagen auf der zweiten Beziehungsbilanz-Checkliste als auf ihre Situation zutreffend erkannt. Als sie ihn am Tag nach ihrer Abstandsphase anrief, tat sie das mit einer neuen Perspektive.

Margaret Am selben Abend kam er so gegen elf Uhr vorbei, wie er das immer tut, und als erstes wollte er – wie gewöhnlich – mit mir ins Bett. Ich sagte, daß ich dazu im Moment keine Lust hätte. Ich zitterte am ganzen Körper, als ich ihm das sagte, solche Angst hatte ich, daß er einfach wieder abhauen würde. Aber wissen Sie, was? Ich bin mehr wert, als ein- oder zweimal im Monat ein Quickie, also hab' ich ihm erklärt, wenn er nicht bereit wäre, mir mehr als das zu geben, wollte ich so nicht weitermachen. Er war völlig verwirrt. Das war das letzte, das er von mir erwartet hatte. Er sagte, er würde darüber nachdenken und mich anrufen. Dann ist er gegangen. In dem Augenblick, in dem die Tür hinter ihm zufiel, verspürte ich einen unbändigen Drang, ihm nachzulaufen. Es war, als ob all die hinter mir liegende Arbeit und all die Gedanken, die ich mir darüber gemacht hatte, was ich sagen wollte, von einer Sekunde zur nächsten wie weggefegt waren. In dem Moment hätte ich alles getan, um ihn am Gehen zu hindern. Aber ich hab' es nicht getan! Ich weiß nicht, warum, aber ich hab's nicht getan. Das ist jetzt eine Woche her, und ich habe immer noch nichts von ihm gehört. Aber ich weiß genau, wenn ich ihn anrufe, falle ich wieder voll in meinen alten Trott zurück, und das wäre einfach zu schlimm für mich, also laß ich es bleiben. Es tut sehr weh, wenn ich an den Anfang unserer Beziehung denke, aber ich weiß, daß ich sie so nie wiederbekommen werde, und das Entscheidende ist – ich bin tatsächlich standhaft geblieben. Ich hab' es wirklich geschafft.

Obwohl Margaret fest davon überzeugt war, sie hätte Phil vertrieben, hatte er sie im emotionalen Sinne schon seit langem verlassen.

Mit Hilfe ihres Logbuchs und ihrer Beziehungsbilanz hatte Margaret eine neue Klarheit über ihre Situation gewonnen, und die Klarheit gab ihr den Mut, sich einer emotional unbefriedigenden Beziehung zu verweigern. Der eigentliche Moment der Prüfung kam, als Phil ging und sie von obsessiven Impulsen gepeinigt wurde, ihm zu folgen. Aber die Arbeit ihrer emotionalen Abstandsphase gab ihr die Kraft, diesen Impulsen nicht nachzugeben, und nachdem sie die Trauer über ihren Verlust verarbeitet hatte, hat sie nie wieder zurückgeblickt.

Ray und Karen

Als Ray zu Karen zurückkehrte, kehrte er im Gegensatz zu Margaret in eine Beziehung auf Gegenseitigkeit zurück. Ray und Karen hatten in ihren getrennten Therapien beide gelernt, die obsessiven Aspekte ihrer Interaktion zu überwinden. Aber Ray machte die Erfahrung, daß er noch immer auf dieselben Auslöser reagierte, die ihn bereits vorher verrückt gemacht hatten. Er fühlte sich noch immer zurückgewiesen, wenn sie die Badezimmertür abschloß, er war noch immer eifersüchtig, wenn er Männerstimmen auf dem Anrufbeantworter hörte, und zutiefst verzweifelt, wenn er nicht wußte, wo sie war.

Aber jetzt war Ray sich der Funktionsweise der Auslöser bewußter. Und er war mit einer ganzen Reihe verhaltenstherapeutischer Techniken gewappnet. Langsam aber sicher meißelte er das Hindernis seiner Obsession aus dem Weg.

Ray Ich fand es schon schlimm, zwei Wochen ohne sie zu sein, aber wieder mit ihr zusammenzusein, war noch schwieriger. Ich dachte, ich hätte den ganzen Kram unter Kontrolle, aber jetzt, wo ich sie ständig sehe ... Ich muß vierundzwanzig Stunden am Tag meinen eigenen Gefühlen gegenüber auf der Hut sein. Alles passiert total reflektiert ... ich analysiere jeden Gedanken und jede Handlung ... aber zumindest hält sie immer noch zu mir. Das Schwierigste ist, nicht zu wissen, wo sie gerade ist. Ich habe noch immer den Drang, erfahren zu müssen, wo sie gewesen ist und was sie dort getan hat, aber ich weiß, daß ich sie damit vertreibe. Anstatt ihr deswegen zuzusetzen, spreche ich mir dann immer wieder einen Satz vor: »Wenn du das machst, wirst du sie verlieren. Wenn du das machst, wirst du sie verlieren.« Es scheint zu klappen. Davon gehen meine Gefühle zwar nicht weg, aber sie fressen mich innerlich auch nicht mehr auf. Ich weiß, daß noch ein weiter Weg vor mir liegt, aber ich merke, daß ich Fortschritte mache, und darauf kommt es an.

Zum ersten Mal übernahm Ray die Verantwortung für sein obsessives Verhalten. In der Vergangenheit hatte er immer Karen für seine Eifersucht und seine Besitzansprüche verantwortlich gemacht. *Sie* hatte ihm das Gefühl von Unsicherheit und Zurückweisung vermittelt. Er hatte seine Wutanfälle und Verhöre immer für berechtigt gehalten, hatte sein Verhalten als völlig normale Reaktion auf Karens Rückzüge angesehen. Aber mit Hilfe seines Logbuchs und nach zweiwöchiger, zum Teil schmerzhafter Selbstanalyse erkannte Ray schließlich seinen Anteil an der Entstehung des emotionalen Chaos, an dem er so litt.
Obwohl Rays Introspektion ihn bisweilen überreflektiert und verlegen machte, entwickelte er zum ersten Mal ein Bewußtsein für seine eigenen inneren Mechanismen. Es war richtig aufregend, ihn bei diesem Prozeß zu beobachten. Er hatte zwei Wochen daran gearbeitet, externe Kontrollen an sein Verhalten anzulegen, aber jetzt entwickelten diese Kontrollmechanismen von innen her eine Eigendynamik. Während seine obsessiven Gedanken ihn früher zu zwanghaften Verhaltensweisen angetrieben hatten, lösten sie jetzt neue Gedanken an Verhaltenskontrolle aus. Obwohl Ray noch einen weiten Weg vor sich hatte, marschierte er doch offensichtlich in die richtige Richtung.

Nach der gewalttätigen Obsession

Wenn Sie die Grenze zur Gewalttätigkeit gegenüber Ihrer Zielperson oder deren persönlichem Besitz einmal überschritten haben, rate ich Ihnen unter allen Umständen dringend davon ab, erneut Kontakt aufzunehmen. Ich weiß, daß diese Mahnung bei Ihnen möglicherweise Wut und Frustration auslöst, aber es ist eine Tatsache, daß es bei Gewalttätigkeiten häufig zu Wiederholungen kommt.

Mir ist durchaus bewußt, daß manche Menschen, die einmal handgreiflich geworden sind, ihre Dämonen überwinden und ihre Beziehung ohne weitere Zwischenfälle fortsetzen können, aber dies ist eher die Ausnahme als die Regel. Die Beziehung zu Ihrer Zielperson hat bei Ihnen bereits früher Gewalttätigkeiten ausgelöst. Obwohl es keineswegs sicher ist, daß das wieder geschieht, können Sie die Chance um Ihrer selbst willen verringern, indem Sie Situationen meiden, die bekanntermaßen risikobefrachtet sind. Die emotionale Arbeit, die vor Ihnen liegt, ist schwer genug, auch ohne daß Sie sich mit einer Beziehung mit erwiesenen Auslösemomenten weiterhin belasten.

Wenn Sie neben Ihrer Obsession auch noch mit einer Tendenz zur Gewalttätigkeit zu kämpfen haben, werden die in diesem Buch aufgezeigten therapeutischen Möglichkeiten nicht ausreichen. Gewalttätige Tendenzen sind tief und fest im Unbewußten verwurzelt. Ich kann nicht nachdrücklich genug betonen, daß Ihr Hang zur Gewalttätigkeit außerhalb Ihrer bewußten Kontrolle liegt und daß alle Wünsche, alle Willenskraft und sämtliche Versprechen und guten Vorsätze der Welt daran nichts ändern werden. Sie schulden es sich, Ihren Mitmenschen und allen, die Sie in Zukunft noch treffen werden, daß Sie sich von einem Therapeuten helfen lassen, der Erfahrung in der Arbeit mit gewalttätigen Patienten hat und mit Ihnen sowohl an Techniken zur Verhaltenskontrolle als auch an der seit Ihrer Kindheit verdrängten Wut arbeitet.

Die Rückkehr des Erlösers:
Kirk und Loretta

Wenn Sie der Typ des Erlösers sind, können Sie nicht zu Ihrem Partner zurückkehren, ohne von ihm Verhaltensänderungen zu verlangen, es sei denn, Sie sind bereit, ihn für den Rest Ihrer Beziehung zu umsorgen und zu retten. Wenn Sie darauf *bestehen*, Ihre sorgende Rolle weiterhin zu spielen, müssen Sie auch darauf vorbereitet sein, weiterhin die Frustration und den emotionalen Mangel zu ertragen, die bisher kennzeichnend für Ihre Beziehung waren. Solange Ihr Partner nicht selbst die Verantwortung für seine Probleme übernimmt, wird sich zwischen Ihnen nichts ändern.

Sie müssen dem Verhalten Ihres Partners klare Grenzen setzen. Wenn Ihr Partner positiv auf diese Grenzen reagiert und einige echte Veränderungen vornimmt, besteht *möglicherweise* eine Chance, Ihre Beziehung zu retten. Sollte sich Ihr Partner jedoch weigern, kann Ihre Beziehung nur destruktiv für beide Beteiligten weitergehen. In diesem Fall *müssen* Sie die Beziehung um des eigenen emotionalen Überlebens willen beenden.

Kirk hatte seine abhängige Partnerin schon mehrfach aufgefordert, ihn zu einem Treffen der Anonymen Alkoholiker zu begleiten, aber sie hatte stets eine Ausrede, nicht mitzukommen. Sein eigenes Suchtprogramm hatte ihn bereits auf die Tatsache vorbereitet, daß er aufhören mußte, für Loretta Verantwortung zu übernehmen, aber erst nachdem die zweiwöchige Abstandsphase ihm die Werkzeuge an die Hand gegeben hatte, mit seinen obsessiven Gefühlen umzugehen, entschloß er sich zu konsequentem Verhalten.

Bestärkt von seiner AA-Bezugsperson und mir, fand Kirk endlich die Kraft, klare Grenzen zu ziehen. Er erklärte Loretta, daß er in seinem Haus keinen weiteren Drogen- und Alkoholkonsum tolerieren würde. Er war auch nicht mehr bereit, hinzunehmen, daß sie ganze Nächte lang wegblieb. Außerdem bestand er darauf, daß sie eine Entgiftung machte und an einem Ausstiegsprogramm teilnahm. Er erklärte ihr, daß sie entweder etwas gegen ihr Problem unternehmen oder ausziehen müsse.

Kirk Sie zog alle Register – sie argumentierte, weinte, manipulierte, verführte und machte mir Schuldgefühle –, aber ich hatte all das schon zu oft gehört. Ich ließ mich nicht von meinem Entschluß abbringen. Schließlich meinte sie, ich könnte sie mal am Arsch lecken, und verschwand. Ich kann Ihnen sagen, es war nicht direkt ein Triumphgefühl. Ich fühlte mich vielmehr so, als hätte sie mir in die Eier getreten. Aber ich wußte, ich mußte hart bleiben, weil es für uns beide einfach keine Zukunft gab, wenn ich trocken und clean zu bleiben versuchte, während sie ständig mit einem Bein in der Gosse stand.

Kirk wußte, daß er mit diesem Ultimatium Gefahr lief, Loretta zu verlieren. Wenn man einer Zielperson, die sich weigert, selbst Verantwortung für gravierende eigene psychische Probleme zu übernehmen, klare Grenzen zieht, kann

1. der Partner wütend werden;
2. der Partner leere Versprechen machen, sich zu ändern;
3. der Partner zustimmen und sich um Hilfe bemühen.

Ihnen muß klarwerden, daß Sie, wenn Ihr Partner sich nicht für die gesunde Alternative entscheidet und sich um Hilfe bemüht, nicht nur das Recht, sondern auch die Pflicht haben, Ihre Rettungsbemühungen einzustellen. Das ist kein Verrat an Ihren Gefühlen, es ist eine Frage des persönlichen Überlebens. Die meisten Erlöser haben große Schwierigkeiten, das zu akzeptieren, weil sie so massive Schuldgefühle mit sich herumtragen. Aber wie wir gesehen haben, sind Sorgende und Retter Teil des Problems, nicht der Lösung. Und Sie können sich den Weg aus Ihrer Obsession nicht vorbereiten, wenn Sie sich zusätzlich mit den Problemen eines anderen belasten.

Natalie und Rick

Die Grenzen, die Kirk gezogen hatte, waren völlig klar. Für Natalie, die ihre Ersparnisse aufgebraucht hatte, um ihrem Partner Rick aus finanziellen Problemen zu helfen, war diese Grenzziehung weit komplizierter.

Sie konnte kaum verlangen, daß Rick mit dem Träumen aufhörte oder seine finanzielle Situation verbesserte. Aber nach ihrer zweiwöchigen Abstandsphase bestand sie auf der Erstellung eines Plans für die Rückzahlung seiner Schulden. Außerdem bat sie ihn, sich an den gemeinsamen Lebenshaltungskosten zu beteiligen.

Natalie war überrascht, wie positiv Rick auf ihre neuen Regeln reagierte. Er sagte ihr, er habe die Nase voll davon, sich wie ein Versager zu fühlen, und war mit ihr einig, daß Veränderungen in ihrem gemeinsamen Leben dringend nötig waren. Er bat sie lediglich um eine einmonatige Schonfrist, um sich einen Job zu suchen. Natalie willigte ein.

Natalie Er rannte jeden Morgen mit dem Anzeigenteil unter dem Arm los, aber irgendwie wurde nie etwas daraus. Ich weiß nicht, warum. Vielleicht hat er nicht wirklich gesucht. Vielleicht hat er die Vorstellungsgespräche verpatzt. Was immer es war, ich wehrte mich gegen den Impuls, es zu meinem Problem zu machen. Ich weigerte mich, die Anzeigen für ihn durchzusehen, ich weigerte mich, seine Bewerbungsbriefe zu schreiben, ich lieh ihm nicht mal den Wagen für seine Vorstellungstermine. Nach einem Monat hatte er noch immer nichts gefunden, so daß ich mich schließlich gezwungen sah, ihn rauszuschmeißen. Es hat mich fast umgebracht, weil ich noch immer glaubte, daß er Talent hatte, aber ich wußte auch, daß ich ihn nicht zwingen konnte, etwas daraus zu machen. Ich habe ihn nie wiedergesehen, genausowenig wie mein Geld. Aber ich bin aus der Beziehung rausgekommen, bevor meine finanziellen und psychischen Schäden zu hoch wurden.

Natalies Lage war typisch für Erlöser, deren Partner chronische finanzielle Probleme haben: Wenn sie die Beziehung beendete, bestand kaum eine Chance, daß sie von dem Geld, das sie ihm geliehen hatte, jemals etwas wiedersah. Aber die Alternative war die Fortsetzung einer Beziehung, die ihre Ressourcen nur weiterhin plündern und ihren Schmerz nur verlängern konnte.
Unter den gegebenen Umständen traf Natalie die einzig richtige Entscheidung, obwohl das sehr schwer war und großen Mut erforderte. Und selbst nachdem die Beziehung endlich vorüber war, litt sie immer noch an starken Schuldgefühlen und ihrer eigenen Verletztheit. Erst im weiteren Verlauf ihrer Therapie wurde die tiefere Ursache einiger dieser Gefühle deutlich.

Realitätskontrolle nach drei Monaten

Wenn Sie gegen eine Obsession angekämpft haben, ist Ihre Wahrnehmung der eigenen Beziehung möglicherweise noch immer verstellt, selbst nachdem Sie mit der Anwendung der neuentwickelten Strategien begonnen haben. Das Wissen um die Notwendigkeit einer Veränderung ist eine Sache, ihre Umsetzung eine ganz andere.
Wenn man sich über einen langen Zeitraum an die Zurückweisung und Erniedrigung durch eine Zielperson gewöhnt hat, mißt man kleineren Verbesserungen oft eine zu große Bedeutung bei und toleriert trotzdem eine an sich nicht funktionierende Beziehung. Deswegen möchte ich Sie jetzt auffordern, ehrlich zu entscheiden,

ob Ihre Beziehung als Konsequenz der von Ihnen eingeleiteten Veränderungen eine Zukunft hat.

Ich nenne das die »Drei-Monats-Realitätskontrolle«. Sie ist denkbar einfach. Drei Monate nach der Rückkehr in Ihre Beziehung sollen Sie lediglich die »Beziehungsbilanz« wiederholen. Wenn Sie noch immer auch nur eine Aussage für zutreffend auf Ihre momentane Situation halten, ist Ihre Beziehung nach wie vor nachhaltig gestört, und Sie wären gut beraten, sie zu beenden.

Glückliche Zukunft ohne Gewähr

Fast alle meine Patienten, die in scheiternden obsessiven Beziehungen leben, suchen bei mir die Bestätigung für die Hoffnung, daß sie ihre Partnerschaft durch eine Verhaltensänderung retten können. Das kann ich ihnen nicht versprechen. Jede Situation ist anders.

Vielleicht hat Ihr Partner Sie aus Gründen zurückgewiesen, die wenig oder gar nichts mit Ihrem Verhalten zu tun hatten. Selbst wenn es allein Ihre obsessiven Neigungen waren, die ihn abgeschreckt haben, kommt Ihre Verhaltensänderung möglicherweise zu spät. Vielleicht ist Ihr Partner einfach nicht gewillt, Ihnen noch einmal zu vertrauen. Wenn Sie ein Erlöser sind, weigert sich Ihre Zielperson möglicherweise auch, die persönliche Verantwortung für die eigenen Probleme zu übernehmen. Und wenn Ihr Partner ernsthaft das Interesse an Ihnen verloren hat, werden all Ihre Veränderungsbemühungen seine Gleichgültigkeit nicht antasten können.

Es ist wichtig, daß Sie nicht all Ihre emotionalen Optionen in eine brüchige Beziehung investieren. Ihr psychisches Wohlbefinden ist zu bedeutsam, als daß sie es einem Partner anvertrauen sollten, der Sie aus welchen Gründen auch immer bereits zurückgewiesen hat.

Ihre seelische Gesundheit muß Priorität vor Ihrer Beziehung haben. Wenn Ihre Beziehung durch die Arbeit an Ihren eigenen Verhaltensmustern besser wird, widmen Sie sich ihr mit neuer Kraft. Wenn nicht, wird es Ihnen unendlich viel leichter fallen, sie aufzugeben. Denn Sie haben neue Strategien zum Aufbau einer zukünftigen gesunden Beziehung erlernt. Sie können also in jedem Fall nur gewinnen.

12. Die Austreibung
der alten Geister

Durch eine Zurückweisung wird in jedem obsessiv Liebenden eine *Büchse der Pandora* geöffnet, die schlimmsten Ängste, ungeliebt und nicht liebenswert zu sein, werden freigesetzt – das tödliche Tandem mangelnden Selbstwertgefühls. Eine Zurückweisung vermittelt Ihnen das Gefühl, an einem schrecklichen Defekt zu leiden – nicht schön genug, nicht intelligent genug, nicht sexy genug, nicht witzig genug, nicht talentiert genug, überhaupt nichts genug zu sein.

Wie wir gesehen haben, entspringt die Macht dieser negativen Gefühle zum überwiegenden Teil aus dem Schmerz über eine Zurückweisung in der Kindheit. Diese Erfahrung löst den Bindungszwang aus. Wenn Sie nun als Erwachsener zurückgewiesen werden, werden Ihre tiefsten Kindheitsängste reaktiviert, so daß Sie es gleichzeitig mit zwei verschiedenen Arten der Zurückweisung zu tun haben: die der Gegenwart und die der Vergangenheit. Der Schmerz, den die Zurückweisung auslöst, stammt nicht nur von Gefühlen, die Ihnen der Partner entgegenbringt oder auch nicht, sondern er rührt ebenfalls von Ihren eigenen Gefühlen über sich selbst her. Dieser emotionale Doppelschlag läßt die Zurückweisung so unerträglich erscheinen.

Mit Hilfe der schwierigen und mutigen Arbeit, die Sie bisher geleistet haben, sollten Sie jetzt ganz gut in der Lage sein, Ihre obsessiven Verhaltensmuster zu beeinflussen. Wenn Sie diese Veränderungen internalisieren wollen, so daß sie ein selbstverständlicher Teil von Ihnen werden und nicht etwas, wozu Sie sich zwingen, müssen Sie die alten emotionalen Dämonen ausrotten, die Ihren Bindungszwang noch immer am Leben halten. Es ist an der Zeit, die Geister der Vergangenheit auszutreiben.

Die Konfrontation mit der Kindheitszurückweisung

Diejenigen unter Ihnen, die bereits eines meiner anderen Bücher gelesen haben, wird es nicht überraschen, daß ich Sie nun zurück in Ihre Kindheit führen will, um sich mit den Beziehungsproblemen auseinanderzusetzen, unter denen Sie heute als Erwachsener leiden.

Eine Konfrontation mit Kindheitstraumata geschieht für gewöhnlich mit Hilfe eines Therapeuten. Aber viele obsessiv Liebende – vor allem solche, deren Kindheit nicht von extremen Mißhandlungen geprägt war – sind durchaus in der Lage, diese Arbeit allein zu leisten. Wenn Sie ohne Therapeuten arbeiten wollen, bereiten Sie sich darauf vor, viele alte Gefühle aufzuwühlen, die sehr viel heftiger sein können, als Sie erwartet haben. Vergewissern Sie sich der Hilfe und Unterstützung einer guten Freundin, eines Freundes oder Verwandten – möglicherweise Ihrer Bezugsperson. Wenn die Intensität Ihrer Emotionen Sie trotzdem aus der Bahn wirft, rate ich Ihnen dringend, eine Therapeutin oder einen Therapeuten zu Rate zu ziehen.

»Und wenn ich gute Eltern gehabt hätte?«

Ich weiß, daß manche von Ihnen fest davon überzeugt sind, liebevolle Eltern gehabt zu haben und als Kind nie zurückgewiesen worden zu sein. Und in vielen Fällen war es wahrscheinlich auch so. Aber das bedeutet nicht, daß Sie als Kind keine Zurückweisung *erlebt* haben. Wie wir gesehen haben, müssen Kinder nicht unbedingt tatsächlich *zurückgewiesen werden*, um sich *zurückge-wiesen zu fühlen.*

Anne war völlig sicher, daß ihre Eltern sie lieben. Obwohl sie mir lang und breit davon erzählt hatte, wie ihre Eltern sie wegen des Drogenproblems ihres Bruders gezwungenermaßen vernachläs-sigt hatten, hielt sie sie trotzdem für gute Eltern. Sie konnte nicht begreifen, wie die mangelnde Zuwendung ihrer Eltern mit ihrem Selbstmordversuch zusammenhängen könnte.

> **Anne** Sie haben ihr Bestes getan. Ich finde es einfach nicht richtig, ihnen die Schuld zu geben. Sicher hab' ich mich vernachlässigt gefühlt, aber sie haben mich immer geliebt. Das ist doch keine Zurückweisung. Wir verstehen uns heute sehr gut, und ich möchte nichts tun, was dieses enge Verhält-nis erschüttern könnte. Ich hab' das Gefühl, Sie wollen mich dazu bringen, wütend auf sie zu sein, obwohl ich das gar nicht bin.

Es stimmte, daß Anne, verglichen mit vielen anderen obsessiv Liebenden, mit denen ich gearbeitet habe, wenig Grund zur Klage über ihre Kindheit hatte. Sie war nicht verlassen oder vernachläs-sigt worden, sie war weder körperlich noch verbal mißhandelt oder sexuell mißbraucht worden; und weder ihre Mutter noch ihr Vater waren drogen- oder alkoholabhängig. Anne liebte ihre El-tern und wehrte sich gegen die Andeutung, daß sie unzulänglich oder graumsam gehandelt haben könnten.

> **Susan** Vielleicht verstehen Sie heute, warum die Probleme Ihres Bruders Ihnen die Eltern weggenommen haben, aber als kleines Kind waren Sie zu jung, um das zu begreifen. Sie haben mir hundertmal erzählt, wie unsichtbar und vernach-lässigt Sie sich gefühlt haben.

Anne   Aber ich bin nicht zurückgewiesen worden. Zurückweisung heißt, jemand will Sie nicht. Nur schlechte Eltern
weisen ihre Kinder zurück. Meine hatten einfach nur alle
Hände voll zu tun.

Ich versicherte Anne, daß ich ihren Vater und ihre Mutter nicht
beschuldigen wollte, schlechte oder auch nur unzulängliche Eltern
gewesen zu sein. Tatsache war jedoch, daß Anne die Erfahrung
beschrieben hatte, als Kind vernachlässigt worden zu sein. Der
Unterschied zwischen »vernachlässigt« und »zurückgewiesen« ist
ein rein terminologischer. Das zugrundeliegende Gefühl ist dasselbe.
Im Lauf unserer gemeinsamen Arbeit begriff Anne, daß das, was
ihr in ihrer Kindheit widerfahren war, tatsächlich eine Form von
Zurückweisung war. Und mit dieser Erkenntnis konnte sie endlich
die Verbindung zwischen ihrer Vergangenheit und ihrer Obsession herstellen und war damit in der Lage, den Einfluß ihrer
Zwangsvorstellungen auf ihr Leben schrittweise abzubauen.
Annes Geschichte veranschaulicht, wie subtil und verdeckt die
Erfahrung einer Kindheitszurückweisung sein kann. Das gilt sogar
für manche Erlöser, vor allem wenn ihre Eltern nicht alkohol-
oder drogenabhängig, sondern physisch oder psychisch krank waren. Aber ob Ihre Verletzungen offenkundig oder verborgen sind
– wenn Sie sie heilen wollen, müssen Sie sich mit ihnen auseinandersetzen.

Ein Brief an den
zurückweisenden Elternteil

Durch ihre Arbeit in der Therapie lernte Margaret zu verstehen,
daß ihr Schmerz nicht nur durch die gescheiterte Beziehung mit
Phil ausgelöst wurde, sondern auch durch das Aufreißen alter
Kindheitsverletzungen. Margarets Vater hatte sie nicht nur verlas-

sen, sondern dieser Verletzung auch noch die Demütigung hinzugefügt, sich nach der Trennung nicht um eine Beziehung zu seiner Tochter bemüht zu haben.

Ich fragte Margaret, was sie mit all den Schmerzen über diese Zurückweisung gemacht hätte, die sie noch immer mit sich herumtrug. Sie sagte, eigentlich nichts. Für Margaret – wie für die meisten Menschen – ist ein Kindheitstrauma etwas, das man hinter sich bringt und zu vergessen sucht. Doch damit begrub sie ihr Trauma im Unbewußten, wo es ihr weiterhin Schmerzen bereitete. Ich erklärte ihr, daß sie aufhören müsse, diesen Schmerz zu verdrängen, wenn sie ihn ein für allemal überwinden wollte.

Um ihr dabei zu helfen, bat ich sie, einen Brief an ihren Vater zu schreiben, in dem sie ihm erzählte, wie sie sich gefühlt hatte, als er die Familie verließ. Sobald sie diese Gefühle zu Papier gebracht hatte, mußte sie sich ihnen irgendwie stellen. Hier ist ihr Brief:

Lieber Daddy,
als Du weggegangen bist, hast Du mir das Herz gebrochen. Ich hab' mich so elend gefühlt. Ich kann verstehen, warum Du Mom verlassen hast, viele Menschen lassen sich scheiden. Aber warum hast Du mich auch verlassen? Warum hast Du mich nicht hin und wieder mal besucht? Warum hast Du nicht angerufen? Warum hast Du mir nicht geschrieben? Ich hab' immer geglaubt, es wäre, weil Du mich nicht mehr liebst oder weil ich vielleicht etwas gemacht hatte, weswegen Du wütend auf mich warst. Wenn ich die anderen Kinder mit ihren Vätern sah, hat es noch mehr weh getan. Vermutlich war es Dir egal, wie sehr ich Dich geliebt habe. Ich werde nie verstehen, wie Du mir einfach so den Rücken zuwenden konntest. Das hatte ich nicht verdient. Ich hab' Dich doch nur geliebt.

Margaret

Als Margaret den Brief mit in die Therapiegruppe brachte, erzählte sie uns, daß sie vier Tage gebraucht hatte, bis sie sich dazu durchringen konnte, ihn anzufangen. Dieser Widerstand war ein offensichtlicher Ausdruck ihrer Angst, sich mit dem unverarbeiteten Schmerz zu konfrontieren.

Als sie uns den Brief laut vorlas, mußte sie mehrmals innehalten, weil ihre Stimme vor Tränen stockte. Aber als sie sich mit dem Schmerz konfrontierte, den sie zuvor verdrängt hatte, wurde ihr klar, daß diese Konfrontation zwar unangenehm, aber keineswegs so erschütternd war, wie sie befürchtet hatte. Das war eine aufregende Entdeckung – der Schmerz tat weh, aber sie konnte damit umgehen.

Ich rate Ihnen dringend, auch einen solchen Brief zu schreiben. Er kann Ihnen helfen, sich über die Gefühle der Zurückweisung in Ihrer Kindheit klarzuwerden, damit Sie beginnen können, die besonders hartnäckigen Geister Ihrer Vergangenheit zu vertreiben. Beginnen Sie Ihren Brief mit einer möglichst spezifischen Beschreibung Ihrer Situation. Zum Beispiel:

»Als du mich verlassen hast, hatte ich das Gefühl...«
»Als du mich vernachlässigt hast, hatte ich das Gefühl...«
»Als du mich ständig getadelt hast, hatte ich das Gefühl...«
»Als du mich geschlagen hast, hatte ich das Gefühl...«
»Als ich mich um dich kümmern und *deine* Mutter *dein* Vater sein mußte, hatte ich das Gefühl...«
»Wenn du dich betrunken hast, hatte ich das Gefühl...«

Versuchen Sie, so viele Gefühle Ihrer Kindheit auszudrücken, wie Sie können. Halten Sie sie nicht zurück, und zensieren Sie sie nicht. Sie haben ein Recht auf die volle Bandbreite Ihrer Gefühle, welche das auch immer sein mögen.

Roberts Wut

Während Margarets Brief eine große Verletztheit ausdrückte, konzentrieren sich andere Briefe – zum Beispiel Roberts – auf völlig andere Gefühle.

Robert ist der Hifi-Verkäufer, der in meine Praxis kam, nachdem er den Wagen seiner Freundin zertrümmert hatte, weil er Angst hatte, irgendwann einen Menschen anzugreifen, wenn er seine Wutanfälle nicht unter Kontrolle bekäme. Darin war Robert eine Ausnahme, weil den meisten Menschen, die ihre Wut- und Rachephantasien ausagieren, der Mut und die Einsicht fehlt, Hilfe zu suchen. Robert schien ernsthaft motiviert, seine Wut kontrollieren zu lernen.

Ich bat Robert, einen Brief an seinen Vater zu schreiben, um so konstruktiv die Gefühle auszudrücken, die er als Kind empfunden hatte, als sein Vater seine Mutter wegen einer anderen Frau verließ – dasselbe Gefühl, das er in seiner obsessiven Beziehung mit Sarah *destruktiv* wieder ausgelebt hatte. Hier ein Auszug aus dem fünfseitigen Brief, den er eine Woche später mitbrachte:

> Dad,
> an dem Abend, an dem Du mich an dieser Straße stehengelassen hast und mit dieser Frau weggefahren bist, kam ich mir vor wie ein Insekt, auf das jemand getreten hatte. Ich wünschte, ich hätte gleich zurücktreten können...
> Was für ein Vater ist das, zum Teufel noch mal, dem irgendeine Biene wichtiger ist als sein eigener Sohn? Ein echtes Arschloch von einem Vater...
> Das werde ich Dir nie verzeihen. Und was Du Mom angetan hast, werde ich Dir auch nie verzeihen. Du hast uns wie den letzten Dreck behandelt. Dafür hasse ich Dich.
>
> Dein Sohn Robert

Im Gegensatz zu Margaret konzentrierte sich Robert auf seine Wut und nicht auf seine Traurigkeit. Tatsächlich jedoch waren sich Robert und Margaret sehr viel ähnlicher, als man annehmen sollte. Wut und Trauer gehen Hand in Hand, wenn sie in einer Kindheitszurückweisung wurzeln.

Roberts Wut und Margarets Traurigkeit waren unterschiedlicher Ausdruck ein und desselben Gefühls. Ihre individuellen Verhaltensmuster, diesen Schmerz auszudrücken, sind typisch für ihre Sozialisation. In unserer Gesellschaft – wie in den meisten anderen auch – neigen Frauen dazu, ihren Schmerz eher durch Trauer als durch Wut auszudrücken, während es sich bei Männern genau umgekehrt verhält. Mit seiner Wut überdeckte Robert unbewußt ein »weibliches« Gefühl, das ihm unangenehm war: Traurigkeit. Margaret hingegen benutzte unbewußt ihre Trauer, um sich ihrer Wut nicht stellen zu müssen.

Obwohl es wichtig war, daß sowohl Robert wie auch Margaret einen Kontakt zu ihren noch verborgenen Emotionen herstellten, konnten wir das auf spätere Übungen verschieben. Bei dem Zweck, den dieser spezielle Brief verfolgt, gibt es kein richtig oder falsch, gut oder schlecht. Ziel der Übung ist es, die Gefühle aufzuschreiben, zu denen Sie Zugang haben, um Ihren inneren Druck abzubauen.

Wenn Sie sich entscheiden, diese Übung mitzumachen, ist das *Schreiben* des Briefes erst die halbe Arbeit. Wenn Sie den Brief geschrieben haben, müssen Sie ihn entweder einer Vertrauensperson oder sich selbst laut vorlesen. Es ist dieses Vorlesen, das Ihnen die Realität der Gefühle bewußt macht, die Sie so lange verdrängt haben.

Lesen Sie den Brief, sooft Sie mögen. Die Worte zu *hören*, die man so lange geleugnet hat, hat eine starke Wirkung auf Ihr Unterbewußtsein. Viele meiner Patienten entschließen sich, den Brief abzuschicken. Wenn Sie das tun wollen, kann ich Sie nur ermutigen. Ich muß Sie allerdings warnen, daß das extreme Emotionen zwischen Ihnen und Ihren Eltern wachrufen kann.

Sich auf eine derartige Konfrontation einzulassen, ist eine gravierende Entscheidung, die man nicht ohne angemessene emotionale Vorbereitung treffen sollte. Aber eine tatsächliche Konfrontation ist eine der heilsamsten und bestärkendsten Schritte, die Sie für sich selbst tun können.

Roberts Traurigkeit

Wegen seiner gewalttätigen Neigungen hielt ich es für unerläßlich, daß Robert tiefer in sein Unbewußtes eindrang, um weitere Gefühle zu ergründen, die dort neben seiner Wut verborgen lagen. Also bat ich ihn, einen weiteren Brief an seinen Vater zu schreiben, in dem er seine Wut zurückhielt, um zu sehen, welche anderen Gefühle auftauchen würden. Als er eine Woche später mit dem Brief wiederkam, war der nur eine halbe Seite lang – nichts im Vergleich zu den fünf Seiten des ersten Briefes.

> Lieber Dad,
> als Du mich allein gelassen hast, kam ich mir total beschissen vor. Ich hatte das Gefühl, daß Du mich nicht liebst, Dich nicht um mich kümmerst, mich nicht willst, mich nicht brauchst und mich nicht magst. Ich hab' so geweint, daß ich glaubte, ich würde nie wieder aufhören. Manchmal ist mir immer noch zum Heulen zumute, und manchmal fühle ich mich immer noch beschissen.
>
> Dein Sohn Robert

Die Wut war für Robert immer zugänglich gewesen, aber jetzt hatte er einen Kontakt zu den Gefühlen hergestellt, die unter seiner Wut lagen – weniger »männliche« Gefühle wie Trauer, Hilflosigkeit und Demütigung, wegen derer er sich geschämt und schwach gefühlt hatte.
Und genau diese Empfindungen wurden in ihm wach, wenn eine

Frau ihn zurückwies. Als Kind hatte er keine andere Wahl gehabt, als sie zu erdulden, aber als Erwachsener konnte er gewalttätige Ausbrüche haben, die ihm zumindest vorübergehend ein Gefühl von Stärke und Macht gaben und so die Emotionen überdeckten, die in ihm das Gefühl von Unzulänglichkeit auslösten.

Roberts zweiter Brief erlaubte es ihm, seine »sanfteren« Emotionen in angstfreier Atmosphäre noch einmal zu erleben. So konnte er sie nach und nach als natürlichen Teil seines Wesens begreifen lernen. Dadurch verloren diese Gefühle für Robert viel von ihrer Bedrohlichkeit, was sein Bedürfnis reduzierte, sich mit Gewalt dagegen zu wehren. Indem er einen Kontakt zu den Gefühlen unter seiner Wut herstellte, eliminierte Robert praktisch einen Hauptauslöser für seine Gewalttätigkeit (wenn auch keineswegs den einzigen).

Im weiteren Verlauf der Therapie machte Robert gute Fortschritte bei der Kontrolle seiner gewalttätigen Neigungen und obsessiven Tendenzen. Schließlich löste er sich auch aus seiner Obsession zu Sarah. Er hat inzwischen eine andere Frau kennengelernt, mit der er eine offenbar stabile Beziehung führt. Seit über einem Jahr hat es in Roberts Leben auch keinen gewalttätigen Zwischenfall mehr gegeben.

Eine überfällige Entschuldigung

Wir alle tragen ein Bündel aktiver Emotionen und Erinnerungen mit uns herum, die seit der Kindheit praktisch unverändert geblieben sind – das Kind in uns. Wenn obsessiv Liebende ihre alten Konflikte in einer Erwachsenenbeziehung erneut ausagieren, zerren sie dieses kleine, hilflose Kind hinter sich her. Durch die Obsession ist das Kind in ihnen fortwährend gezwungen, den Schmerz der elterlichen Zurückweisung noch einmal zu durchleben.

Als ich das Nora erklärte – deren Mutter sie mit einem Lederriemen geschlagen und beschuldigt hatte, den Stiefvater verführen zu wollen –, wurde ihr klar, daß sie dem Kind in sich die Hölle zugemutet hatte. Ich fragte Nora, ob sie sich entschuldigen wollte, und die Idee gefiel ihr.

Ich bat sie, sich selbst als kleines Mädchen vorzustellen und dieses Mädchen auf den leeren Stuhl zu setzen, den ich vor ihr aufgestellt hatte. Dann forderte ich sie auf, diesem kleinen Mädchen – dem Kind in ihr – zu sagen, wie leid es ihr täte, daß sie ihm soviel Schmerz und Chaos zugemutet hatte. Nora dachte einen Moment nach, bevor sie zögernd begann.

> **Nora** Liebes, es tut mir wirklich leid. Ich hab' dir eine Menge zugemutet und mute dir immer noch viel zu. Es tut mir leid, daß ich dir das Gefühl gegeben habe, daß deine Verletztheit niemanden kümmert. Und es tut mir besonders leid, daß du das wieder und wieder durchmachen mußtest, bloß weil ich es nicht geschafft habe, mich von Tom zu lösen. Aber er ist jetzt aus unserem Leben verschwunden und ich werde aufpassen, daß mit einem anderen Mann dasselbe nicht noch einmal passiert – ich will es zumindest versuchen –, um unser beider willen.

Noras rührende Entschuldigung linderte nicht nur ihre Schuldgefühle darüber, was sie dem Kind in sich angetan hatte. Es bestärkte sie auch in dem Gefühl, etwas gegen das Kindheitstrauma ihrer Zurückweisung unternehmen zu können. Sie lernte, daß sie die Fähigkeit besaß, ihren eigenen Schmerz zu lindern.

Diese Erkenntnis kam für sie sehr überraschend. Bis jetzt hatte sie sich immer an einen anderen Menschen gewandt – zuletzt an Tom –, der ihr den Schmerz nehmen sollte. Jetzt war sie zum ersten Mal in ihrem Leben überzeugt, daß es in ihrer Macht lag, das Kind in ihr zu trösten und zu beruhigen. Und das war eine aufregende Erfahrung für sie.

324

Noras »Gute Mutter«-Übung

Als Nora in der folgenden Woche zu ihrer Sitzung kam, platzte sie förmlich, mir von einer Übung zu erzählen, die sie sich selbst ausgedacht hatte. Sie nannte sie ihre »Gute Mutter«-Übung und trainierte sie jeden Morgen vor der Arbeit.

> **Nora** Ich hab' darüber nachgedacht, daß meine Mutter mir fast nie etwas Nettes gesagt hat und wie anders alles gewesen wäre, wenn sie es getan hätte. Ich hatte eine Lehrerin, die wirklich freundlich zu mir war, und ich hab' mir immer ausgemalt, wie es wohl sein würde, wenn sie meine Mutter wäre. Ich stelle mir also vor, ich wäre ein kleines Mädchen und diese Lehrerin würde mit einem breiten Lächeln im Zimmer auf und ab gehen, und ich stelle mir vor, sie wäre meine Mutter. Sie setzt sich neben mich, legt den Arm um mich und sagt all die Dinge zu mir, von denen ich mir immer gewünscht habe, daß meine Mutter sie zu mir sagt. Ich stelle mir also vor, wie sie all das zu mir sagt, und ich spreche es laut aus.

Ich war neugierig zu hören, was Nora sich ausgedacht hatte, also bat ich sie, mir ihre Lösung vorzuführen. Ihre visualisierte »gute Mutter« sagte:

> **Nora** Ich liebe dich wirklich sehr. Du bist so hübsch und intelligent, ich bin echt stolz auf dich. Alles, was du machst, ist prima. Du bist so ein tolles Kind, daß ich dich gegen niemanden eintauschen würde. Ich bin froh, daß du mein Kind bist, weil mich das sehr glücklich macht. Und alles, was ich möchte, ist, dich genauso glücklich zu machen wie du mich.

Als Nora fertig war, standen Tränen in ihren Augen – und in meinen. Sie hatte eine liebevolle Mutter gebraucht, um die eigene mißhandelnde Mutter zu ersetzen, und durch ihre wunderbare phantasievolle Übung hatte sie diese Mutter in sich selbst gefunden. Diese überaus heilsame Methode nennt man »Re-parenting«. Durch ihre »Gute-Mutter«-Übung begann Nora, die negativen Prägungen in ihrem Unterbewußtsein durch die liebevollen, bestärkenden Botschaften zu ersetzen, die sie sich immer gewünscht und auch verdient hatte.

Noras Übung ist ein gutes Beispiel dafür, wie Sie die in den bisher durchgeführten Visualisierungen erlernten Techniken und Rollenspiele als Ausgangspunkt für eigene Phantasien verwenden können. Nora war begeistert, als ich ihr erzählte, daß ich ihre Übung gerne auch mit anderen Patienten ausprobieren würde. Seither ist die »Gute Mutter/Guter Vater«-Übung eine Standardübung meines therapeutischen Repertoires, die ich seit Jahren mit großem Erfolg anwende.

Erwarten Sie nicht, daß *eine* Übung Jahre der Verletzung ungeschehen macht, vor allem wenn Sie sie nur einmal durchführen. Einige dieser Übungen müssen wie ein Fitneßprogramm regelmäßig wiederholt werden. Bei anderen genügen ein oder zwei Mal. Sie müssen beispielsweise bestimmt nicht jede Woche einen Brief an ihren zurückweisenden Elternteil schreiben, können jedoch den alten Brief so oft lesen, wie Sie mögen. Wahrscheinlich müssen Sie sich auch nicht mehr als ein- oder zweimal bei dem Kind in sich entschuldigen, aber Sie können dieses Kind beruhigen und trösten, wenn Sie erregt oder ängstlich sind. Für die »Gute Mutter/ Guter Vater«-Übung gibt es kein Limit – sie ist wie Vitamine für Ihre Psyche.

Die Überwindung der Kindheitskonflikte

Mit Hilfe dieser Übungen werden Sie nach und nach ein Gefühl der Stärke und Orientierung gewinnen. Sie werden spüren, wie Sie Ihrem Unterbewußtsein langsam die Kontrolle über Ihr Leben entreißen. Aber bevor Sie sich endgültig von den Fesseln der Obsession befreien können, müssen Sie den Kampf Ihrer Kindheit um die Liebe eines zurückweisenden Elternteils ein für allemal überwinden.

Nach dem Brief an ihren Vater und der »Guter Vater«-Übung fühlte sich Margaret so ausgeglichen wie seit Jahren nicht mehr. Aber bevor sie ihren Kampf aufgeben konnte, mußte sie zunächst noch die Wut entdecken, die unter ihrer Traurigkeit verborgen lag, genau wie Robert Zugang zu seiner Traurigkeit finden mußte, die sich unter seiner Wut verbarg.

Zu diesem Zweck bat ich Margaret, sich vorzustellen, sie spiele in einem Theaterstück mit – in der Rolle ihres Vaters. Das Stück war eine Improvisation, bei der ihr Vater den Brief las, den sie ihm geschrieben hatte, und dann darauf reagierte, wie er es möglicherweise getan hätte, wenn er anwesend gewesen wäre.

Als Margaret begann, zeichnete sie das Bild eines Mannes, dem die Verletzungen, die er anderen zugefügt hatte, ernsthaft leid zu tun schienen. In Anbetracht des tatsächlichen Verhaltens ihres Vaters war das ein unrealistisch wohlwollendes Bild. Also unterbrach ich Margaret und forderte sie auf, ihren Vater nicht so darzustellen, wie sie ihn sich wünschte, sondern so, wie er in ihren schlimmsten Ängsten aussehen würde. Das fiel ihr sehr viel schwerer:

> **Margaret** *(als ihr Vater)*   Ich weiß nicht, was ich zu deinem Brief sagen soll. Das sind alles uralte Geschichten, soweit es mich betrifft. Ich konnte deine Mutter nicht mehr ertragen, also bin ich abgehauen, und du warst eben Teil des Pakets.

Ich hab' dich nicht angerufen, weil ich es nicht wollte. Ich hatte dir nichts zu sagen, und das, was du mir zu sagen hattest, hat mich nicht interessiert. Du warst mir damals egal. Und jetzt bist du Teil einer Vergangeheit, die ich lieber heute als morgen vergessen würde.

Susan Okay. Jetzt ist es raus. Sie haben Ihre schlimmsten Ängste in Worte gefaßt. Was geht jetzt in Ihnen vor?

Margaret Ich weiß nicht, denn das waren ja in Wirklichkeit *meine* Worte und *meine* Ängste. Ich glaube nicht, daß er das wirklich zu mir sagen würde.

Susan Aber Margaret... er hat all diese Dinge zu Ihnen gesagt. Durch sein Verhalten.

Einen Augenblick lang sah Margaret aus, als würde sie in Tränen ausbrechen. Aber als ihr die Wahrheit bewußt wurde, steigerte sie sich statt dessen in eine regelrechte Wut hinein.

Margaret Sie haben recht. Genau das hat er gesagt! Dieser Mistkerl! Ich war ihm egal! Ich war ihm einfach egal! Und mit Phil war es genau dasselbe! Ich muß damit aufhören, hinter irgendwelchen Mistkerlen herzulaufen, die mich nicht lieben.

Indem sie die Tatsache akzeptierte, daß das Verhalten ihres Vaters Ausdruck seiner Gefühle für sie war, konnte Margaret sich endlich von einem Irrglauben lösen, der ein entscheidender Antrieb für ihre obsessiven Verhaltensmuster war: Der Irrglaube, daß ihr Vater sie in Wirklichkeit liebte und daß sie in irgendeiner Weise an diese Liebe wiederanknüpfen konnte. Indem sie einen Kontakt zu ihrer Wut über das Verhalten ihres Vaters herstellte, wurde ihr gleichzeitig klar, wie zornig sie auch über Phils Zurückweisung war.

Außerdem war Margaret auch noch wütend auf sich selbst, weil sie es zugelassen hatte, daß man sie so mißhandelte. Das verhalf ihr zu einer neuen Klarheit darüber, was sie in einer Beziehung zu tolerieren gewillt war und was nicht. Sie war endlich bereit, deutliche Grenzen zu ziehen, sowohl für sich wie auch für ihren Partner – ein entscheidender Sieg in ihrem Kampf gegen die Obsession. Mit Hilfe dieses neuen Bewußtseins entdeckte Margaret eine der wirksamsten Methoden, den Schmerz über ihre Kindheitszurückweisung loszulassen: Sie gab den Kampf auf, ihre Biographie neu schreiben zu wollen.

Kindheitszurückweisung und persönliche Verantwortung

Sie sind nicht für die Zurückweisung verantwortlich, die Sie als Kind erfahren haben. Das kann ich gar nicht deutlich und oft genug betonen.

Sie sind in keiner Weise verantwortlich
für irgendeine Form von Zurückweisung,
die Sie als Kind erlebt haben.

Das ist eine grundlegende Wahrheit, die enorme Auswirkungen auf Ihr Selbstwertgefühl und Ihren Umgang mit anderen Menschen hat.
ABER... jetzt, wo Sie einige der Zusammenhänge zwischen Ihrer Kindheitszurückweisung und Ihrer Obsession erkannt haben, könnten Sie versucht sein, das als Rechtfertigung für Ihr Verhalten gegenüber Ihrer Zielperson zu benutzen.
Ray gab dieser Versuchung nach. Ray ist der Kameramann, der gemeinsam mit seiner Partnerin Karen in meine Praxis kam. Als wir uns mit den Konflikten seiner Kindheit beschäftigten, lernte Ray zu begreifen, wie sehr er noch immer unter der Zurückwei-

sung durch seine alkoholabhängige Mutter litt. Diese Einsicht machte ihn zunehmend zornig auf Karen, weil sie nicht verständnisvoller auf seine Misere reagiert hatte.

Ray Natürlich bin ich ein bißchen anmaßend. Ich schleppe aber auch eine Menge Kram mit mir rum. Wenn man eine so unglückliche Kindheit hat, wächst man eben nicht zu einem Idealbild psychischer Ausgeglichenheit heran. Warum kann sie das nicht verstehen? Warum ist sie nicht ein bißchen nachsichtiger mit mir?

Rays Rationalisierung drohte zu einem ernsthaften Hindernis unserer Therapie zu werden. Ich warf ihm vor, die klassische Ausrede zu benutzen: »Ich kann nichts dafür, daß ich obsessiv bin, weil ich als Kind zurückgewiesen wurde.« Ich wies ihn darauf hin, daß Karen nicht für die psychischen Verletzungen verantwortlich war, die er möglicherweise in seiner Kindheit erlitten hatte, und daß sie deswegen nicht verpflichtet war, sein inakzeptables Verhalten zu tolerieren, nur weil er noch immer unter diesen Verletzungen litt.
Ich möchte Sie dringend davor warnen, in dieselbe Falle zu tappen wie Ray. Tatsache ist, daß Sie voll und ganz verantwortlich sind für die Verletzungen, die Sie Ihrer Zielperson zugefügt haben, und daß es auch in Ihrer Verantwortung liegt, damit aufzuhören. Das Verständnis der Zusammenhänge zwischen Kindheitszurückweisung und obsessiven Verhaltensmustern als Erwachsener ist kein Grund für die Annahme, Ihre Obsession sei außerhalb Ihrer Kontrolle. Genausowenig wie die Tatsache, daß Sie nicht verantwortlich sind für das, was Ihnen als Kind angetan wurde, eine Rechtfertigung dafür ist, sich jetzt der Verantwortung für die Veränderung dieser Verhaltensmuster zu entziehen.

Die Desymbolisierung Ihres Partners

Obsessiv Liebende erwarten von ihrem symbolischen Elternteil, daß sie oder er die in der Kindheit von den wirklichen Eltern erfahrene Zurückweisung wiedergutmacht. Dadurch erhalten sie ihren Kindheitskonflikt nur weiterhin lebendig. Man kann diesen Konflikt erst lösen oder überwinden, wenn man seinen Partner desymbolisiert.

Ray hatte besondere Schwierigkeiten, Karen und seine Mutter zu trennen. Rational begriff er durchaus, daß er Karen in seine Ersatz-Mutter verwandelt hatte, was ihn jedoch nicht davon abhielt, es auf emotionaler Ebene beizubehalten. Um ihm bei der Überwindung dieses Problems zu helfen, bat ich ihn, zwei Fotos mitzubringen, eines von seiner Mutter und eines von Karen.

Bei seiner nächsten Therapiesitzung ließ ich ihn die beiden Fotos nebeneinander auf einen von zwei leeren Stühlen legen. Dann forderte ich ihn auf, Karen – oder ihrem Foto – zu erklären, wie er versucht hatte, sie zu manipulieren, um den emotionalen Schaden zu beheben, den seine Mutter angerichtet hatte.

Ray Es tut mir leid, daß ich dich und meine Mutter durcheinandergebracht habe. Ihr seid zwei verschiedene Menschen, aber ich bin sicher, daß ich euch nicht so behandelt habe.

An dieser Stelle unterbrach ich ihn und forderte ihn auf, mit den Fotos symbolisch auch die beiden Menschen zu trennen. Er nahm das Bild seiner Mutter und legte es auf den leeren Stuhl. Als er jetzt sein Gespräch mit Karen fortsetzte, ertappte er sich dabei, wie er sich jedesmal zu dem anderen Stuhl wandte, wenn er sich auf seine Mutter bezog. Das diente dem Ziel dieser Übung – nämlich zu erkennen, daß Karen nicht seine Mutter war.

Ray Meine Mutter hat mich völlig verrückt gemacht, weil ich ihr immer zeigen wollte, wie sehr ich sie liebte, damit sie mit dem Trinken aufhörte. Als ich dich getroffen habe, hab' ich wieder dasselbe gemacht, nur daß ich jetzt *dich* verrückt gemacht habe, und das war beschissen. Sie war eine Alkoholikerin, du nicht. Sie hat mich immer angeschrien, du nicht. Ich mußte mich um sie kümmern, du kommst allein klar. Sie hätte sich um mich kümmern sollen, nicht du. Sie hat mir immer das Gefühl vermittelt, hilflos und ängstlich zu sein. Manchmal geht mir das mit dir auch so, aber ich weiß, daß das an mir liegt, nicht an dir, und daran muß ich denken, wenn ich so empfinde. Sie ist sie, und du bist du, und es tut mir wirklich leid, daß ich das nicht auseinandergehalten habe.

Durch diese Übung *begriff* Ray den Unterschied zwischen seiner Mutter und Karen nicht nur, er *fühlte* ihn auch. Er erzählte mir, daß ihn seine heftige Reaktion auf diese Übung überrascht hätte. Für ihn war es eine wichtige emotionale Erfahrung, an die er sich zurückerinnern konnte, wenn er begann, sich Karen gegenüber so zu verhalten, wie er sich in seiner Kindheit seiner Mutter gegenüber verhalten hatte.

Ray hatte all seine obsessiven Phantasien über die Veränderung seiner Mutter auf Karen projiziert. Indem er Karen jetzt desymbolisiert hatte, befreite er sie von diesen unerfüllbaren Erwartungen.

Kein Partner kann die Wunden heilen,
die eine Kindheitszurückweisung gerissen hat.

Sie und *nur* Sie allein haben die Fähigkeit, die Motivation und die Verantwortung, um diese Aufgabe zu meistern.

Der Schmerz über diese Zurückweisung wird nicht über Nacht verschwinden. Er hat sich über lange Jahre aufgebaut, und es wird lange dauern, bis Sie ihn ganz überwunden haben. Aber wenn Sie diese Übungen zu einem regelmäßigen Bestandteil Ihres Lebens machen, werden Sie die Macht, die die Kindheitszurückweisung über Sie und Ihr Verhalten in Liebesbeziehungen ausübt, weiter abbauen. Sie sind kein hilfloses Kind mehr. Sie sind ein erwachsener Mensch, der nicht nur die Verantwortung, sondern auch die Kraft hat, sich mit den Geistern der Vergangenheit auseinanderzusetzen.

13. Stabilität auf Dauer

Sie haben viel harte Arbeit geleistet. Sie haben verschiedene Methoden gelernt, einen Großteil Ihrer obsessiven Verhaltensmuster zu ändern, und an der Kontrolle Ihrer obsessiven Gedanken und Gefühle gearbeitet. Entweder Sie haben das ursprüngliche Objekt Ihrer Obsession aufgegeben oder sich weitestgehend von den obsessiven Mustern in Ihrer Beziehung befreit. Und Sie haben sich mit der Kindheitszurückweisung auseinandergesetzt, die Auslöser Ihrer Obsession war.

Jetzt bleibt nur noch eines zu tun: diese Veränderungen zu konsolidieren und sich zu vergewissern, daß Sie in einer neuen Beziehung oder der reformierten alten nicht wieder in alte Muster zurückfallen.

Ob Sie in einer Beziehung leben oder eine neue anstreben, irgendeine Form von Zurückweisung – und sei es nur eine momentane – ist praktisch unvermeidbar. Das ist jedoch nicht so tragisch, wie es klingt; es ist vielmehr eine völlig normale Begleiterscheinung menschlicher Interaktion.

Wenn Sie in einer Beziehung leben, kann sich Ihr Partner, gleichgültig wie glücklich Sie sind, zurückziehen, im Zorn oder mißverständlich Worte benutzen, die Ihnen das Gefühl vermitteln, ungeliebt zu sein. Menschliche Gefühle kommen und gehen. Es gibt keine Beziehung mit hundertprozentiger Garantie.

Wenn Sie eine neue Beziehung anstreben, werden Sie vielleicht mehrfach abgewiesen, bevor Sie einen neuen Partner gefunden haben. Vielleicht fühlt sich der Mensch, für den Sie sich interessieren, nicht zu Ihnen hingezogen, vielleicht hat er Angst vor Vertrautheit, der Zeitpunkt ist unpassend, es gibt familiäre Komplikationen, oder Ihr potentieller Partner mag Ihren Hund nicht ... es gibt Möglichkeiten ohne Ende. Selbst wenn Sie Ihr obsessives Verhalten völlig unter Kontrolle haben, können Sie aus Gründen zurückgewiesen werden, die *jenseits* Ihrer Kontrolle liegen.

Damit will ich nicht andeuten, daß Ihr zukünftiges Liebesleben aus einer Zurückweisung nach der anderen bestehen muß. Sie sind *nicht* darauf programmiert, sich nur in Leute zu verlieben, die Ihnen weh tun werden. Sie sind *nicht* zu einem Leben romantischer Enttäuschungen und Leiden verdammt. Sie sind *nicht* von einer höheren Macht erkoren worden, in alle Ewigkeit obsessiv zu sein.

Ein wenig Prävention kann jedoch nicht schaden. Und die Beherrschung von Techniken, die helfen, mit einer Zurückweisung umzugehen, geben Ihnen in jeder Beziehung ein Gefühl größerer Sicherheit und stärkeren Selbstvertrauens. In diesem Kapitel möchte ich Ihnen zeigen, wie Sie sich wappnen können, indem Sie lernen, eine Zurückweisung anders wahrzunehmen und anders darauf zu reagieren.

Alte Auslöser, neue Wahrnehmung

Ihre Obsession hat Sie blind gemacht für den Schaden, den Ihr Verhalten in Ihrer Beziehung angerichtet hat. Möglicherweise haben Sie sich sogar selbst als Opfer eines herzlosen Partners gesehen. Jetzt, als *ehemaliger* Obsessiver, sind Sie so sensibilisiert für Ihre blinden Flecken und so entschlossen, alte Fehler zu vermeiden, daß Sie vielleicht *zu viel* Verantwortung für die Probleme Ihrer Beziehung übernehmen.

Diese Gefahr besteht vor allem, wenn ein neuer Partner Sie zurückweist, ohne zu erklären, warum. Es ist schließlich nichts Ungewöhnliches, daß Menschen Probleme haben, ihre Gründe für das Beenden einer Beziehung offenzulegen. Vielleicht verläßt der neue Partner Sie auch einfach nur so oder ruft von einem auf den anderen Tag nicht mehr an. Manche Menschen wissen nicht einmal, warum sie mit einer Situation unzufrieden sind; sie wissen nur, daß sie rauswollen. Wenn ehemalige obsessiv Liebende sich mit diesem Abgrund aus Nichtwissen konfrontiert sehen, gehen sie automatisch davon aus, daß sie die Beziehung durch ein anderes Verhalten hätten retten können.

Es ist nicht immer Ihre Schuld

Nora neigte zu dieser Art ungerechtfertigter Selbstbezichtigungen, als sich unsere gemeinsame Arbeit dem Ende zuneigte. Etwa ein Jahr, nachdem sie sich endlich von ihren Phantasien über Tom gelöst hatte, lernte sie einen anderen Mann kennen. Ein paar Monate waren sie ziemlich fest zusammen, bis er sie plötzlich sitzenließ.

Nora Ich kann es gar nicht glauben. Alles lief so gut. Und so anders als vorher. Ich schwöre Ihnen, Susan, es war anders. Ich verspürte keinerlei Druck. Ich hab' ihn nicht mal jeden Tag angerufen. Er hat mich vielleicht zweimal die Woche eingeladen, und das fand ich völlig in Ordnung so. Ich wollte ihn wirklich nicht bedrängen. Und dann ließ er ganz plötzlich diese Bombe platzen. Er sagte, er würde mich nicht mehr lieben. Ich traute meinen Ohren nicht. Ich fragte ihn, was ich falsch gemacht hätte, aber er redete die ganze Zeit im Kreis herum, ohne etwas zu sagen. Was zum Teufel hab' ich getan?

Ich erklärte Nora, daß es keinen Grund zu der Annahme gab, daß sie etwas falsch gemacht hätte und daß es autodestruktiv wäre, weiter darüber zu spekulieren. Wenn sie es nur lange genug versuchte, würde sie garantiert etwas finden, wofür sie sich die Schuld geben konnte, aber allein die theoretische Möglichkeit machte noch keine Wahrheit daraus.

Um Nora zu helfen, ihre Situation aus einem positiveren Blickwinkel zu sehen, bat ich sie, eine Liste aller möglichen Gründe zu erstellen, die die Zurückweisung dieses Mannes erklären konnten, ohne daß sie sich selbst die Schuld dafür gab. Hier ist Noras Liste:

- Er hat Angst, sich auf eine Beziehung einzulassen.
- Er mißtraut Frauen.
- Er hat eine Frau und drei Kinder in Peoria.
- Er hat beschlossen, ins Kloster zu gehen.
- Er leidet unter emotionaler Verstopfung.
- Er hat nur noch sechs Wochen zu leben.
- Er mag nur dumme Frauen.
- Er hat Angst vor Intimität.
- Die Mafia ist hinter ihm her.
- Die Justiz ist hinter ihm her.
- Seine Frau und seine zwölf Kinder sind hinter ihm her.
- Er schämt sich, weil er es sich nicht mehr leisten kann, auszugehen.
- Er ist ein außerirdisches Wesen von einem anderen Planeten.

Es freute mich, daß Nora durch diese Übung ein wenig von ihrem Humor wiederfand. Eine Therapie muß genausowenig fortwährend deprimierend und ernst sein wie das Leben selbst. Liebesbeziehungen wohnt häufig ein Hauch von Ironie und Absurdität inne, und der Schmerz einer Zurückweisung wird weniger heftig, wenn man den Schlag mit einem Lachen abdämpfen kann. Damit möchte ich den Schmerz und die Trauer über das Ende einer Beziehung nicht geringschätzen, aber Humor kann eine schwierige Lage erträglicher machen.

Noras Humor half ihr ein wenig über ihre Enttäuschung hinweg und tat der Wirkung ihrer Liste keinen Abbruch. Selbst ihre spielerischen Punkte verhalfen Nora zu einer wichtigen Einsicht:

daß ihr Partner sie aus Gründen zurückgewiesen haben konnte, die nichts mit ihr zu tun hatten.

Zwischen den beiden Extremen, zuwenig oder zuviel Verantwortung für die Probleme einer Partnerschaft zu übernehmen, gibt es eine goldene Mitte – die Realität. Wenn Sie diese Mitte gefunden haben, werden Sie begreifen, daß eine Beziehung aus zwei Menschen besteht, die beide ihre eigenen inneren Konflikte und unbewältigten Themen haben.

Wenn Sie die Tatsache akzeptieren lernen, daß eine Zurückweisung ihre Ursache nicht notwendigerweise in Ihren Problemen hat, müssen Sie Ihr Leben nicht jedesmal von Grund auf umkrempeln, wenn Sie zurückgewiesen werden. Diese neue Perspektive kann Ihnen helfen, mangelndes Selbstwertgefühl und Selbstvorwürfe zu überwinden, die eine Zurückweisung bei Ihnen zuvor stets ausgelöst hat. Wenn Sie von diesen Gefühlen ablassen, werden viele Ihrer autodestruktiven Ängste verschwinden und es Ihnen damit leichter machen, mit den emotionalen Unwägbarkeiten einer neuen Beziehung umzugehen.

Alte Auslöser, neue Reaktionen

Wir alle wissen, wie schrecklich frustrierend es sein kann, in einer schmerzhaften und demütigenden Situation keine Worte zu finden. Auf dem Weg nach Hause fallen uns immer tausend Dinge ein, die wir gerne gesagt hätten, aber im Moment der größten Panik kommen uns meist nur Sätze in den Sinn, die unangemessen sind oder die wir später bedauern.

Deswegen genügen Einsicht und Bewußtsein nicht, wenn man mit einer solchen Zurückweisung umgehen muß. Man muß diese Einsicht und dieses Bewußtsein auch artikulieren können. Wenn Ihnen bestimmte verbale Reaktionen zur Verfügung stehen, können Sie Ihre Ohnmachtsgefühle minimieren und Ihre Würde wahren. Lassen Sie mich das an einem Beispiel verdeutlichen.

338

Etwa vier Monate nach ihrer Trennung von Phil konfrontierte Margaret ihre Therapiegruppe mit einem Dilemma.

Margaret Ich treffe mich seit ein paar Wochen mit einem Mann, den ich neu kennengelernt habe, und ich fange an, ihn wirklich zu mögen. Ich weiß nicht, ob ich die Demütigung einer weiteren Zurückweisung ertragen könnte. Die Geschichte mit Phil hat mich damals ziemlich fertiggemacht.

Margaret hatte bei der Kontrolle ihres obsessiven Verhaltens bereits bedeutende Fortschritte gemacht. Und sie hatte einen Großteil ihres Kindheitstraumas der Zurückweisung durch ihren Vater verarbeitet. Aber die Wunden, die ihre Beziehung mit Phil gerissen hatten, waren noch nicht völlig verheilt. Sie hatte Angst, daß eine erneute Zurückweisung vertraute Ängste und alte autodestruktive Muster auslösen würde.

Selbstwert-Zerstörer

In der Vergangenheit hatte Margaret auf eine Zurückweisung reagiert wie die meisten obsessiv Liebenden, mit, wie ich sie nenne, »Selbstwert-Zerstörern«. Die verbreitetsten Selbstwert-Zerstörer sind:

- das Betteln um eine weitere Chance;
- die Weigerung, das Ende der Beziehung zu akzeptieren;
- die Drohung, sich oder dem Partner etwas anzutun;
- die Ankündigung, daß Sie eine Trennung nicht überleben werden;
- das Angebot, alles zu tun, um den Partner zu halten.

In der Vergangenheit hatten diese Selbstwert-Zerstörer Margaret das Gefühl vermittelt, albern, verzweifelt und manchmal sogar verrückt zu sein. Um ihr die Angst zu nehmen, daß sich dieses Verhalten in der Zukunft wiederholen würde, schlug ich ihr vor, ein paar neue Reaktionen zu ihren alten Auslösern einzuüben.

Selbstwert-Bewahrer

Eine der Methoden, mit denen ich Menschen helfe, neue Reaktionen auf eine Zurückweisung zu lernen, ist die Simulation ihrer schlimmsten Ängste in einer angstfreien Umgebung.
Bevor ich diese Übung mit Margaret machte, führte ich sie vor, indem ich jedes Mitglied der Gruppe bat, mir gegenüber eine Zurückweisung auszudrücken, so als würden sie eine Beziehung beenden. Margarets Therapiegruppe bestand aus Frauen und Männern, die an der Überwindung ihrer obsessiven Muster arbeiteten. Da Zurückweisung bei ihnen allen ein Thema war, hatten sie damit keine Probleme. Dann zeigte ich Margaret, wie sie auf diese Auslöser mit neuen Antworten reagieren konnte.
Ich nenne diese Antworten »Selbstwert-Bewahrer«:

Alter Auslöser: »Ich will dich nicht mehr treffen.«
Neue Antwort: »Es tut mir weh, daß du das sagst, aber ich muß deine Entscheidung respektieren.«

Alter Auslöser: »Ich halte es mit dir nicht mehr aus. Du verlangst einfach zu viel.«
Neue Antwort: »Ich weiß, daß ich viel verlange, aber ich arbeite daran. Es ist schade, daß du mir nicht die Zeit läßt, mich zu ändern.«

Alter Auslöser: »Ich liebe dich nicht mehr.«
Neue Antwort: »Ich finde es gut, daß du ehrlich bist. Es tut mir leid, daß es mit uns nicht geklappt hat.«

- »Du *verhältst* dich, als wolltest du dich auf eine ernsthafte Beziehung einlassen, aber jedesmal wenn ich das Thema anspreche, reagierst du sehr distanziert. Verschwende ich in dieser Beziehung etwa meine Zeit?«
- »Du *redest* ständig davon, eine ernsthafte Beziehung zu wollen, aber du tust nie etwas dafür. Was ist denn nun wirklich los?«
- »Wenn wir allein sind, behandelst du mich wie jemand, der dir ganz besonders wichtig ist, aber wenn wir mit deinen Freunden ausgehen, benimmst du dich, als wäre ich eine Gelegenheitsbekanntschaft. Das gibt mir das Gefühl, daß du eine rein sexuelle Beziehung willst. Stimmt das?«

Natürlich könnte man diese Liste endlos weiterführen. Aber die grundsätzliche Strategie besteht darin, die Art von Fragen zu stellen, die die unausgesprochenen Probleme Ihrer Beziehung zum Thema macht. Selbst wenn Sie dabei riskieren, Antworten zu bekommen, die Sie nicht hören wollten, ist es doch immer besser, die Wahrheit zu kennen, als sich in die zwielichtige Welt von Ängsten und Spekulationen zurückzuziehen.

Gibt es eine Liebe nach der Obsession?

Selbst wenn Sie nach der Arbeit mit diesem Buch ein besseres Gefühl zu sich selbst entwickelt haben, sind Sie möglicherweise trotzdem unsicher, eine neue Beziehung einzugehen. Schließlich war Ihre Obsession so lange ein Teil von Ihnen, daß eine Liebesbeziehung ohne sie nur schwer vorstellbar ist.
Sie haben inzwischen eine Vielzahl von Techniken gelernt, um neu, gesünder und befriedigender in einer Beziehung zu leben. Das heißt allerdings nicht notwendigerweise, daß Sie auch bereits bereit sind, diese Techniken anzuwenden. Bevor Sie sich mit einem neuen Partner vertraut und sicher fühlen können, müssen Sie lernen, mit sich selbst vertraut und sicher zu sein.

Lernen, sich selbst zu vertrauen

Viele ehemalige obsessiv Liebende leben in einer neuen Beziehung in permanenter Panik, die alten Fehler zu wiederholen, so daß sie sich bei ihrem neuen Partner wie auf Eiern bewegen. Dadurch wirken sie auf den Menschen, den sie näher kennenlernen möchten, nervös, zurückgezogen und verschlossen. Sie haben Angst, darauf zu vertrauen, daß sie sie selbst sind.

Als Anne ihre erste Beziehung nach John einging, war sie sehr besorgt, daß spontanes und unreflektiertes Verhalten die Obsession wieder auslösen könnte, die sie gerade unter Kontrolle bekommen hatte.

Ich versicherte ihr, daß ihr Vertrauen in sich selbst wachsen würde, wenn sie sich genug entspannen würde, um einige emotionale Risiken einzugehen. Selbst wenn die Dinge sich nicht immer zum Guten entwickelten, könnte sie aus den Rückschlägen genauso lernen wie aus den Erfolgen. Emotional ständig aufzupassen, kann sowohl für Sie wie für Ihren Partner sehr strapaziös werden.

Anne nahm sich vor, bei ihrem neuen Freund weniger gehemmt zu sein, und als die beiden ein halbes Jahr zusammen waren, fiel es ihr längst nicht mehr so schwer, ihm gegenüber offen und natürlich zu sein.

Anne Ich weiß nicht, ob ich ihm mehr vertraue oder mir selbst, aber ich bin in dieser Beziehung sehr viel gelassener geworden. Es ist, als ob ich keine Angst mehr hätte, abzustürzen, so daß ich mir nicht mehr so viele Sorgen mache. Wenn die Beziehung nicht funktioniert, funktioniert sie eben nicht. Es muß ja auch für mich gut sein, wissen Sie. Darauf habe ich früher nie geachtet. Ich war immer so darauf fixiert, einen Mann dazu zu bewegen, mich zu lieben, daß ich nie darauf geachtet habe, wie unglücklich ich in der Beziehung war.

Jetzt weiß ich, daß ich weggehen kann, wenn ich nicht glücklich bin. Und das hat mich wirklich freier gemacht. Es ist ein unglaubliches Gefühl. Wenn Sie mich vor einem halben Jahr danach gefragt hätten, hätte ich es nie für möglich gehalten, daß ich einmal so empfinden könnte. Vielleicht mache ich mir ja auch nur etwas vor, aber ich weiß jedenfalls, daß ich jetzt nicht mehr ständig krank vor Sorge um meine Beziehung bin, und das allein ist schon ein Wunder.

Anne hatte weit mehr getan, als nur gelassener bezüglich ihrer neuen Beziehung zu werden. Sie hatte ihre eigene Erwartungshaltung verändert, was ihr half, die Beziehung und ihr Leben in vernünftiger Perspektive zu halten. Ihr wurde klar, daß eine Beziehung hier und jetzt funktionieren muß und nicht in irgendeiner phantasierten Zukunft. Um sich diesen Blick zu erhalten, nahm sie alte Freundschaften und Aktivitäten wieder auf, die sie im Verlauf ihrer obsessiven Verfolgung von John vernachlässigt hatte. Sie integrierte die Beziehung in ihr Leben, anstatt sie zum Dreh- und Angelpunkt ihrer Existenz zu machen.
Im Lauf der Zeit fand Anne es zunehmend leichter, ihr obsessives Verhalten zu kontrollieren. Die verhaltenstherapeutischen Techniken, die sie sich während ihrer Abstandsphase so hart erarbeitet hatte, wurden ihr immer selbstverständlicher. Sie lernte, sich selbst mehr zu trauen, ihre obsessiven Neigungen klangen ab, und ihre Beziehung entwickelte sich prächtig.

Eine neue Art zu lieben feiern

Ray und Karen hatten bereits zwei gemeinsame stürmische Jahre hinter sich gebracht, als sie mit ihrer Therapie begannen. Zwölf Monate später waren sie immer noch zusammen, aber ihre Beziehung war im Lauf dieses Jahres eine andere geworden. Ray hatte gelernt, einen Großteil seines obsessiven Verhaltens zu kontrollieren, und Karen hatte gelernt, für sich selbst klare und stabile Grenzen zu ziehen.

Als sich unsere gemeinsame Arbeit dem Ende zuneigte, brachte mir Ray einen sehr ergreifenden Brief mit, den er Karen geschrieben hatte:

Meine liebe Karen,
obwohl wir uns jetzt schon drei Jahre kennen, fängt unsere Beziehung für mich an dem Tag an, an dem ich nach den härtesten und einsichtsreichsten zwei Wochen meines Lebens zu Dir zurückkehrte. Ich weiß, daß die Dinge, die ich während dieser Abstandsphase gelernt habe, unsere Beziehung gerettet haben, und dafür bin ich dem lieben Gott jeden Tag dankbar.

Es tut mir noch immer weh, daran zu denken, wie ich Dich gequält habe. Der Gedanke, wie unsensibel ich war, erschreckt mich. Ich habe Dich erniedrigt und war grausam zu Dir, und habe dabei noch geglaubt, ein Unrecht, das Du begangen hast, zu sühnen. Ich habe mich im absoluten Widerspruch zu meinen eigenen Gefühlen verhalten und das, was mir am wichtigsten ist, nicht respektiert und geehrt, Deine Würde und Deine Individualität. Um die verlorene Liebe und die vergeudete Zeit tut es mir leid.

Ich weiß jetzt, daß mein innerer Schmerz und meine innere Wut nichts mit Dir zu tun haben, und jeder Tag meiner Liebe für Dich erinnert mich daran. Ich weiß, daß wir zusammen glücklich sein können, solange ich aus Respekt und Liebe konsequent handele.

Ich weiß tief in meinem Herzen, daß das nicht leicht sein wird. Es gibt immer noch eine Menge Dinge, die ich lernen, und eine Menge Eigenschaften, die ich ablegen muß. Aber ich liebe Dich auch dafür, daß Du das mit mir durchstehst, trotz der Schmerzen und dem Leiden, die ich Dir in der Vergangenheit bereitet habe. Und ich liebe Dich dafür, daß Du mir meinen alten Mist nicht mehr durchgehen läßt. Und ich liebe Dich ganz besonders dafür, daß Du mir eine Chance gegeben hast, mich zu verändern, als die meisten anderen Frauen längst aufgegeben hätten. Vor allem aber liebe ich Dich dafür, daß Du genauso bist, wie Du bist.

Herzlichen Glückwunsch zu unserem Jubiläum, mein Schatz. Ich liebe Dich.

Ray

Rays Jubiläumsbrief war eine fröhliche Feier nicht nur der Überwindung seines obsessiven Musters, sondern auch seiner Entdeckung einer neuen Art zu lieben, die ihn von der Wut und der Angst befreit hatte, die das Zusammenleben mit Karen in der Vergangenheit dominierten.

Als Konsequenz der geleisteten Arbeit hatte er begriffen, wo er Karens persönliche Grenzen verletzt hatte, und gelernt, sie als eigenständiges Individuum anzunehmen. Das bedeutete, daß er ihr Recht auf eigene Gefühle, Gedanken und Interessen respektierte.

Eine Obsession kennt diesen Respekt vor den persönlichen Rechten des Partners nicht, aber eine gesunde Beziehung kommt ohne diesen Respekt nicht aus.

Echte Vertrautheit
statt emotionalem Chaos

Aber woran erkennt man eine gute Beziehung? Woher wissen Sie, wann es die große Liebe ist? Die Antwort lautet, Sie können es nicht wissen – zunächst jedenfalls. Wenn Sie eine neue Beziehung mit der Überzeugung eingehen, die wahre Liebe gefunden zu haben, betrachten Sie sie mit denselben Phantasien und Wunder-Erwartungen, die schon Ihre früheren Beziehungen unterminiert haben.

Eine neue Beziehung steckt naturgemäß voller Unbekannten. Bis Sie ihr genügend Zeit gelassen haben, sich zu entwickeln, bis Sie und Ihr Partner lange genug gemeinsam gewachsen sind, um zu erkennen, daß Sie sich in dieselbe Richtung entwickeln, bis Sie die Gelegenheit hatten, die tiefsten Ängste und verborgensten Träume Ihres Partners kennengelernt und Ihre eigenen offenbart zu haben, können Sie nicht wissen, ob Ihre Liebe die wahre Liebe ist. Vertrautheit entsteht aus gegenseitigen Erkundungen und Entdeckungen.

Wenn es Ihnen so ergeht, wie den meisten ehemaligen obsessiv Liebenden, werden Sie Schwierigkeiten haben zu glauben, daß eine sichere und harmonische Beziehung, die auf echter Vertrautheit basiert, auch leidenschaftlich und erregend sein kann. Weil die einzige Form der Liebe, die Sie kennengelernt haben, stets mit intensiver Dramatik verbunden war; Leidenschaftlichkeit ohne Chaos können Sie sich möglicherweise gar nicht vorstellen.

Aber eine Obsession aufzugeben, heißt nicht, die Leidenschaft aufzugeben. Es bedeutet lediglich, Leiden, Angst, Chaos, Demütigung, Eifersucht und Besitzansprüche aufzugeben. Wenn Sie diese Hindernisse für eine gesunde Beziehung erst überwunden haben, sind Sie frei, die tiefe Freude echter Vertrautheit zu entdecken – die einzige Basis für eine wahrhaft befriedigende Liebe.

Empfehlenswerte Bücher

John Bradshaw, *Mut zur Selbstverantwortung*. München 1992.

Nathaniel Branden, *Liebe für ein ganzes Leben*. Reinbek b. Hamburg 1985.

Dean Delis / Cassandra Philipps, *Ich lieb' Dich nicht, wenn Du mich liebst*. Düsseldorf 1993.

Howard Halpern, *Liebe und Abhängigkeit*. Hamburg ³1989.

Stan Katz / Aimee E. Liu, *Im 7. Himmel ist die Luft so dünn*. Zürich 1992.

Robin Norwood, *Wenn Frauen zu sehr lieben*. Reinbek b. Hamburg 1991

Danksagung

Ich möchte mich bei einer Reihe von Menschen bedanken, die das Erscheinen dieses Buches ermöglicht haben.

Zunächst und als erstes bei meinem geschätzten Mitautor und Freund Craig Buck. Dies ist unser drittes gemeinsames Buch, und sein Verständnis, sein Talent, seine Fertigkeit, seine Geduld und seine schier unerschöpfliche gute Laune erstaunen mich immer wieder aufs neue.

Dies ist auch das dritte Buch, das ich gemeinsam mit meiner Lektorin Toni Burbank gemacht habe. Ich wünschte, ich könnte Ihnen erzählen, wie brillant, kenntnisreich, fürsorglich, hingebungsvoll und außergewöhnlich kompetent sie ist, aber sie ist viel zu bescheiden, um mir ein solches Lob zu erlauben.

Außerdem möchte ich Linda Grey, Stuart Applebaum und all den anderen wundervollen Menschen bei Bantam Books danken, die sich mit mir und für meine Arbeit jedesmal besonders viel Mühe geben. Genauso wie meine Agenten Lynn Nesbit und Ken Sherman, denen ich für ihre kontinuierliche Unterstützung und Ermutigung danken möchte.

Meine Kollegin und gute Freundin Nina Miller und Marty Farash haben mich überaus großzügig an ihren Erkenntnissen teilhaben lassen, um die konzeptuelle Basis dieses Buches zu vergrößern.

Wie stets waren meine Familie und meine Freunde – vor allem meine Tochter Wendy – während der Arbeit an diesem Buch immer für mich da und haben mich moralisch und emotional unterstützt, während ich mich der unvermeidlichen täglichen Qual

350

des Schreibens stellen mußte. Einige alte und neue Freunde waren besonders liebevoll und hilfreich – Dr. Barbara De Angelis, Madelyn Cain, Lynn Fischer, Dorris Gathrid, Mona Golabek, Roy Johnston, Paul Kent, Diana Markes Levitt, Lisa Rafel, Neil Stearns, Dr. Shelley Ventura und Don Weisberg.

Karina Friend Buck verdient den Sonderpreis für Geduld und Großzügigkeit für ihre Erlaubnis, Craig mit Beschlag zu belegen, ihren Earl-Grey-Tee zu trinken und in dem neunzehnmonatigen Ringen mit leeren Seiten ihr Haus zu bewohnen. Die Streicheleinheiten und komischen Einlagen der vierjährigen Zoe Buck haben unsere Arbeit maßgeblich erleichtert.

Zu guter Letzt möchte ich meine tiefempfundene Dankbarkeit und Anerkennung den wunderbaren Frauen und Männern ausdrücken, ohne die dieses Buch nie hätte entstehen können – die Patienten, Freunde und Bekannte, die mir erlaubt haben, ihre Geschichten zu verwenden. Gleichgültig, ob sie selbst von einer Obsession gequält wurden oder sich mit einem obsessiven Partner auseinanderzusetzen hatten, ihr mutiger Kampf gegen die Obsession und ihre Kraft, sie zu überwinden, haben mich zu diesem Buch inspiriert.